マハムドラーはすべての言葉とシンボルを超越せり
されどナロパよ、真剣で忠実なる汝のために
いまこの詩を与うべし

「空」は何ものも頼まず
マハムドラーは何ものにも依らず
また労せず
ただゆったりと自然であることによりて
人はくびきを打ち壊し
解脱を手の内にするなり

もし中空を見つめて何も見ず
そのとき心をもって心を観ずれば
人は差別を打ち破り
ブッダ・フッドに至るなり

空をさまよう雲には
根もなくまた家もなし
分別の思いの
心を漂いよぎるもまた
ひとたび「自性
識別は

万
しか　ることなし

長き時ふる暗闇も
灼熱の陽を覆うこと能わず
カルパにわたるサムサーラも
「心」のまばゆい光を隠すことを得ず

「空」を説くに言葉の語らるることあれど
「空」そのものは表わされ得ず
“「心」は輝ける光のごとし”と言うも
そはすべての言葉とシンボルを超越せり
本質に於いて空なれど
「心」は万物を抱き、そして容るるなり

からだに於いては何もせずにくつろがせ
口を堅く結びて沈黙を守り
心を空しくして何ものも思わざれ
中空の竹のごと汝のからだをくつろがせ
与えずまた取らず、汝の心を休ませよ
マハムドラーは何ものにも執着せざる心のごとし
かくのごとく行ずるによりて
やがて汝はブッダフッドに至らん

真言、波羅蜜多の行
文、訓戒の示すところ
聖典の教えも
の真理の実現をもたらすことなし
欲望に満たされし心の
目標を追わざるを得ざれば
そはただ光を隠すのみなるがゆえに

いまだ識別を離れずしてタントラ教理を持する者
三摩耶の精神にそむくなり
すべての行動を止め、すべての欲望を避けよ
あらしめよ、思考の
大海の波のごとく浮き沈むがままに
たえて無安住と
並びに無差別の原理をそこなわざる者
タントラ教理をささげ持つなり

切望を避け
かれこれに執着せざる者
聖典の真意を知るなり

マハムドラーに於いて
人の持つ一切の罪は焼かれ
マハムドラーに於いて
人はこの世の獄より解き放たれん
これぞダルマの至高の灯なり
そを疑う者
とこしえに不幸と悲しみに
のたうつ愚者なり

解説を目ざすにあたり
人はグルに依るべし
汝の心がその祝福を受くるとき
解放は間近なり

ああ、この世のすべては無意味にして
ただ悲しみの種子なるばかりなり
小さき教えは行ないへといざなえば
人はただ大いなる教えにのみ従うべし

二元性を超ゆるは王の見地
散乱を征服するは王者の行
行なき道こそすべてのブッダたちの道なり
その道を踏む者、ブッダフッドに至らん

はかなきかなこの世
幻や夢のごと、そは実体を持たず
そを捨てて血縁を断てよ
欲望と憎しみの糸を切り
山林に入りて瞑想せよ
労なくして
ゆったりと「自然なる境地」に
とどまるならば
間もなく汝はマハムドラーにたどり着き
無達成なるものを達成せん

木の根を断たば葉は枯れん
汝の心の根を断たばサムサーラは崩れん
いかなる灯の光も一瞬にして
長きカルパの闇を払う
心の強き光ただ一閃なれど
無知なるヴェールを焼かん

心に執着せる者の
心を越えたる真理を見ることなく
ダルマを行ぜんと求むる者の
行を越えたる真理を見出すことなし
心と行をふたつながら越えたるものを
知らんには
人はきっぱりと心の根を断ち切りて
裸眼をもちて見つむべし
しかして人は一切の差別を打ち破り
くつろぎにとどまるべし

与えず、また取らず
人はただ自然のままにあるべし
マハムドラーはすべての容認と拒絶を
越えたるがゆえに——
もとより阿頼耶の生ずることあらざれば
誰もそを妨げ汚すこと能わず
不出生の境界にありて
すべてのあらわれはダルマタへと溶解し
自己意志と高慢は無の中に消滅せん

至高の理解は
かれこれの一切を超越し
至高の行為は
執着なくして大いなる機知を抱く
至高の成就とは
望みなくして内在を知ることなり

はじめヨーギは
おのが心の滝のごとく転落するを感じ
中ほどにてはガンガーのごと
そはゆるやかにやさしく流れ
ついに、そは大いなる海なり
息子と母の光がひとつに溶け合うところ——

存在の詩《うた》

OSHO

TANTRA
The Supreme Understanding

OEJ Books

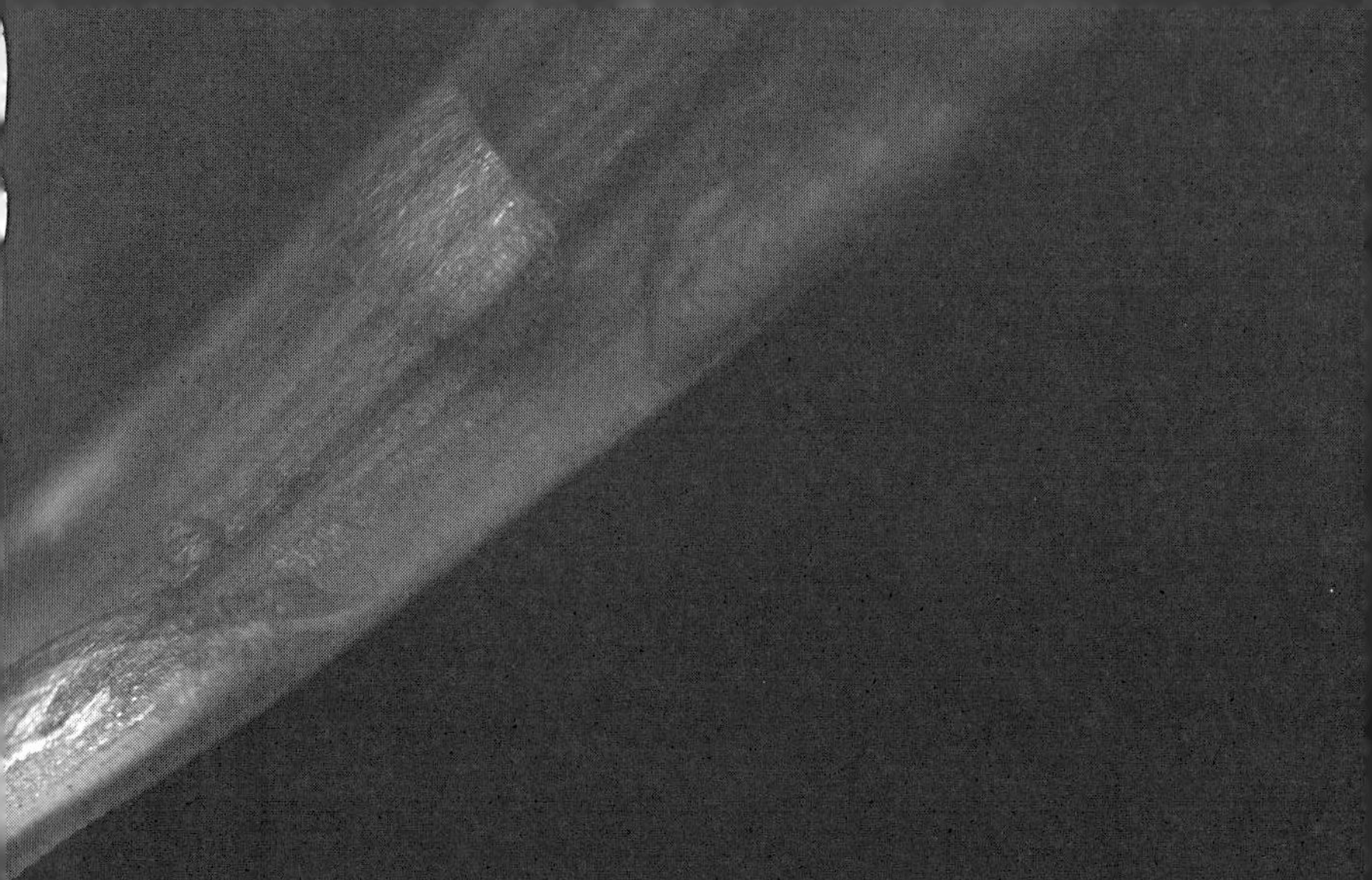

Originally English title: ***TANTRA The Supreme Understanding,*** *by Osho*
This book is a transcript of a series of original talks by Osho given to a live audience.
All of Osho's talks have been published in full as books,
and are also available as original audio recordings.
Audio recordings and the complete text archive can be found via the online
OSHO Library at www.osho.com

復刊に寄せて

一九七七年の初版から四十三年。多くの人に愛読され、少なからぬ人たちが生き方を変えるきっかけとなった本書が装い新たに再デビューするというので、かなりの時間をかけて訳文を見直した（幸い大きな改変はない）。このあいだに、日本では本書も引き金となって「精神世界」というジャンルが生まれたり、世界的に何度かの新宗教ブームが起こったりしたが、ここで語られている内容が古びることはなかったようだ。

初版当時と変わらないのは、いや、ある意味でもっと危機が深まっているのは、分断が進む社会で格差や貧困、差別などに向き合う人びとの苦しみ、人間の価値をお金やモノや地位だけで測ろうとする偏見、そして日々の現実となってしまった気候変動をはじめ、地球環境＝自然生態系に悪影響を与える現代文明のあり方だ。しかも、これらの問題はすべてどこかでつながっている。

本書のテーマは「ありのままの自分でありきること」に尽きる。「エッ、そんな簡単なこと？」と思うだろうが、老子の「無為自然」同様、簡単なようで、そう簡単ではない。ほとんどの文化で、生まれたときから「ありのままの自分」を否定する方向の躾や人づくりが行われているからだ。日本も例外ではなく、私たちは知らぬまに自己規制と自己否定でがんじがらめのまま死んでゆく。

そこから自由になるには、自分が何にどう縛られているのかを瞬間ごとに観察し続ける眼力に加え、縛られていることさえありのままに受け容れて「何もしない」胆力が要る。縛りの多くは、社会生活上の必要性や機能があって身につけたもので、本当に残念なのは、縛られている事実に無意識のまま、それが自分だと思い込んで生きていくことなのだ。私の経験では、刻一刻、自分の心《マインド》がどう動いているかについての観察眼を育んでくれるのが瞑想であり、さまざまな制約を内化してしまっている事態を含め、徹底して瞬間の真実を生きる勇気こそが本書の核心である。それ以外に何も要らないことを、ＯＳＨＯから学んだ。

これまで一般にはとうてい手のとどかなかったチベット密教の奥義が本書のような形で表に出るのは、二〇世紀後半以降、世界各地の先住民文化から部外秘の伝承が明かされ始めていることと軌を一にするのだろうか。多くの場合、理由は「人類全体がその知恵を必要とするほど危機が深まっているため」とされる。

社会への適応過程で刷り込まれた「自分でないものになろうとする」根深い衝動から自由になり、〈いま・ここ〉にくつろぐこと――時代と文化を問わず、達成幻想に囚われたすべての探究者を打ちのめすこの劇薬が、これほど美しい言葉のダンスに乗せて、これほど多くの人に届けられたのは初めてかもしれない。

星川　淳

目次

第一話　マハムドラー――最後の、そして究極の体験

ティロパは「マハムドラーの詩《うた》」の中で
次のようにうたっています……

マハムドラーはすべての言葉とシンボルを超越せり
されどナロパよ、真剣で忠実なる汝のために
いまこの詩《うた》を与うべし

「空《くう》」は何ものも頼まず
マハムドラーは何ものにも依《よ》らず
また労せず
ただゆったりと自然であることによりて
人はくびきを打ち壊し
解脱を手の内にするなり

▽

究極の体験というものは全く体験なんかじゃない。肝心の体験者が消え失せてしまっているからだ。そこに体験者が存在しないとき、それについて何が語られ得るだろう？　誰がその体験を話して聞かせるのだろう？

主体が存在しないとき、そこには客体もまた存在しはしない。ふたつの堤は消え失せ、ただ体験という川だけが残る。そこに〈知〉はあろう。しかし〈知る者〉はない。

それはすべての神秘家たちにとって、ひとつの難関であり続けてきた。究極なるものにたどり着いても、彼らにはそれを後に続く者たちに語り聞かせることができない。彼らはそれを他人に、知的な理解を求める者たちに語り聞かせることができない。それとひとつになったのであり、彼らの実存が丸ごとそれを語っているにもかかわらず、知的なコミュニケーションだけは不可能なのだ。

もしもあなたに受け容れる用意があれば、彼らはそれを与えることはできる。もしあなたのほうもまたそれを許すとしたら、彼らはあなたの中にそれを起こらせることはできる。もしあなたに感受性がありオープンならば——。だが言葉は駄目だ。シンボルも役に立たない。理論や教理など全くなんの用もなさない。

その体験は〈体験〉というよりも、むしろ〈体験しつつあること〉と言ったほうが近い。それはプロセスなのだ。そして、それは始まりはするが決して終わることのないものだ。あなたがその中にはいり込んでしまうことはあっても、それをわがものにすることなどできはしない。

それは一滴の水が海に落ちて行くのに似ている。あるいは海そのものが水滴の中に落ちて行くと言ってもいい。それはひとつの深い合一なのだ。一体性だ。あなたはその中に溶け去ってしまう。後には何も残らない、ひとつの足跡も——。そうしたら、いったい誰がコミュニケートする？　誰が谷底のような世界に戻って来る？　誰がこの闇夜に戻って来てあなたに語りかける？

世界中のあらゆる神秘家たちが、コミュニケーションということに関する限り、常に無力を感じてきた。コミュニオン（交合）は可能だ。しかしコミュニケーションは駄目だ。まず第一にこのことが理解されなくてはならない。

コミュニオンは全く別な次元に属する。ふたつのハートが出会う――。それは〈情事〉だ。コミュニケーションは頭と頭、コミュニオンはハートとハートだ。コミュニオンはフィーリング、コミュニケーションは知識だ。ただ言葉のみ与えられ、言葉のみ語られる。ただ言葉のみ受けとられ、そして理解される。

言葉――言葉はその根本的な本性からしてあまりにも死んでいて、それを通しては、何ひとつ生き生きとしたものが語られ得ないほどだ。あたり前の生活の中でさえ……究極なるものはひとまず置いておこう。あたり前の経験においてさえ、あなたが絶頂の瞬間を、エクスタティックな瞬間を知ったとき、それを言葉で語ることは不可能と化す。

子供の頃、私はよく朝早く川に行ったものだった。小さな村だった。その川はとてもとてもゆるい流れで、まるで全然流れてなどいないかにも見えた。特に朝、まだ太陽が昇っていないときには、とても流れているとは思えない。本当にのたりとして静かなものだ。

朝、誰もおらず、水浴の人々もやって来る前、その静けさははかり知れない。鳥たちさえ歌わない。早い朝、無音――ただ静寂だけが浸み渡る。そして川面をおおうマンゴーの樹のかおり――。

私はよくそこに出かけ、川辺のはずれまで行ってただ坐り、ただそこに居た。何をする必要もなかった。ただそこに居るということで充分だった。それはなんとも素晴らしい体験だった。水浴びをし、泳ぎ、太陽が昇れば向こう岸まで渡って行って、広々とした砂の上でからだを乾かし、そこに横になって、ときには眠り込みさえした。

家に帰るときっと母は尋ねたものだ。「朝の間中、あなたはいったい何をしていたの？」

「なんにも」と私。なぜなら、事実、私は何をしていたわけでもないのだから。

すると彼女は言う。「なぜそんなことがあり得るの？　四時間というもの、あなたはここに居なかったのよ。何もしていなかったなんていうことがあり得るのかしら？　何かしらしていたに違いないわ」

彼女は正しい。しかし私も間違ってはいなかった。私は全く何をしているわけでもなかった。私はただ川といっしょにそこに居ただけだ。何をするでもなく、事が起こるのにまかせて――。

泳ぐ感じになったら……忘れてはいけない、泳ぐ感じになったら、だ。そうしたら泳ぐ。けれどもそれは私の側で何かをするということじゃなかった。私は何を強要していたのでもない。もし眠気が来れば眠った。もの事が起こってはいた。しかしそこには、それをする者はなかった。

そして私の最初の〈さとり〉の体験は、その川の側ではじまったのだった。何をするでもなく、ただそこに居て――何百万というさまざまな事が起こった。

ところが母は私が何かをしていたに違いないと言って聞かない。しかたなく私は言う。

「わかったよ、水浴びをした、太陽の下でからだを乾かした」。そこではじめて彼女は満足した。が、私は満足しなかった。なぜなら、その川で起こったことは「水浴びをした」などという言葉ではとうてい言い表すことのできないものだからだ。それではあまりにも貧しく色あせてしまう。

川と戯れ、川面に浮かび、川で泳ぐという体験の深さの前には、ただ「水浴びをした」などという言葉はまるで意味をなさない。あるいは、「そこに行って堤を歩き、坐っていた」と言ってみたところで、それは何も伝えてくれはしない。

あたり前の生活の中でさえ、あなた方は言葉というものの虚しさを感ずるだろう。それどころか、もしその虚しさを感じないとしたら、それはあなたがいままで全く生きてなどいなかったということを表している。いままでとても浅薄にしか生きてこなかったということだ。もし何であれ、あなたが生きてきたことが言葉で伝え得るとすれば、それはあなたが全く生きてなどこなかったという意味なのだ。

何か言葉を越えたことが起こり始めたとき、そのときはじめて、生があなたに起こり、生があなたの扉を叩いたということになる。まして究極なるものがあなたの扉を叩くとき、あなたはまるで言葉など超え去ってしまうものだ。あなたは発話障害に陥る。口をきくことなんかできはしない。ただの一語といえども、あなたの中に生じはしない。

何を語ろうと、そんなことはことごとくあまりにも色あせ、生気なく、無意味でなんの重みもなく、あたかも自分に起こったその体験に不義をなしているかのようだ。これを心にとめておきなさい。なぜならば、マハムドラーとは最後の、そして究極の体験なのだから——。

マハムドラーとは宇宙との全体的なオーガズムを意味する。もしあなたに誰かを愛したことがあり、ときとして溶け合い合一するのを感じたことがあったら——二人はもう二人じゃない。からだは別々であっても、ふたりのからだの間の何かが橋を、黄金の橋を作り、内面に〈二〉は消え失せて、ひとつの生命エネルギーが両の極をふるわせる——もしもそれがあなたに起こったことがあったら、そのときにのみマハムドラーの何たるかを理解することができるだろう。

それより何万倍も何億倍も深く、何万倍も何億倍もハイなもの、それがマハムドラーだ。それは〈全体〉との、宇宙との全体的なオーガズムだ。それは存在の源への溶解だ。

これはマハムドラーの詩《うた》だ。ティロパがそれを「うた」と呼んだのは素晴らしい。それはうたうことができる。が、語ることはできない。それは舞うことはできる。が、それを語ることはできない。その現象のあまりの深みは、それをうたうことによって、ようやくそのいくばくかが伝わるかどうかというほどのものなのだ。それも、何をうたうかではなく、それをうたううたい方によって——。

多くの神秘家たちが、その究極体験の後、ただただ舞いを舞った。彼らにはほかにどうすることもできなかった。彼らは彼らの実存と肉体のすべてを通して何かを語っていたのだ。それにはからだと心と魂のすべてがかかわっていた。

そうした舞踏は尋常な舞踏じゃなかった。実際のところ、あらゆる舞踏はそういう神秘家たちによって生まれたのだ。それはそのエクスタシーを、その幸福を、その法悦を伝える道にほかならなかった。

知られざるものの何かが知られたるものの中にはいり込むとき、超えたるものの何かが地上にやって来たとき、ほかにどうすることができる？　それは舞うことができる。それをうたうことはできる。

これはマハムドラーの詩《うた》だ。それをうたうのは誰だろうか？　ティロパはもういなくなってしまっているのだ。オーガズミックな感覚そのものがうたっている。それはティロパの詩《うた》なんかじゃない。ティロパはもういないのだ。その体験それ自身が振動し、うたをうたっているのだ。だからこそマハムドラーの詩《うた》、エクスタシーの詩《うた》なのだ。エクスタシーそれ自身がうたっている。ティロパには関係ない。ティロパは全くそこにいはしない。ティロパは溶け去ってしまったのだ。

探求者が消え失せてしまったとき、そのときはじめて目標は達せられたと言える。体験者がいなくなってはじめて、その体験があり得るのだ。求めてごらん、あなたはそれを失うだろう。その探求を通じて探求者が強められてしまうからだ。

求めないこと。そうすればそれは見つかるだろう。まさに求めるということ自体、その努力自体が障害となる。なぜなら、求めれば求めるほど自我《エゴ》が強められてしまうからだ。探求者が――。

求めざれ！　これこそマハムドラーの詩《うた》そのものの最も深いメッセージだ。求めないこと。ただありのままの自分でいるのだ。ほかのどこへ行くこともない。なんぴとも神に至ったためしなどない。無理だ。あなたはその居処を知らないのだから。あなたはどこへ行くつもりか？　どこに〈聖なるもの〉を見出すつもりか？

地図などというものはない。そして道も――。〈彼〉がどこにいるかを教えてくれる人もいない。駄目だ。誰も神に至ったためしなどない。それはいつも逆だ。神があなたのところへやって来る。いつであれ、あなたに用意のできたとき、必ず〈彼〉はあなたの扉を叩く。〈彼〉があなたを求めるのだ。あなたに用意のととのったときには必ず――。

そしてその用意とは〈受容性〉以外の何ものでもない。あなたが完全に受容的であるとき、そこに自我《エゴ》はない。あなたは誰もいないがらんどうの寺院となる。ティロパはこの詩《うた》の中で中空の竹になることを語っている。

何もない——突然、あなたが中空の竹である瞬間、〈聖なるもの〉の唇があなたに当てられ、中空の竹は一本の竹笛となる。うたがはじまるのだ。これはマハムドラーの詩《うた》だ。ティロパは一本の中空の竹となり、〈聖なるもの〉が訪れた。そしてうたがはじまった。これはティロパのうたじゃない。これは究極の体験それ自身の詩《うた》なのだ。

このビューティフルな現象にはいる前に、ティロパについて少し——

ティロパについて多くは知られていない。なぜなら、実際のところこういう人物については何も知られ得ないからだ。彼らは足跡を残さない。彼らは歴史の一部にはならない。彼らは道の傍《かたわら》に存在し、人類全体が動いて行くメインストリートの一部にはならない。彼らはそこを歩かない。

人類の全体は欲望というものを通じて動いてゆく。ところがティロパのような人間は無欲の中にはいり込んで行くのだ。彼らはただただ、歴史というものが存在するところの人類のメインストリートから離れてしまう。そのメインストリートから離れれば離れるほど、彼らは神話的な存在となる。彼らは神話じみた存在だ。彼らはもう時の中の出来事ではなくなってしまっている。

そして、これはあるべきその姿でもある。なぜなら、彼らは時を超えて歩み、時を超えて生きるのだから――。彼らは永却の中に生きる。我々のこの一般的な人類の次元から、彼らはただただ消え失せてしまった。彼らは蒸発する。彼らが蒸発してゆくその瞬間、その瞬間を我々が覚えているという程度にしか、彼らは我々の一部じゃない。

そんなわけで、ティロパについても多くは知られていない。彼が何者であるのか――ただこの詩《うた》だけが残っている。これは彼の贈り物だ。この贈り物は彼の弟子ナロパに与えられた。こうした贈り物は、そこに深い愛の親交が存在しない限り誰にも与えられ得ない。こうした贈り物を受け取るためには、人はそれだけの力量を持たなければならないのだ。

この詩《うた》は弟子ナロパに与えられた。これが与えられる前に、彼は何百万というさまざまな方法で試された。彼の信仰が、彼の愛が、そして彼の信頼が――。彼の中に疑いなどというものが、たとえひとかけらでも存在しないとわかったとき、そのハートが、信頼と愛とで完全に満ちあふれんばかりになったとき、この詩《うた》は与えられた。

私もまたここにひとつの詩《うた》をうたおうとしている。しかし、それはあなたの用意ができたときのみ与えられることができる。その用意とは――

心《マインド》から疑いなどというものが、全く消え失せてしまわなければならないということだ。ただし、それは抑圧されてはいけない。それを打ち負かそうなどとするべきじゃない。なぜなら、打ち負かされてもそれはあなたの中にとどまり、抑圧されてもそれは、あなたの無意識の一部であり続けるだろうから。それはあなたに影響を及ぼし続けるだろう。

〈疑う心《マインド》〉と戦わないこと。それを抑圧しないこと。むしろ反対に、もっともっと多くのエネルギーを〈信頼〉のほうにふり向けるのだ。疑う心にはただ無関心でいればいい。ほかにできることは何もない。無関心こそ鍵だ。ただ無関心でいること。

疑いはあるだろう。それを受け容れてごらん。あなたのエネルギーを、もっともっと信頼と愛のほうに注ぎ込んでごらん。それは〈疑い〉になるのと同じひとつのエネルギーだからだ。それは〈信頼〉となる同じエネルギーなのだ。

疑いには無関心であり続けること。無関心であるとき、その疑いに対するあなたの協力は崩れている。あなたはそれに食糧を供してはいない。というのも、なんであれそれが養われるのは、それに対する注目を通してだからだ。もしあなたが自分の疑いに注意を払うとしたら、たとえそれに対抗していたとしてもそれは危険だ。まさに注目そのものが食糧なのだから。それが協力なのだ。

人はただ無関心であるべきのみだ。味方もせず、敵対もせず——。〈疑い〉に味方しないこと。〈疑い〉に敵対しないこと。

ここで三つの言葉を理解しなくてはならない。ひとつは〈疑い〉。もうひとつは〈信用〉。三つ目は〈信頼〉あるいは〈信仰〉。東洋でシュラッダ（Shraddha）として知られているものだ。

〈疑い〉とはどんなことに対しても否定的な態度を言う。何を言われても、あなたはまず否定的に見る。それに反対する。そして理由や理屈、つまりどうやって自分のその反対を守るかを探し出す。

次に〈信用〉の心《マインド》というものがある。これは全く疑いの心《マインド》と同じだ。ただ逆立ちをしているだけのこと。そこに大した違いはない。この心《マインド》はものごとを肯定的に見、どうやってそれを守り、どうやってそれに味方するかという理由や理屈を見つけ出そうとする。疑う心は信用を抑圧し、信ずる心のほうは疑いを抑圧する。しかしそのふたつは同じものだ。その質に違いはない。

そして次に、疑いというものが全く消え去ってしまったところの、三つめの心《マインド》がある。疑いが消え失せるとき、信用もまた消え去る。〈信仰〉は〈信用〉じゃない。それは愛だ。なぜならそれは半分ではなく全体だから——。

〈信仰〉は〈信用〉じゃない。なぜならその中には疑いがないのだから——。疑いがなければどうして信用もできる？ 〈信仰〉は決して理屈なんかじゃない。味方せず敵対もせず、これでなくあれでもない。〈信仰〉とは信頼するということにほかならない。ひとつの深い信頼。ひとつの愛。あなたはそれにどんな理屈もつけはしない。それはただそうであるのだ。

さて、どうする？――〈信仰〉に対する〈信用〉なんぞをつくりださないこと。ただ〈信用〉と〈疑い〉の両方に無関心でいなさい。そしてエネルギーをもっともっと愛のほうにふり向けるのだ。もっと愛しなさい。無条件に愛しなさい。ただ私を愛するだけでなく……それは駄目だ。もし愛するのなら、ただもっと愛するのだ。もし愛するのなら、ただもっと愛に満ちた在り方をするのだ。マスターに対してだけでなく、あなたのまわりに存在するあらゆるものに対して。木々に、石ころたちに、空に、大地に――。

あなたの実存が、あなたの実存の質そのものが、ひとつの愛の現象となる。そのときこそ〈信頼〉が姿を現す。そしてそうした信頼においてはじめて、マハムドラーの詩《うた》のような贈り物は与えられることができる。

ナロパに用意のできたとき、ティロパはこの贈り物を与えた。だから覚えておくといい。マスターと、あなたはヘッドトリップ[*1]をするんじゃない。

疑い、信用――みなヘッドトリップだ。マスターとは、あなたはハートトリップする。ハートは疑いの何たるかなど知りはしない。ハートは信用の何たるかなど知りはしない。ハートは信頼しか知らない。

ハートはちょうど小さな子供のようなものだ。幼な子は父親の手にすがり、彼の行くところならどこにでもついて行く。信ずるでもなく、疑うでもなく――。子供は分裂してはいない。疑いは半欠けだし、信用も半欠けだ。子供はまだトータルであり、全体的なのだ。彼はただ父親の行くところならどこへでもついて行く。

弟子がまさに幼な子のようになったとき、そのときにのみ、意識の最も高い頂きであるこうした贈り物は与えられ得る。あなたが〈受容性〉という最も深い谷間になったとき、意識の最も高い頂きはあなたに与えられ得る。谷間だけが頂きを受け容れることができるのだ。

弟子というものは完全に女性的に、子宮のように受容的にならなくてはならない。そうしてはじめて、この詩《うた》の中でうたわれるような現象は起こる。マスターのティロパと、弟子のナロパ――。

ティロパは言う。

マハムドラーはすべての言葉とシンボルを超越せり
されどナロパよ、真剣で忠実なる汝のために
いまこの詩《うた》を与うべし

それは言葉やシンボルを越えたものなのだ。あらゆる言葉とあらゆるシンボルを――。ならば、どうしてそれが語られ得るのだろうか？　もしそれが本当にあらゆる言葉とシンボルを超えたものなら、どうしてそれが語られ得るのだろう？　何か道があるのだろうか？

そう、道はある。もしそこにひとりのナロパがいれば、そこに道はある。もしそこに本当にひとりの弟子がいれば、そこに道はある。道が見つかるかどうか――それは弟子によるのだ。

もし弟子の受容性が深まり、彼に自分自身の心などなくなって正邪の判断などしない、自分自身の心などマスターに差し出してしまって持っていない、全くただ受容性であり、空であり、与えられるものなら、何でも無条件に歓迎するというところまで行けば、そのとき言葉やシンボルは必要ない。そのときこそ何かが与えられ得る。

あなたはそれを言葉のはざまに聞き、それを行間に読むことができる。そのとき言葉はただの口実であり、本当のことはその言葉のすぐ脇で起こる。言葉はひとつのトリックであり、ひとつの方便にすぎなくなる。本当のことが影のようにその言葉に寄りそう。

あなたがあまりにも心《マインド》にとらわれてしまっているとき、あなたは言葉しか聞こうとしない。それではそれはコミュニケートされ得ない。しかし、もしあなたが全く心にこだわらなくなれば、そのとき言葉に伴っているとても微妙な影――とても微妙で、ハートだけがそれを見ることのできる不可視の影――意識の不可視のさざ波、波動（ヴァイブレーション）――それが伝わり、コミュニオンはただちに可能となる。これを心にとめておきなさい。

ティロパは言う。

されどナロパよ、真剣で忠実なる汝のために
いまこの詩《うた》を与うべし

語られることのできないもの――それも弟子のためには語られなければならない。絶対に不可視であるところの〝語られ得ざるもの〟――それも弟子のためには可視にされねばならない。

それはマスターにかかっているばかりでなく、むしろもっと弟子のほうにかかっている。ナロパを見つけることのできたティロパは幸運だった。不幸にも、ナロパのような弟子を見つけ出せなかったマスターも何人かいる。そんなとき彼らが得たものはすべて、彼らとともに消え去ってしまった。それを受け取る者が誰もいなかったからだ。

ときとしてマスターたちは、ひとりの弟子を見つけ出すのに何千里も旅してきた。ティロパ自身、ナロパを見つけ出すために、ひとりの弟子を見つけ出すために、インドからチベットまで歩いた。[*2] ティロパはインド中をさまよったあげく、そうした贈り物を受け取るだけの、そうした贈り物を味わうだけの、それを吸収し、それを通じて生まれ変わるだけの器を持った、ひとりの人間も見出すことができなかった。

ひとたびその贈り物がナロパによって受け取られたとき、彼は完全に変身してしまったものだ。そのときティロパはナロパに「さあ今度はお前が行って、お前自身のナロパを見つけるのだ」と告げたと伝えられている。

そしてナロパもまた、それに関しては幸運だった。彼は、その名をマルパというひとりの弟子を見つけることができた。マルパもまたとても幸運で、その名をミラレパというひとりの弟子を見つけ出すことができた。しかし、そこで流れはとだえた。もうそれ以上、それだけの偉大な度量を持った弟子はいなかったのだ。

幾度となく、宗教がこの地上に現われ、そして消えて行った。幾度となく、それは現われ、消えて行くだろう。宗教というものは教団などにはなり得ない。宗教というものは宗派などにはなり得ない。宗教というものは個的なコミュニケーション、いや、個的なコミュニオンにかかっているのだ。

ティロパの宗教はほんの四世代、ナロパからミラレパまでしか存在しなかった。その後、それは消え失せてしまった。宗教はちょうどオアシスのようなものだ。砂漠は広大だ。ときとしてその砂漠のほんの一部分に、ひとつのオアシスが現われる。それがある間にそれを求めるがいい。それがそこにある間に、そこで喉《のど》をうるおすのだ。それはとてもとても希有なことだ。

イエスはくり返し彼の弟子に語った。「もうしばらくの間だけ私はここにいる。私がここにいる間に、お前たちは私を食べ、私を飲むのだ。この機会を逃してはならない」と。なぜならまた何千年もの間、イエスのような人間は現われないかもしれないからだ。

砂漠は大きい。オアシスはときどき現われては消えてゆくだけだ。なぜなら、そのオアシスは知られざるものからやって来るものだから。それはこの地上に錨《いかり》を必要とする。もしその錨がなければ、それはここにとどまることができない。ナロパはひとつの錨だった。

同じことを私はあなた方に言いたい。私がここにいるもうしばらくの間、チャンスを逃してはならない。あなた方は些細なことでそれを逃し得る。ナンセンスや心理的ガラクタにとらわれ続けていることもできる。そうだ、いやそうじゃないなどと考え続けることもできるのだ。オアシスはやがて消え失せる。そうだ、そうじゃないなどと考えることは後になってからでもできる。いまのいま、あなたはそこから飲むがいい。そうだ、そうじゃないなどと考えるのは、そのあと何生にもわたってできるのだから。それを急ぐことはない。しかしオアシスがそこにある間は、そこで喉をうるおすのだ。

ひとたびイエスやナロパに酔ったなら、あなたは完全に変わってしまう。〈変容〉はとても簡単で単純なことだ、それは自然なプロセスなのだ。必要なのは土壌となって種を受け容れることだけだ。ひとつの子宮となって種を受け容れることだけだ。

マハムドラーはすべての言葉とシンボルを超越せり
されどナロパよ
真剣で忠実なる汝のために
いまこの詩《うた》を与うべし

それは言い表すことができない。それは言い表わし得ないものだ。しかしそれとても、ひとりのナロパのためには言われねばならない。どこであれ、ひとりの弟子に用意のできたときには、必ずマスターが現われる。現われなくてはならないのだ。どこであれ、そこにひとつの深い要求があるとき、それは必ず満たされなければならない。あなたの最も深い要求に対しては全存在が応える。

ただし、それだけの要求がなければ駄目だ。さもなければ、あなた方はひとりのティロパの、ひとりの仏陀の、ひとりのイエスのかたわらを、イエスとすれ違ったことさえ知らずに、通り過ぎてしまうことだろう。

ティロパはこの国（インド）に生きた人だ。誰ひとりとして彼に耳を貸そうとはしなかった。しかも、彼にはその究極の贈り物を与える用意はあったのだ。どういうことだろう？　そして、これはこの国ではいくたびとなく起こってきたことだ。その裏には何かあるに違いない。

これはこの国でほかのどこよりも数多く起こってきた。というのも、どこよりも多くのティロパたちが生まれてきたのもこの国だからだ。しかしなぜ、ティロパがチベットに行かねばならないようなことになったのだろう？　なぜボーディダルマ[*3]が中国に行かねばならないようなことになったのだろう？

この国は多くを知り過ぎている。この国はあまりにも頭《ヘッド》の国になってしまったのだ。ハートを見つけ出すのが難しいのはそのためだ。バラモンとパンディット[*4]の国――偉大なる智者と哲学者の国――。彼らはあらゆるヴェーダを、あらゆるウパニシャッド[*5]を知り、あらゆる経典を暗誦することができる。頭《ヘッド》の国――だからこそ、そんなことがかくもいくたびも起こってきたのだ。

私でさえ感じる。バラモンがやって来るといつもいつも、私はコミュニケーションの難しさを感じてしかたがない。あまりにも多くを知りすぎた人間は、ほとんどコミュニケーションが不可能になってしまうものだ。それというのも、彼は知ることなくして知ってしまっているからだ。彼はたくさんの概念を、理論を、教理を、経典をかき集めたかもしれない。しかしそれは彼の意識にとって重荷でしかない。それは開花じゃないのだ。それは彼に起こったことではなく、すべて借り物なのだ。

借りてきた物というのはすべてガラクタであり、腐っているものだ。そんなものはできる限り早く放り出してしまうがいい。ただあなたに起こるものだけが真実だ。ただあなたの中に花開くものだけが真実だ。ただあなたの中で育つものだけが真実であり、生きている。つねにこれを心にとめておきなさい。

借り物の知識を避けること。借り物の知識というのは心のトリックになる。それは無知を蔽い隠すのだ。それは決して無知を打ち壊しはしない。そして知識に取り囲まれれば取り囲まれるほど、内面深い中心《センター》において、まさにあなたの実存の根において、無知と暗闇が存在する。

知識（借り物の知識だが）の人というものは、ほとんど彼自身の知識の中に閉ざされてしまっているのだ。その中にはいり込むことはできないし、彼のハートを見つけ出すことは難しい。彼自身、自分のハートとの接触を失ってしまっているのだ。だから、ひとりのティロパがチベットに行かなければならず、ひとりのボーディダルマが中国に行かなければならないのは偶然じゃない。ひとつぶの種はそれほど遠くまで旅しなければならないのだ。ここに良い土を見つけることができなければ――

このことを覚えておきなさい。知識というものに中毒しきってしまうのは簡単なことだから。それは一種の中毒だ。それは一種のドラッグだ。そればかりか、ＬＳＤもそれほど危くはない。マリワナもそれほど危くはない。ある意味ではそれらはみな同じものだ。

マリワナはあなたに何かそこにないものの一瞥を与えてくれる。それはあなたに、何か完全に主観的なものの上に成り立った、ひとつの夢を与えてくれる。それはあなたに幻覚を与えてくれる。そして知識もまた同じ。それはあなたに、知ることという幻覚を与えてくれる。あなたは自分がヴェーダを唱えることができるという理由で、自分は知っているのだと感じはじめる。議論ができるから自分は知っている。とてもとても論理的な鋭い心を持っているから自分は知っている。

馬鹿なことを言ってはいけない！　いまだかつて理論が人を真理に導いたためしなどありはしない！　合理的精神などただのゲームだ。ありとあらゆる議論はみな子供じみたものだ。生はどんな議論も離れて存在しているのだ！　真理はいかなる証明も必要としはしない。それはただあなたのハートだけを必要とする。議論ではなくあなたの愛を、あなたの信頼を、受け容れることへのあなたの用意を——

マハムドラーはすべての言葉とシンボルを超越せり
されどナロパよ、真剣で忠実なる汝のために
いまこの詩《うた》を与うべし
「空《くう》」は何ものも頼まず
マハムドラーは何ものにも依《よ》らず
また労せず
ただゆったりと自然であることによりて

人はくびきを打ち壊し
解脱を手の内にするなり

かつて人の口にのぼった言葉の中で、これ以上重要な言葉はとうてい見つけ難い。ティロパが言おうとしていることの、あらゆるニュアンスまで理解しようとするがいい。

「空《くう》」は何ものも頼まず

もしそこに何かがあるのならば、それは頼みにするものを必要とする。しかし何もない空であれば、どんな支えの必要もない。そして我々の実存が非実存であるというこのことは、あらゆる知者たちの最も深い認識だ。

そもそもそれを実存と言うそのことからしておかしい。それは何かではないのだから。それは何かあるものなんかじゃないのだから。それは何でもないものとでも言うべきものだ。どんな境界も持たない広大な虚空。それはアナートマ（Anatma）、無自己だ。

それは「内なる自己」などというものではない。あらゆる自己感覚はすべて虚構だ。究極なるものに行きつくとき、自分の最も深い核に行きあたるとき、突如としてあなたは、自分がこれでもなくあれでもないということを知る。あなたは一個の自我《エゴ》なんかじゃない。ひとつの巨大な空であるばかりなのだ。

ときとして静かに坐ることがあったら、目を閉じて感じてごらん。自分が誰であり、どこにいるのかを――。深く進んでごらん。すると不安になるかもしれない。なぜなら、深く進めば進むほど、あなたは自分が誰でもなく、ひとつの無であるにすぎないのをより深く感ずるからだ。

みんながあんなにも瞑想を恐れるのはそのためだ。それは死なのだ。それは自我《エゴ》の死なのだ。そして、その自我《エゴ》というもの自体、ただの虚構の概念であるにすぎない。いまや物理学者たちは、彼らの科学的探究を通じて、その同じ真理に行きあたった。仏陀が、ティロパが、ボーディダルマが、彼らの内観を通じてたどり着いたものを、科学は外側の世界にもまた発見したのだ。

いまや彼らは言う。物質的実存などというものはない、と。〈物質〉というのは〈自己〉と平行する概念だ。一魂の岩が存在する。あなたはそれがとても堅固な実質を持ったものだと感ずる。あなたはそれで誰かの頭を殴ることもできる。すると血が出てくるだろう。その人間が死ぬことさえあるかもしれない。それはとても堅固な実体だ。しかし物理学者に聞いてごらん。彼らはそれは非物質だと言う。その中には何もありはしない。

彼らはそれはただのエネルギー現象にすぎないのだと言う。この岩において交錯しているたくさんのエネルギーの流れが、それに実体感を与えているのだ。ちょうど、紙の上に多くの交錯した線を引くのと同じように――。たくさんの線が交差するところには、ひとつの点が現われる。その点はそこにあるわけじゃなかった。

二本の線が交わる。するとそこにひとつの点が現われる。たくさんの線が交わる。すると大きな点が現われる。その点は本当にそこにあるのだろうか？　それともただ交わった何本もの線が、そこにひとつの点があるかのような錯覚を与えているだけなのだろうか？

物理学者たちは、いくつもの交錯したエネルギーの流れが物質をつくり出すと言う。そして、それらのエネルギーの流れとは何かと言えば、それは物質的なものではないのだ。それらは重量を持たない。それは非物質的なのだ。いくつのも交錯した非物質的な線が、一魂の岩のように、とても堅固な実体をもった物質的なものであるかのような錯覚を与える。

仏陀はアインシュタインから遡ること二十五世紀前に、内側には誰もいないのだというこの解明に到達した。ただの交錯した何本ものエネルギーの線が、あなたに〈自己〉という感覚を与える。

仏陀はいつも、自己というものは玉ネギにそっくりだと言っていた。玉ねぎの皮をむく。一枚はがれてくる。また別な皮がある。次々とむいてゆく。一枚、また一枚と。最後に何が残るだろう？

一個の玉ネギ全部がむかれてしまった。それでも中には何もない。人間というのはちょうど玉ネギのようなものだ。幾重もの思考や感覚をむいてゆけば、最後には何があるだろう？　無だ。この無にはどんな支えもいらない。この無はひとり立ちして存在する。

だから仏陀は言う。神はない、神の必要はない、と。神などというものは一種のささえに過ぎないからだ。仏陀はまた言う。創造主などいはしない、と。無をつくり出すのにはどんな創造主もいりはしないからだ。

あなたがそれを具現（Realize）しない限り、これは最も理解し難い概念のひとつだろう。だからこそティロパは言う。〝マハムドラーはすべての言葉とシンボルを超越せり〟と。

マハムドラーとは体験なのだ。〈無〉というものの――。あなたなどもういない。そのあなたがいなくなれば、そのとき誰がそこで苦しむ？　誰がそこで傷みや悩みを蒙る？　誰がそこでうちひしがれ、悲しみに沈む？　さらにはそこに、幸せになったり法悦にふるえたりする者が誰かいるだろうか？

仏陀は言っている。もし至福の悦びを感ずるようでは、あなたはふたたび苦痛の餌食にならざるを得まい、と。そこにはまだあなたがいるからだ。そのあなたがいなくなったとき、全く完全にいなくなったとき、そこには何の苦痛も至福もない。そして、それこそが真の至福なのだ。

そのときあなたはもうふたたび堕ちることはない。〈無〉を達成するということはすべてを成し遂げることだ。あなた方に関する私の努力のすべても、あなた方を〈無〉へ導くこと、あなた方を完全な真空へと導くことにほかならない。

「空《くう》」は何ものも頼まず
マハムドラーは何ものにも依《よ》らず
また労せず
ただゆったりと自然であることによりて
人はくびきを打ち壊し
解脱を手の内にするなり

第一に理解しなければならないのは、〈自己〉という概念は心《マインド》によってつくり出されているものだということだ。あなたの中に〈自己〉などというものはない。

あるときひとりの偉大な仏教者、ひとりの大悟の人が、ある王に招かれて教えを乞われた。その仏教僧の名はナーガセーナ[*6]といった。そして、その王様はアレキサンダー大王の総監だった。アレキサンダーがインドから帰って行ったとき、彼はミナンダをその総督官としてここに残した。彼のインド名をミリンダという。そのミリンダ王がナーガセーナに来て教えるよう頼んだ。彼は非常な興味を持っており、ナーガセーナに関しては数々の話を聞いていた。たくさんの噂が宮廷に伝わって来て、この男こそ世にも稀な現象だという。

ひとりの人間が開花するというのはとても稀有なことであり、この男はまさしく花開いているというのだ。そして彼はそのまわりに、何か知られざるものの香りを漂わせている、と。ひとつの神秘的なエネルギーだ。彼は地上を歩く。が、彼は地上のものではない。

ミリンダは興味しんしんとなって招待を出した。ところがナーガセーナのところに出向いた使者は、とても混乱して戻って来たではないか。というのもナーガセーナはこう言うのだ。「よろしい、彼が招くというのならばナーガセーナは行こう。だが、彼に伝えなさい。ナーガセーナというような者はいない、と。彼が招くというのなら私は行こう。しかし正確に伝えなさい。〈私〉というような者はいない。私はもういないのだ、と」

その使者は混乱してしまった。もしナーガセーナがいないのなら、いったい誰が来るのだろう？ ミリンダもまたわからなくなってしまった。彼は言った。「ウーム、この男はなぞをかけているな。だが彼を来させてみようではないか」

彼はギリシア人だった。このミリンダという男――。ギリシア人の心《マインド》というのは根っから論理的にできている。世界にはふたつの心しかない。インド人の心とギリシア人の心だ。インド人は非論理的、ギリシア人は論理的だ。インド人は暗い深み、野生の深みへとはいり込んで行く。そこには境界などというものはない。すべては曖昧模糊としている。ギリシア人の心は、論理的なるもの、直線的なるもの、すべてが定義され分類されたところを歩く。ギリシアの心は〈知られたるもの〉へと向かう。インドの心は〈知られざるもの〉へ、そしてさらには〈知られ得ざるもの〉へと向かってゆく。ギリシア人の心は完全に論理的、インド人の心は完全に矛盾的だ。だからもしあなた方が、私の中にあまりにも多くの矛盾を見るならば、どうかそれに悩まされないでほしい。それが道なのだ。東洋においては矛盾はコミュニケーションの道なのだ。

ミリンダは言った。「この男は非論理的で気が狂っているようだ。もし彼がいないのなら、どうして彼はやって来ることなんかできるのか？　しかし来させてみよう。証明してやるのだ。まさに来るというそのことで、彼がいるということは証明されるぞ」

さて、ナーガセーナがやって来た。ミリンダは彼を城門のところで出迎えた。彼は開口一番こう言って尋ねた。「どうもわからない。あなたはおいでになった。それでもあなたは自分はいないとおっしゃる」。ナーガセーナが答える。「それでも私はそう言明します。さあ、ここに腰を据えようではありませんか」

人だかりができ、宮廷の全員がそこに集まってしまった。そしてナーガセーナが言った。

「問いを」

ミリンダが尋ねる。「最初に聞きたい。もし何かがないのならば、なぜそれが来るということなどできるのですか？　はじめからそれがないのなら、そのとき、それが来るという可能性などありはしません。あなたはおいでになった。あなたがいるということは単純なロジックでわかります」

ナーガセーナは笑って、「このラッダを見てごらんなさい」と言う。彼が乗って来た牛車のことだ。

「これを見てごらんなさい。あなたはこれをラッダ、すなわち乗物と呼びます」

「そのとおり」とミリンダ。

すると、ナーガセーナは彼の従者に牛を取りはずすように言った。牛が取りはずされる。

「この牛たちが乗物なのですかな？」ナーガセーナが聞く。

「もちろん違います」とミリンダ。

そうして少しずつ、あらゆるものがその牛車から取りはずされた。あらゆる部品が――車輪まではずされてしまった。

「この車輪が乗物なのですかな？」

「もちろん違う」

すべてが取りはずされて何もなくなると、ナーガセーナが尋ねた。

「私が乗って来た乗り物はどこにあるのです？　我々は決して〈乗物〉を取り外しはし

なかった。我々が取りはずしたあらゆるものについて、あなたはこれは乗物ではないと確認したはずです。さあ、その〈乗物〉はどこにありますか？」

ナーガセーナはさらに言った

「ちょうどこれと同じように、ナーガセーナというものも存在しているのです。部品を取りはずせば彼は消え失せてしまいます」

ただの交錯したエネルギーの線。線をのけてみれば点は消え失せる。乗物というものは、たださまざまな部品の組み合わせにすぎない。あなたもまた部品の組み合わせだ。〈私〉というものは部品の組み合わせなのだ。いろいろなものを取り除いてみれば、〈私〉は消え失せる。

意識から思考が取り除かれたとき、あなたが〈私〉と言うことなんかできないのはそのためだ。〈私〉というものなどありはしないのだから。ただ真空だけが残る。感覚というものが取りはずされたとき、〈自己〉というものは完全に消え失せてしまう。あなたはいて、しかもあなたはいない。ただどんな境界線も持たないひとつの〈不在〉——空《くう》——これこそが最後の成就だ。この状態こそマハムドラーだ。なぜならその状態においてはじめて、あなたは〈全体〉とのオーガズムを持つことができるのだから。そう、そこにはどんな障壁もない。どんな自己も存在しない。もうそこには、区別をつけるどんな境界もない。〈全体〉に境界線などありはしない。

あなたはその〈全体〉のようにならなくてはいけない。そうしてはじめて、そこにひとつの出会いがあり、ひとつの合一があり得る。あなたが空であるとき、あなたに境界線などがなくなってしまったとき、突然、あなたは〈全体〉になっている。あなたがいないとき、あなたは〈全体〉となり、あなたがいるときは醜い自我《エゴ》となる。あなたがいなければ、存在のすべての広がりがあなたの実存の場となるのだ

だが、これらは矛盾だ。それを理解しようとしてごらん。少しナロパのようになるのだ。さもなければ、これらの言葉やシンボルは、あなたに何ひとつもたらしてはくれまい。信頼において私に耳を傾けるのだ。そして私が「信頼において私に耳を傾けよ」と言うとき、その意味はこういうことだ。「私はこれを知っている。これはそうなのだ。私はこの目で確かめている。私がその証人になろう。これはそうなのだ」

それを語ることは不可能かもしれない。しかしだからといって、それがそうでないという意味にはならない。また逆にそれについて何かが語られ得るからといって、それがそうであるということにもならない。あなた方は何かありもしないものを語ることができる。そしてあなた方は、そこにあるものについては、何も言うことができないかもしれないのだ。

私がそれについては証人となろう。だがあなたは、あなた自身ひとりのナロパとなり、信頼において耳を傾けるようにならない限り、私を理解することはできまい。私が教えているのはあるひとつの教理なんかじゃない。もしこれが同じように私の体験でもなかったら、私がティロパに構うようなことは決してなかったかもしれない。ティロパはそれをうまく語ったものだ。

「空《くう》」は何ものも頼まず
マハムドラーは何ものにも依《よ》らず

何ものにも、マハムドラーは依存しない。マハムドラーの文字どおりの意味は、大いなるジェスチャー、あるいは究極のジェスチャーだ。それ以上は何も不可能であるところの、あなたの為し得る最後のもの。マハムドラーは何ものにもよらない。あなたはひとつの〈無〉となる。そしてそのときすべてが成就される。

あなたは死して、そして神となる。あなたは消え失せ、そして〈全体〉となる。水滴が消え去ると、大海がその存在を現わす。

自分の自己というものに執着しないこと。それはもう、それぞれの過去生を通じて嫌というほどやってきたはずだ。執着し、恐れる。もし自我《エゴ》にしがみつかなかったら、そこには底なしの深淵が見えてしまうのを怖がって——。我々がちっぽけなつまらないことにしがみつくのはそのためだ。我々はそういうものにしがみ続けている。その執着こそ、あなたもまた内なる巨大な虚空に気づいているということを表している。そうして、何かにしがみつくものが必要となる。だがその執着こそ、あなた方のサムサーラ＝悲劇にほかならない。

自分自身をその深淵に置き去りなさい。ひとたび自分をその深淵に置き去ったなら、あなたはその深淵そのものとなる。そのとき、そこにはどんな死もない。というのも、どうして深淵が死ぬことなんかできる？　そのとき、そこには終わりもない。というのも、どうして無が終わることができる？　何かあるものなら終わることができる。終わらなくてはなるまい。ただ〈無〉だけが永遠だ。マハムドラーは何ものにも依存しない。

ひとつ、あなた方が通ったことのある体験を使って説明してみよう。ひとりの人を愛するとき、あなたは無にならなくてはならない。ひとりの人間を愛するとき、あなたは無自己にならなければならない。愛がかくも難しいのはそのせいだ。そしてイエスが「神は愛のごとし」というのもそのためだ。

彼はマハムドラーについて何かを知っていた。エルサレムで教えはじめる以前、彼はインドにいたからだ。[*7] 彼はチベットにも行っていた。彼はティロパやナロパのような人々に会っていたのだ。彼は仏教寺院に世話になった。そこで彼は人々が〈無〉と呼ぶものの何であるかを学んだ。それから彼は、自分の全理解をユダヤ教の用語に翻訳しようとした。

そこのところは全てが混乱してしまった。仏教の認識をユダヤ教の用語に翻訳することなどできるものじゃない。それは不可能だ。なぜなら、ユダヤのあらゆる語法は肯定的言語に依存しているからだ。そして仏教用語のほうは、完全に虚無的な言語の上に成り立っている。無、空──。だがイエスの言葉のそここには、いくつかの一瞥が顔をのぞかせている。

彼は言う。「神は愛なり」と。彼は何かを指し示している。何を指し示しているのだろう？愛するとき、あなたは誰でもない人にならなければならない。もしあなたが誰かさんのままでいたら、そのとき決して愛は起こらない。あなたがある人を愛するとき、ほんの一瞬でもいい、ふたりの人間の間に愛が起こり、愛が流れるとき、そこにあるのはふたつの〈無〉であり、ふたりの人間じゃない。もしあなたに何らかの愛の経験がありさえすれば、それは理解できるだろう。

ふたりの恋人が互いに寄りそって坐っている。あるいは、ふたつの無がいっしょに坐っていると言うべきか。そのときはじめて、障壁が打ち破られ、境界が投げ捨てられ、出会いが可能となる。エネルギーはこちらからあちらへと動くことができる。そこにはなんの障害物もない。

　そして、そうしたひとつの深い愛の瞬間にのみ、オーガズムは可能だ。ふたりの恋人が愛し合うとき、もし彼らが両方とも無自己であり、無であるとき、そのときこそオーガズムが起こる。そのとき、彼らの身体エネルギーは、彼らの全実存は、あらゆるアイデンティティー（主体性）を失う。彼らはもうふたりじゃない。彼らはあの深淵の中へと陥ち込んでしまったのだ。

　しかし、これはほんの一瞬しか起こらない。ふたたび彼らは逆戻りしてしまう。ふたたび彼らはしがみつき始める。人々が愛をもまた恐れるのはそのせいだ。深い愛の中で人々は気が狂うことを恐れ、あるいは死ぬことを恐れ、これから起ころうとしていることを恐れる。奈落がその口をあける。全存在があくびをする。あなたは突然、その瀬戸際にいる。あなたはその中に落ち込み得るのだ。人は愛におびえるようになる。そして人々はセックスに満足するだけに終始する。

　彼らは彼らのセックスを愛などと呼ぶ。愛はセックスじゃない。セックスが愛の中で起こることはある。それがその一部に、その大切な要素になることはあり得る。だが、セックスそれ自体は愛じゃない。それはひとつの代用品だ。あなた方はセックスを通じて愛を避けようとしているのだ。あなた方は自分に、愛の中にいるようなひとつの錯覚を与えようとしているのだ。しかし実際には、あなた方は愛に足を踏み入れてなんかいない。セックスはちょうど借り物の知識のように、知ることなしに知っているような感覚を与え、愛することなくして愛や愛することの感覚を与える。

愛の中にあなたはいない。相手もまたいはしない。そのときにのみ、突然〈二〉が消え失せる。同じことがマハムドラーにおいて起こる。マハムドラーとは、存在全体との全面的なオーガズムだ。タントラにおいて——ティロパはタントラのマスターだ——ふたりの恋人の間の深い交合が、オーガズミックな交合が、同じくマハムドラーと呼ばれるのはそのためだ。深いオーガズム状態にあるふたりの愛人の姿が、タントラ寺院に、タントラ文書に描かれているのはそのためなのだ。それが最終的なオーガズムのひとつのシンボルになってきたのだ。

マハムドラーは何ものにも依《よ》らず
また労せず
ただゆったりと自然であることによりて

これこそティロパのメソッドのすべてであり、タントラのメソッドのすべてでもある。

また労せず

なぜなら、もしあなたが努力をしたら、自我《エゴ》が強められてしまうからだ。もしあなたが努力をしたら、あなたが登場する。だからこそ、愛は努力じゃない。愛するための努力をすることなどできはしない。もしあなたが努力をしたら、そこに愛はない。あなたはその中に流れ込むのだ。努力することはない。あなたはただそれが起こるのを許すのだ。努力するんじゃない。それはするということじゃない。それは〝労せず〟して起こるひとつのハプニングなのだ。

そして〈全面的なるもの〉、〈最終的なるもの〉も同じこと。あなたが努力することはない。ただそれといっしょに漂うのだ。ただし〝ゆったりと自然であること〟によって。これこそが正道だ。これこそがまさにタントラの真の基盤だ。

ヨーガは言う、「努力せよ」と。タントラは言う、「どんな努力もすべからず」と。ヨーガは自我《エゴ》指向だ。最終的にはヨーガも跳ぶ。しかしタントラは一番最初から無自我を指向する。ヨーガは最後のところまで来て、ようやくそれだけの重要性に、それだけの意味に、それだけの深みに到達し、その探求者に言う。「さあ、自我《エゴ》を落とせ」と。最後まで来てはじめて――。タントラは一番最初から、まさに第一歩から。

私はそれをこんなふうに言ってみたい。ヨーガが終わるところからタントラは出発する、と。ヨーガの最高峰が、タントラの出発点である、と。そして、タントラはあなたを究極のゴールまで導く。ヨーガはあなたをタントラへと仕立て上げてくれる。それだけのことだ。なぜなら、最終的なのは無努力であること、〝ゆったりと自然〟であることなのだから。ティロパが〝ゆったりと自然〟という言葉で言おうとしていたこと――。

自分自身と戦わないこと。ゆったりと自由でありなさい。あなたのまわりに、品性だの道徳だのという枠をつくろうとしないこと。自分自身を調教しすぎないこと。さもなければ、その訓練そのものが束縛になってしまうだろう。自分のまわりに牢獄を築き上げないこと。自由でいなさい。漂い、状況とともに動くのだ。状況に応えるのだ。

自分のまわりに〈人格〉という衣を着て歩かないこと。ひとつの固定化された態度を持って歩かないこと。水のように自由でいるのだ。氷のように凝り固まらずに、自然が導いて行くところならどこへでも動き、そして漂い続けるのだ。抵抗しないこと。あなたの上に、あなたの実存の上に、いかなるものといえども押しつけようとしないこと。

ところが社会全体、何かしら押しつけることを教える。善人であれ、道徳的であれ、これであれ、あれであれ、と。タントラは完全に、社会や、文化や、文明を超えている。タントラは言う。もしあなたがあまりにも文化づけされすぎたら、すべての自然なるものを失うだろう、と。そしてそのときあなたは、ひとつの機械的なものになってしまうだろう、と。漂うこともなく、流れることもない。だから、自分のまわりに枠を強要しないこと。瞬間から瞬間へと生きるのだ。絶えざる覚醒とともに生きるのだ。これは理解されるべき深いポイントだ。

なぜ人々は、自分のまわりに枠をつくり出そうとするのだろうか？　気を引き締めなくて済むようにだ。なぜなら、もし自分のまわりにどんな性格づけも持たなかったら、あなたはとてもとても醒めている必要があるからだ。というのも一瞬一瞬、決定がなされなければならないのだから。何の既製品の決定も持たず、凝り固まった態度も持たない。あなたは状況に応えなくてはならないのだ。何かそこにあることに対して、あなたは完全に不用意なのだ。

覚醒を回避することに関しては、よくよく目を見開いていなくてはなるまい。人々はひとつのトリックを編み出してきた。そのトリックというのが〈人格〉というやつだ。自分自身にある一定の訓練を強いて、醒めているいないにかかわらず、その訓練があなたの面倒を見てくれるようにする。たとえば、つねに真実を語る習慣をつける。そうすれば、それに関して思い悩む必要はない。誰かが質問をする。あなたは真実を語るだろう。習慣で――。しかし習慣から出てきたとき、真実は死んでいる。それに生というものはそんなに単純じゃない。生はとてもとても複雑な現象だ。ときとして嘘が必要なこともある。そして、ときには真実も危険なものであり得る。人は醒めていなければならないのだ。

たとえば、もしあなたの嘘を通して誰かの生命が救われるとする。もしあなたの嘘を通して誰も害を受けず、誰かの生命が救われるとする。あなたならどうする？

もし自分は真実でなければならないという、凝り固まった心《マインド》を持っていたら、あなたはひとつの生命を見殺しにするだろう。生命より貴いものは何もない。どんな真実も——。どんなものもひとつの生命より貴いということはない。そしてときには、あなたの真実が誰かの生命を奪い得るのだ。

あなたならどうする？ ただ自分の古いパターンや習慣、「自分は正直な人間だ」というあなた自身の自我《エゴ》を保つために、あなたはひとつの生命を犠牲にする。ただ正直な人間でいるだけのため、ただそれだけのために？——　それは行きすぎだ。完全に気が狂っている。

もし生命が救われるのなら、たとえ人があなたのことを嘘つきだと思おうと、そのどこが悪い？　なぜそんなにも、人が自分のことをどう言うかを気にするのか？

なかなか難しいことだ。凝り固まったパターンをつくり出すことでさえも簡単じゃない。なぜなら人生は動き続け、変わり続けるのだから。毎瞬ごとに、そこには新しい状況が現われて、人はそれに応えなければならないのだから——。

最大限の覚醒をもってそれに応えること、それがすべてだ。そして、決定を状況そのものから出て来さしめること。既製品でなく、押しつけでもなく——。つくりつけの心《マインド》を持ってまわらないこと。ただゆったりと、醒めて、そして自然であり続けるのだ。

これこそ本当の宗教的人間の姿だ。そうでないいわゆる宗教的人間など死人に等しい。彼らは彼らの習慣によって行動する。彼らは習慣によって行動しているだけだ。これはひとつの条件づけであって、自由じゃない。意識というものは自由を必要とする。

〝ゆったりと〟自由であれ。この言葉をできる限り深く心に刻んでおきなさい。この言葉に自分を貫かせるのだ。〝ゆったりと〟自由であれ。あらゆる状況にあって、楽々と水のように流れられるように――。

水というものは、もしコップに注がれれば、そのコップの形を取る。水は抵抗しはしない。それは「これはぼくの形じゃない」などとは言わない。水は、もしかめに注がれれば、そのかめの形を取る。水には抵抗などというものはない。水は自由だ。水のように自由でありなさい。あるときあなたは南に行かなくてはならず、またあるときは北に向かわなくてはならないだろう。あなたは方向を変えなくてはなるまい。状況に従って、流れなくてはなるまい。しかし、もしどうやって流れるかさえ知っていれば、それで充分だ。もしあなたが流れ方を知っていれば、海はそう遠いこともない。

だから、パターンをつくり出さないこと。社会全体がパターンをつくり出そうとしている。あらゆる宗教がパターンをつくり出そうとしている。ほんの数人の大悟の人だけが、真理を語るだけの勇気を持っていた。その真理とは〝ゆったりと自然であれ〟――これだ。

もしあなたが自由であれば、もちろん自然でもある。ティロパは「道徳的であれ」などとは言わない。彼は「自然であれ」と言う。このふたつは完全に正反対の次元に属する。

道徳的人間は決して自然じゃない。そうなり得ないのだ。もし怒りを感じても、彼は怒ることができない。道徳がそれを許さないから――。もし愛を感じても、彼は愛することができない。そこに道徳があるから――。彼はつねに道徳に従って行動する。決して彼の自然に従ってじゃない。

私もあなた方に言っておこう。もしあなたが自分の自然に従ってではなく、道徳的パターンに従って動きはじめたら、マハムドラーの境地に至ることなど決してあるまい。なぜならマハムドラーとは自然な境地であり、〈自然であること〉の最も高い頂きなのだから。

あなた方に言っておこう。もし怒りを感じたら怒るがいい。ただし完璧な覚醒は維持されなくてはならない。怒りがあなたの意識を圧倒するべきじゃない。それだけのことだ。怒りをそこにあらしめなさい。それを起こらしめるのだ。ただし、何が起こっているのかに完全に醒めながら――。

自由で、自然で、醒めてい続けるのだ。何が起こっているのかを見守りながら――。だんだんとあなたは、たくさんのものが、あとかたもなく消え去ってしまっているのに気づくだろう。それらはもう起こらない。それも、あなたの側でどんな努力もせずに。あなたは決してそれらを押し殺そうとはしなかった。それなのに、それらはただ消え失せてしまったのだ。

人が醒めているとき、怒りはだんだんと消えて行く。それはただ愚かしいばかりになってしまう。悪いのじゃない――覚えておきなさい。なぜなら、悪というのはこれまた重たい価値観だから。それはただ愚かしいばかりになってしまうのだ。あなたがそこに足を踏み入れないのは、それが悪だからというわけじゃない。それはただ馬鹿げているのだ。それは罪なんかじゃない、ただ愚かしいのだ。強欲は消え去って行く、それは愚かしい。嫉妬が消え失せる。それは愚かしい。

このヴァリエーションを覚えておくといい。道徳には何か善いことと何か悪いことがある。〈自然であること〉には何か賢いことと何か愚かしいことがある。自然である人間は、賢いのであって善なのではない。自然でない人間というのは愚かしい。悪いわけじゃない。世の中に悪いことなど何もないし、善いことなど何もない。ただあるのは、賢いことと愚かしいことだけだ。

もしあなたが愚かだったら、自分自身も他人も害する。もしあなたが賢ければ誰にも害を与えない。他人にも、そして自分にも。

罪というようなものなど何もない。そして徳というようなものも——。知慧がすべてだ。もしそれを徳と呼びたければ呼ぶがいい。そして無知というものがある。もしそれを罪と呼びたければ、それがただひとつの罪だ。さて、どうやってあなたの無知を知慧へと転換するか？　それがただひとつの転換だ。そして、それは強いることができない。それはあなたが、ゆったりと自然であるときに起こるものなのだ。

ゆったりと自然であることによりて
人はくびきを打ち壊し
解脱を手の内にするなり

そして人は全面的に自由の身となる。はじめのうちそれは難しかろう。古い習慣がそこにあって、何かをさせようと強いるだろうから。あなたは怒りたくても、古い習慣がいやおうなしに笑いを顔に浮かばせる。

その人たちが笑うときには必ず、彼らは怒っているのだと確信できるような人々がいるものだ。まさしくその笑いの中に、彼らは怒りを表わしてしまっている。彼らは何かを隠していながら、偽りの笑いが顔にひろがる。そういうのを偽善者という。

偽善者というのは不自然な人間だ。怒りがあると彼は笑う。憎しみがあると彼は愛を見せつける。もし凶悪な感覚が湧いて来ようものなら、彼は慈悲を装う。偽善者こそ完璧な道徳家だ。完全に人工的、プラスチックの造花。醜悪、役立たず、まるで花なんかじゃない。ただの見せかけ。

タントラは自然な道だ。〝ゆったりと自然〟。それは難かしかろう。古い習慣が打ち壊されなくてはならないのだから。それは難しかろう。あなた方は偽善者たちの社会に生きなくてはなるまいから。それは難しかろう。あらゆるところであなた方は、偽善者たちとの戦いを見出すだろうから。

しかし、人はそれを通って行かなければならない。それは骨の折れることだろう。偽りの人工的な見せかけのほうには、多くの資本投下がついているのだから——。あなたは完全な孤独を感ずるかもしれない。が、それはただの過渡期にすぎまい。やがて他の人たちも、あなたの真剣さを感じはじめるだろう。

そして覚えておくこと。本物の怒りでさえ、見せかけの笑いよりはましだ。少なくともそれは本物なのだから。本気で怒れない人間など決して本物ではあり得ない。少なくとも彼は真正だ。誠実だ。自分の実存に誠実なのだ。何が起こっていようとも、彼のそれが真実であることは信じられる。

これは私の観察だが、真実の怒りは美しいものだ。ところが偽りの笑いは醜悪だ。真実の憎しみにはそれなりの美しさがある。ちょうど真実の愛のように——。なぜなら、美しさは真実にかかっているからだ。それは憎しみにかかっているのでも、また愛にかかっているのでもない。美しさは真実にある。真実は美しい。どんな形であろうとも——。

真に死んでいる人間は、偽りに生きている人間よりも美しい。なぜなら、少なくともそこには〈真実である〉という基本的な質があるからだ。

ムラ・ナスルディン[*8]の妻が死んだ。そして隣人たちが集まった。ところがムラ・ナスルディンは、全く何の変わりもなくそこに立っているではないか。まるで何事もなかったかのように。隣近所の人たちは泣いたり涙を流したりしながら、「何をつっ立っているの、ナスルディン？　彼女は死んだのよ」と言う。

ところがナスルディンはこうだ。

「待ってくれ、彼女は大嘘つきだ。少なくとも三日間ぼくは待ってみて、これが本当かどうか確かめなくちゃならない」(笑)

覚えておきなさい。美しさは真実に、真正さにあるのだということを——。もっと真正になってごらん。あなたは花開くだろう。そして真正になればなるほど、だんだんとたくさんのものがひとりでに落ちてゆくのを感ずるだろう。あなたは決してどんな努力もしなくていい。それらはひとりでに落ちてゆくのだ。いったんそのコツをつかめば、あなたはもっともっと自由に、もっともっと自然に、真正になってゆくものだ。そして、ティロパは言う。〝人はくびきを打ち壊し、解脱を手の内にするなり〟と。

解脱というものは、はるか遠くにあるんじゃない。それはあなたのすぐうしろに隠されている。ひとたびあなたが真正になったら、その扉は開かれる。ところがあなたは大変な嘘つきだ、大変な面かぶりだ、大変な偽善者だ。あなたはなんとも深く偽わっている。解放がはるかかなたにあるように感じるのはそのためだ。

それは違う。真正な存在にとって、解脱は全く自然なものだ。それはほかのどんなものとも変わりなく自然なのだ。水が海に向かって流れるように。蒸気が空に昇って行くように。太陽が熱く、月が冷たいように。真正な存在にとって解脱は自然なのだ。それは決して自慢にするようなことじゃない。それは決して、あなたが人に「自分は何かを手に入れたんだ」と言って聞かせなければならないようなものじゃない。

臨済[*9]が「何があなたに起こったんですか？　みんながあなたは悟ったと言っていますが？」と聞かれたとき、彼は肩をすくめて言ったものだ。「起こった？　なんにも。私は森で木を伐り、禅堂に水を運ぶ。井戸から水を運び、冬が近づいているから木を伐る」

彼は肩をすくめた。とても意味深長なジェスチャーだ。彼が言おうとしていたのはこういうことだ。「なんにも起こっちゃいませんよ。なんというナンセンスをあなたは聞いているのか。それは自然なことだ。井戸から水を運び、森で木を伐る。人生は全く自然なものなのだよ」。臨済は言う。「眠くなれば私は眠る。腹がすけば私は食べる。生は完全に自然なものになったのだ」と。

解脱とは、あなたが完璧に自然であることにほかならない。解脱とは、自分はものすごくたいそうなものを手に入れたんだと言って自慢にするようなものじゃない。それは全く大それたものなんかじゃない。それは全く並はずれたものなんかじゃない。それはただ自然であること。ただあなた自身であることにすぎないのだ。

それならどうすればいいのか？　見せかけを落としなさい。偽善を落としなさい。自分の自然な実存のまわりに培ってきたあらゆるものを落としなさい。自然になるのだ。

はじめのうち、それはとてもとても骨の折れることだろう。しかし、はじめのうちだけだ。一度あなたがその感じをつかんだら、他人もまた何かがあなたに起こったことを感じはじめるだろう。なぜなら、真正な存在というのは大変な力であり、大変な磁力を持っているものだからだ。みんなが何かを感じはじめることだろう。この男はもう我々の一員としては動かない。あいつは完全に違う、と。そして、あなたのほうは別に困ることなんかない。落ちてゆくのは人工的なものだけだからだ。人工的なもの、見せかけや仮面を投げ捨てることによって、いったん虚空が生み出されたなら、そのとき自然な実存がその流れを始める。それにはスペースがいるのだ。

からっぽで、自由で、そして自然でありなさい。それをあなたの生の最も根本的な原理にするといい。

Enough for today？
（今日はこのくらいでいいかな？）

＊1　当時、主に若い世代の間で使われていたスラング。頭ばかりで考えたり、ひとりよがりな世界をつくりあげることを言う。エゴ・トリップという言葉なども同じように用いられる。

＊2　史実には必ずしもそぐわないが、その点については巻末にＯＳＨＯのコメントを付した。

＊3　五世紀にインドから中国に禅をもたらした大仏聖。菩提達磨と音訳されている。

＊4　インドの社会制度の最上層部を占める神官や神学者。

＊5　ヴェーダはヒンドゥー教の最根本となる聖典。ウパニシャッドは一連のヴェーダのしめくくりにあたり、ヴェーダの内容を補足解説する役目を持つ哲学書。

＊6　名僧ナーガセーナとミリンダ王とのこの問答は「ミリンダ王の問い」として、仏教史上でも有名なもの。紀元前四世紀の話。

＊7　イエスがエルサレムに現われる前の、聖書では触れられていない時期について、Aquarian Gospel（宝瓶宮福音書）などの神秘派文献では、彼がインドやエジプトで修行したと記されている。

＊8　*Mulla Nasrudin* は回教圏の国々で非常にポピュラーなジョークの主人公。もともと実在したスーフィ教（イスラム密教）のマスターだったとされ、ムラ・ナスルディン・ジョークはスーフィ教の公案のようなものだったとも言われている。ＯＳＨＯは、即興の自作も含めて、講話の中でこのムラ・ナスルディン・ジョークをよく用いる。

＊9　九世紀中国の大禅師。その自由奔放な悟境は幾多の禅のマスターたちの中でも傑出している。臨済宗の祖。

第二話　心とは実在なのか。それともただのプロセスなのか？

「マハムドラーの詩《うた》」は続きます……

もし中空を見つめて何も見ず
そのとき心をもって心を観ずれば
人は差別を打ち破り
ブッダフッド*1に至るなり

空をさまよう雲には
根もなくまた家もなし
分別の思いの
心を漂いよぎるもまたしかり
ひとたび「自性心」*2の見らるることあらば
識別は止まん

空間に象《かたち》と彩《いろ》の生ずることあれど
そは黒白に染まらず
万物は「自性心」より出で
しかも心は善悪に汚さることなし

＊1 buddha ＝ブッダ（覚者）が住する究極の覚醒境。

＊2 英訳 Self-mind、人間の本性である清浄な心を指す。
「仏性」などと同根の言葉。

あらゆる問題の根本となる問題は心《マインド》そのものだ。そこで、最初に理解されるべきことはこの心とはいったい何か。それはどういうものでできているのか。いったいそれは実在なのか、それともただのプロセスなのか。それは実体を持っているのか、それともただ夢のようなものにすぎないのか、ということだ。

その心《マインド》の本性がわからない限り、あなたは人生のどんな問題を解決することもできまい。たとえ必死にがんばってみたところで、もしあなたがひとつひとつ個々の問題を解決しようとしたら、それは失敗に終わらざるを得ない。それは絶対に確実だ！

なぜなら、実際には独立したひとつの問題などというものは存在しないのだから。心こそが問題なのだ。たとえもしあなたが、この問題、あるいはあの問題と解決してみても、それは何の役にも立つまい。肝腎の根が手つかずで残っているからだ。

それはちょうど一本の木の枝を切り、葉を摘んで、その根を起こさずにいるようなものだ。当然、新しい葉が出てくるだろう。新しい枝が芽を出すだろう。前よりもなおさらに——。

剪定というのはその木がますます茂るのを促すものだ。それを根こそぎにする方法を知らない限り、あなたの奮戦は無意味だ。それは馬鹿げている。あなたは木ではなくて、自分自身を駄目にしてしまうだろう。戦うことで、あなたは自分のエネルギーと時間と人生とを無駄にし、肝腎の木のほうはといえば、いよいよもって強く、濃く、密になり続ける。

なんと驚くべきことがそこでは起こっている。あなたがあれやこれやの問題を解決しようと大変なハードワークをこなしているのにもかかわらず、それらはかえって育ち、増え続けるのだ。たとえもし、あるひとつの問題が解けたとしても、突如として十の新しい問題が湧き起こる。

ひとつひとつの独立した問題を解決しようとなどしないこと。そんなものはありはしない。心《マインド》そのものが問題なのだ。しかし、心は地下に隠されている。私がそれを〈根〉と呼ぶのはそのためだ。それは目に見えない。あなたがある問題と出くわすというときには、その問題は必ず地上にあるものだ。それは目に見える。だからそれに騙されてしまうのだ。いつも心しておきなさい。可視なるものは決して根ではない。根はつねに不可視であり続ける。根はつねに隠されている。

決して目に見えるものと戦わないこと。さもなければ、あなたは影法師と戦っていることになるだろう。それでは、自分自身をすりへらすことはあっても、あなたの人生にはこれっぽっちの変化も起こり得ない。同じ問題が、何度も何度も何度も持ち上がることだろう。

自分の人生を観察してみるといい。そうすれば、きっと私の言おうとしていることがわかるだろう。私は心について、あるひとつの理論などを語っているわけじゃない。ただ、その事実性を言っているだけだ。これは事実なのだ。心が解決されなくてはならない！

人々は私のところへやって来て尋ねる。「どうやって平和な心《マインド》を達成するのですか？」私は彼らにこう言う。「平和な心なんていうものはありはしないのだよ。そんなもの聞いたことがない」。心は決して平和にはならない。〈無心〉は平和そのものだ。が、心自体は決して平和でも静かでもあり得ない。心はまさにその本性からして緊張と混乱なのだ。

心《マインド》は決してクリアではあり得ない。それは冴えを持つことなんかできない。なぜなら、心はその本性からして混乱であり曇りであるからだ。冴えは心なしには可能だ。平和は心なしには可能だ。静寂は心なしには可能だ。であるからして、決して静かな心など達成しようとしないこと。さもなければ一番の最初から、あなたは不可能な次元に向かっていることになる。ことのはじめは、まず心の本性を理解すること。それからはじめて何かがなされ得る。

もし、よくよく目を凝らしてみれば、あなたは決して〈心《マインド》〉というような実体には出くわすまい。それはものじゃない。それはただのプロセスなのだ。それはものじゃない。それは〈群集〉のようなものなのだ。独立した〈想念〉は存在する。ところが、それらがあまりにも速く動くので、あなたにはその間の切れ目が見えない。その間隔が見えない。それは、あなたがあまり醒めても気を配ってもいないところから来る。あなたはもっと深い洞察を必要とする。あなたの眼がもっと深いところに届くようになったとき、突然、ひとつの想念、もうひとつの想念、またもうひとつの想いというように、ひとつひとつの思考がわかるようになる。しかし、そこに〈心《マインド》〉などというものはない。

寄り集まった想念。何百万という想念の群があなたに、あたかも〈心《マインド》〉というものが存在しているかのような幻覚を与える。それはちょうど〈群集〉のようなものなのだ。何百万という人たちが群れ集まって立っている。だが、いったい〈群集〉などというものはあるのだろうか？　〈群集〉というようなものを見つけることができるだろうか？　そこに立っている個人個人よりほかに？――　ところがどうして、いっしょになって立っている彼らのその集団性が、あたかも〈群集〉というようなものが存在するかのような錯覚を与える。ただ単独の個のみが存在する。

これが心《マインド》への第一の洞察だ。よく見てごらん。そうすれば、あなたが見出すのは〈想念〉であって、決して〈心〉に出くわすことはあるまい。

もしそれがあなた自身の体験となったなら――私がそう言ったからではなく、ティロパがそううたっているからでもなく――駄目だ。それではあまり用をなさない。そうではなく、もしそれがあなたの体験になったなら、もしそれがあなた自身が知っているひとつの事実になったなら、そのときこそ、たちまちにしてたくさんのことが変わりはじめる。なぜなら、あなたは心《マインド》についてものすごく深いことを理解したのだから――。そのときは、たくさんのことがそれに引き続く。

心《マインド》を見つめなさい。それがどこにあるのか。それが何であるのかを見てごらん。あなたは想念が漂っているのを感ずるだろう。そうするとその間には間隔があるだろう。長い間目を凝らしていれば、その切れ目のほうが想念よりも長いのもわかるだろう。なぜなら、それぞれの想念はお互いに他の想念と分かれているはずだからだ。事実、言語の場合でも、それぞれの単語は他の単語と分かれていなくてはならない。深く進めば進むほど、その切れ目がどんどんと増えてゆくのを発見するだろう。その切れ目はどんどんと大きくなるだろう。ひとつの想いがよぎる――すると次には、どんな想念も存在しない切れ目が来る。そして新しい想いが来る、また別な切れ目が続く――。

もしあなたが無意識なら、その切れ目は見えない。ひとつの想念から別の想念へと跳んでしまう。決してその切れ目を見ることはない。だがもしあなたが目を覚ませば、どんどんとたくさんの切れ目がわかるようになるだろう。まして完璧に目覚めたら、そのときは何里もの切れ目があなたの前に姿を現わす。そして、そうした切れ目の中で〈さとり〉は起こる。そうした切れ目の中で真理があなたの扉を叩く。そうした切れ目の中で訪問者がやって来る。そうした切れ目の中で神が実現される——あるいは、あなた次第でほかのどんな表現でもよかろう。

そうして覚醒が絶対的であるとき、そこにはただ〈無〉という巨大な切れ目があるばかりだ。それはちょうど曇り空みたいなものだ。雲が動く。雲はそのうしろに隠された空が見えなくなるほど厚くもなれる。空の巨きな青さが失われ、あなたは雲に覆われる。そんなときでも、じっと見守り続けてごらん。ひとつの雲が動く、そしてほかの雲はまだ視界にはいってこない——すると突然、巨大な空の青さがのぞく。

同じことが内側でも起こる。あなたは空のその巨きな青さだ。そして想念はちょうど雲のように、あなたのまわりを徘徊し、あなたをいっぱいにする。だが切れ目は存在する。

空はまぎれもなく存在する。その空を一瞥することを〈さとり〉と言う。そしてその空になりきってしまうのが〈サマーディ〉[*1]だ。〈さとり〉から〈サマーディ〉まで。そのプロセスの一切は心《マインド》への深い内観——それに尽きる。

心は一個の実在として存在しはしない。これがまずひとつ。ただ想念が存在するだけだ。

ふたつめは、その想念というものがあなたと離れて存在するということ。それはあなたの本性とひとつではない。彼らは行き来する。が、あなたはとどまる。あなたは持続する。あなたは空のようなもの——決して来たらず、また去りもしない。それはつねにそこにある。

雲たちは来ては、また去って行く。それはみな一時的な現象だ。彼らは永遠じゃない。たとえもしひとつの想いにしがみつこうとしても、あなたはそれを長いこと抱え込んでいられるものじゃない。それは去らないわけにいかないのだ。それはそれ自身の生と死を持っている。想念はあなたのものじゃない。彼らはあなたに属するものじゃない。彼らは訪問客として訪れる。ゲストだ。しかし彼らはあるじじゃない。

深く見つめてごらん。そうすればあなたはあるじとなるだろう。そして想念はお客だ。お客としてならば、彼らは素晴らしい。だが、もし自分が主人であることを完全に忘れて、かわりに彼らがあるじになってしまおうものなら、そのときあなたは混乱におちいる。これが地獄というものだ。

あなたが〈家〉のあるじなのだ！ その〈家〉はあなたのものなのだ！ それなのに、お客が主人になってしまった。彼らを受け容れ、面倒を見るのはいい。でも彼らといっしょくたになってしまっては駄目だ。さもなければ、彼らのほうが主人になってしまうだろう。

心が難問となるのは、あなたが想念というものをあまりにも内面深く取り込んでしまい、彼らは訪問者であって、来てもまた去るのだという、その距離を完全に忘れてしまっているからだ。つねにとどまるもののほうを心にとどめていなさい。それがあなたの本性であり、あなたの道（ＴＡＯ）[*2]なのだ。つねに、決して来たらず、決して去りもしないもの、それのほうに注意を注いでいなさい。ちょうど空のようなそのものに――。ゲシュタルトを転ずるのだ！

訪問者のほうに焦点を合わせないこと。あるじに根をおろしているのだ。訪問者は、来てもまた去って行くだろう。もちろん性《たち》の悪い訪問者も、良い訪問者もいる。しかし、あなたがそれを気に病むことはない。良いあるじというのはあらゆる客を同じようにもてなすものだ。どんな差別もせずに――。

良いあるじというのはただ良いあるじなのだ。悪い考えがやって来る――彼は悪い考えも、良い考えを扱うのと同じように扱う。その想念が良いか悪いかなど彼の関与するところじゃない。というのも、いったんあなたが、この考えは良くてこの考えは悪いという区別をつけたりすれば、そのとき自分が何をやっているのか考えてごらん。あなたは良い考えを自分のほうに引き寄せ、悪い考えは遠くのほうに押しやっている。

おそかれ早かれ、あなたはその良い考えとやらに同化されてしまうことだろう。その良い考えがあるじになるだろう。だが、どんな想念であれそれがあるじとなったときには、不幸を生み出さずにはおかないものだ。なぜなら、それは間違っても真理なんかじゃないのだから――。
想念というのは面かむりだ。それをなんと、あなたはその面かむりといっしょになる。いっしょくたになってしまうこと――つまり同一化というのは病《やまい》だ！　グルジェフ[*3]はつねに、必要なのはただひとつ、来てもまた去ってしまうものと同化しないことだけだ、と言っていた。

朝が来る。昼、そして夕暮れ――それはみな去って行くものだ。夜が来て、ふたたび朝が来る。が、あなたはとどまる。それもあなたが考えるようなあなたとしてではなく――。なぜなら、それもひとつの想いだからだ。そうではなく、純粋な意識としてのあなた。あなたの名前でもない。なぜなら、それもひとつの想念にすぎないからだ。あなたの姿でもない。なぜなら、それもひとつの想念にすぎないからだ。あなたというからだでもない。なぜなら、いつかあなたは、それもまたひとつの想念であることに気づくだろうから――。

そうではない、ただ純粋な意識。どんな名前も、どんな形も持たないただの純粋性。たただの無形性と無名性。ただ醒めてあるという、まさにその現象そのもの。ただそれだけが踏みとどまる。

もし同化されてしまえば、あなたは心《マインド》となる。もし同化されてしまえば、あなたはからだとなる。もし同化されてしまえば、あなたは名前や形となってしまう。ヒンドゥー教徒たちが、ナーマ、ルーパと呼ぶもの。名辞と形象。

そうしたらあるじは失われる。そうしてあなたは永遠なるものを忘れ、束の間なるもののほうが重要となる。束の間なるもの——それが世間だ。永遠なるもの——それが神だ。

これが達せられるべき第二の洞察だ。あなたがあるじであり、想念は客であるということ——。

三番めのことは、もしあなたが見守り続ければ、やがて明らかになるだろう。それは想念というものが外来のものだということ。侵入者、アウトサイダーだ。どんな想念もあなたのものじゃない。

彼らはいつも外からやって来る。あなたはただの通路にすぎない。一羽の鳥がひとつの扉から家に入って来て、別な扉から飛んで行く。ちょうどそれと同じように、ひとつの想いはあなたの中にはいって来てはまた出て行く。あなたは想念というものを自分のものだと思って疑わない。それればかりか、自分の考えのために争いさえする。これは自分の考えだ、これは正しいんだとのたまい、議論をし、論争し、それについて論戦を張って、それが自分の考えだということを証明しようとする。

どんな想念もあなたのものなんかじゃない。独創的な想念などというものもありはしない。あらゆる想念は借り物だ。それもセコハンどころのさわぎではない。というのは、あなた以前に、もう何百万人もの人間がその同じ考えを表明しているのだ。想念というのは、ちょうどものと同じぐらいに外的なものなのだ。

偉大な物理学者エディントン[*4]はどこかで、科学が物質の中に深く踏み入れば入るほど、ものというのが想念であるという認識が必至になってくる、と言っている。そうかもしれない。私は物理学者じゃない。けれども、もう一方の極から私はあなた方に語りたい。エディントンは正しいかもしれない。深く進めば進むほど、物がだんだんと想念のように見えてくるというのだ。

さて、私は言おう。もしあなたが自分自身の中にもっと深く分け入って行けば、想念はだんだんと物のように見えてくるだろう。実際にはそのふたつは同じひとつの現象のふたつの側面なのだ。物は想念だ。想念は物だ。

私が想念は物だと言う、それはどういう意味だろうか？　私が言おうとしているのはこういうことだ。あなたは自分の想念を、ちょうど物と同じように投げつけることができる。ちょうど物と同じように、想念で誰かの頭を殴ることができる。ちょうど短剣を投げるのと同じように、想念を通してひとりの人間を殺すことができる。あなたは自分の想念を人にあげることができる、ひとつの贈り物として。あるいは伝染病のように――。

想念は物だ、それは力だ。しかしそれはあなたに属しはしない。それはあなたのところへやっては来る。それはあなたの中にしばらくとどまり、そして立ち去って行く。全宇宙は想念と物とでいっぱいだ。物とはただ想念の物質的側面であり、想念とは物の精神的な側面であるにすぎない。この事実のおかげで、いろいろな奇跡が起こる。想念が物であるために――。

もしひとりの人間が絶えずあなたとあなたの幸福を考えたら、そのとおりのことが起こる。なぜなら、その人はひとつの絶えざる力をあなたに投げかけているのだから。〈祝福〉というものが有効であり、役に立つのはそのためだ。もしもあなたが、だれか〈無心〉に達している人の祝福を受けることができたら、その祝福は本当となるものだ。というのも、決して想念というものを使わない人間は、想念のエネルギーを蓄積するからだ。そこで、何であれ彼の口にすることは必ず真実となる。

東洋のあらゆる教えにおいては、ひとりの人間が〈無心〉を学びはじめる前に、その人が否定的《ネガティブ》であるのをやめるべきであるということについて、多くのテクニックがあり、それが大変強調されている。なぜなら、いったん〈無心〉に到達し、しかも否定的な傾向を持ち続けるようなことがあったら、あなたはひとつの危険な力になり得るからだ。〈無心〉が達せられる以前に、人は完全に肯定的《ポジティブ》になっていなければならない。そこが白魔術と黒魔術の間で全面的に違うところだ。

黒魔術師とは、それ以前に自分の否定性を捨て去ることなくして、想念エネルギーを蓄積した人間以外のなにものでもない。そして白魔術師とは、大変な想念エネルギーを達成しながら、その全面的実存の基盤を肯定的な姿勢に置いている人間にほかならない。

同じエネルギーが否定性のもとに黒となり、同じエネルギーが肯定性のもとに白となる。想念というのは偉大な力だ。それは物なのだ。これが第三の洞察となるだろう。それはあなた自身の内部で理解され、見つめられなくてはならない。

ときには偶然、自分の想念がひとつの物として機能するのを目にすることがある。しかし、唯物論という度のすぎた条件づけのために、あなたはそれが単なる偶然だと考えてしまう。その事実を無視してしまう。はなからそれに注意を払わないのだ。あなたは無関心を決め込む。それを忘れ去る。

しかし、ときとして、ある人間の死について考えると、実際にその人が死んでしまったということが何回かあるはずだ。あなたはそれをただの偶然だと思う。ときには、ある友人のことを考えていて、彼が来ればいいのにという望みが起こり、ふと気がつくと、彼がドアのところにいてノックしていたということがあるだろう。あなたはそれを偶然だと思う。それは偶然じゃない。実際には偶然などというものはないのだ。あらゆるものごとは、ひとつひとつそれ自身の因果関係を持っている。

あなたの想念は、あなたのまわりにひとつの世界をつくり出し続ける。あなたの想念は物なのだ。だから、それには気をつけなさい。その取り扱いには充分注意するがいい。もし、あまり意識をはっきりさせていないようなことがあれば、あなたは自分自身にも他人にも不幸を生み出しかねない。いや、もうそれをしでかしてきているのだ。その上で覚えておきなさい。あなたが無意識のうちに誰かに不幸をつくり出すとき、同時に自分にも不幸をつくっているものだ。想念というのは両刃の剣だから、それは誰かほかの人を切れば、同時にあなたをも切る。

つい二、三年前、想念のエネルギーと取り組んでいるひとりのイスラエル人、ユリ・ゲラーという男が、イギリスのBBCテレビで実験をして見せた。彼はただ考えるだけで、どんなものでも曲げることができる。誰かほかの人がユリ・ゲラーから三メートルも離れたところでその手にスプーンを持っているとしよう。すると、彼がただ考えただけで、そのスプーンはたちまち曲がってしまうという趣向。あなたが自分の手でやっても曲がらないものを、彼は想念の力で曲げてしまうというわけだ。

ところが、そのＢＢＣテレビの番組で非常に珍しい現象が起きた。ユリ・ゲラー自身でさえ、そんなことが可能だとは知らなかったくらいだ。何千人という人々が家でその実験を見ていた。ところが、彼がそのもの曲げ実験を行うや、たくさんの人たちの家の中で、いろいろなものが落ちてゆがんでしまった。イギリス中で何千という物がだ。それはまるで、そのエネルギーが放送されたかのようだった。

それも、彼がその実験を三メートル離れてやっていたとすると、人々の家ではテレビの画面から三メートル離れたあたりで、いろいろなことが起こったのだ。物が曲がり、床に倒れ、ゆがんでしまったのだから。それは薄気味の悪いものだった。

想念は物だ。それも、とてもとても強固な物だ。

ソビエトにニコロヴナというひとりの女性がいて、彼女は遠く離れたところから物に対していろいろなことができる。彼女はどんな物でも自分のところに引き寄せられる。ただ想念だけでね。ソ連はオカルト的な事象を信じてはいない。共産主義の国であり、無神論的だ。だから、彼らはニコロヴナについても、そこで何が起きているのかを科学的な方法で研究してきた。ところがその実験のたびに、彼女はほとんど一キロ近くもの体重を失う。半時間の実験で一キロだ。それは何を意味するのだろうか？　それは、想念を通してあなた方がエネルギーを放っているということだ。それも絶え間なく――。

あなたの心《マインド》はおしゃべり箱だ。あなたは不必要にいろいろなことを放送しているのだ。あなたはまわりの人々を破壊している。自分自身も破壊している。あなたは危険物だ。それも、絶え間なく放送し続けているという厄介なしろものだ。

たくさんのことがあなたのせいで起こっており、その上、これが膨大なネットワークを成しているのだからたまらない。全世界が日一日とますます悲惨になってゆく、どんどんと地上に人間が生まれ、その連中がどんどんと多くの想念を放っているからだ。時代を遡れば遡るほど、地球はもっとずっと平和だったのがわかる。それだけ放送機が少なかったわけだ。

仏陀の頃、あるいは老子の時代、世界はとてもとても平和だった、自然だった、それはひとつの天国だった。なぜだろう？　人口がごくごく少なかったからだ。ひとつには、人々があまりにも度のすぎた思考人間ではなかったこともある。

彼らは考えることよりもむしろ感じることのほうに傾いていた。そして人々は祈りを知っていた。朝、彼らがする最初のこと、それは祈りだ。夜、彼らがする最後のこと、それは祈りだ。そして一日の間にも、少しの間を見つけては必ず心の中で祈っている。

祈りとは何か？　祈りとはすべてに向かって祝福を送ることだ。祈りとはあらゆるものに向かってあなたの慈悲を送ることだ。祈りは否定的《ネガティブ》な想念に対して一種の解毒作用をもたらす。それは肯定性そのものなのだ。それが物であり、力であり、あなたはそれを、ごくごく注意して取り扱わなければならないということ。これが想念に関する第三の洞察となろう。

ふつう、知らず知らずのうちに、あなたはどんなことでも考えてしまっているものだ。想念の中でたくさんの殺人を犯したことがないという人を見つけるのは難しい。心の中であらゆる種類の罪や悪事を犯してこなかったという人を見つけるのは難しい。そして結局のところ、そういうことが起こってしまう。

覚えておくといい。あなたは実際に殺しはしないかもしれない。しかし、誰かを殺すというあなたの持続的な想念が、その人が殺される状況をつくり出すことは充分あり得る。誰かがその想念を取り込んでしまうかもしれないのだ。あなたより弱い人はまわり中にたくさんいるのだから――。想念は水のように低いほうへと流れるものだ。もしあなたが絶え間なく考え続けていれば、誰か弱い人間がその想念を取り込んで、ある人間を殺しに行くということはあり得ないことじゃない。

人間の内なる現実《リアリティ》を知った人々が、地上に起こることは何であれ、すべての人間に責任があると言うのはそのためだ。全員にだよ。ベトナムで起こることが何であろうと、それはただニクソンたちだけに責任があるのではない。考える者全員に責任があるのだ！　ただひとりだけ責任を問われない人がいる。それは心《マインド》というものを持たない人だ。それ以外は、進行しているあらゆることに関して全員に責任がある。

もし地上が地獄であるとしたら、その創造者はあなただ。それにはあなたも一枚加わっているのだ。いつまでも責任を他人になすりつけるのはやめなさい。あなたにも責任があるのだ。それは集合的な現象だ。病はどこに吹き出すかもしれない。

爆発は、あなたから何千里、何万里離れたところで起こるかもしれない。しかし、それは全く問題じゃない。想念というのは非空間的な現象なのだから——。想念に空間はいらない。想念がこの世で一番速く進むのはそのためだ。光でさえもそれほど速くは進めない。光といえども、空間は必要だからだ。想念は最も速く進む。実際にはそれが進むのに全く時間などかからない。想念にとっては空間など存在しないのだ。

あなたがここで何かを考えているとして、それはもしかするとアメリカで起こるかもしれない。どうしてあなたがその責任を問われる？　どんな法廷もあなたを罰することはできない。ところが、存在という究極の法廷において、あなたはちゃんと罰せられることだろう。いや、すでに罰せられているのだ。だからこそ、あなたはそんなにも不幸なのだ。

人々は私のところにやって来て言う。「私たちは誰になんの悪いこともしていません。

それなのに私たちはこんなにも不幸です」。なるほど、してはいないのかもしれないが、考えているということは大いにあり得る。それに考えることは、することよりもずっと微妙だ。人間は〈すること〉からは自分自身を守れても、〈考えること〉からはなかなか守れない。考えることに関しては誰もが弱い。

もしあなたが罪から、悪事から、自分のまわりで起こっているすべてから自由になりたかったら、考えることなど無用だ。そしてそれは〈ブッダ〉(Buddha)の意味でもある。〈ブッダ〉というのは心《マインド》を持たずに生きる人間のことだ。そうなれば、その人に責任はない。東洋において、ブッダとなった人間は決してカルマ(業)を積まないというのはそのことだ。

彼は決して未来に向かうもつれを蓄め込まない。彼は生きる、彼は歩く、彼は動く。彼は食べる、しゃべる、たくさんのことをしている。彼はカルマを積むに違いない。カルマとは行為という意味なのだから——。

ところが東洋では、たとえ殺生をしても、ブッダがカルマを積むことはないと言われている。なぜだろう？　それにひきかえ、あなたはといえば、たとえ殺生をしなくともちゃんとカルマを積んでしまうのだ。なぜだろう？　単純なことだ。

　何をしていようと、ブッダはその中にどんな心《マインド》も持ち込まずにやっているのだ。彼は自然発生的だ。それは〈行動〉じゃない。彼はそれについて考えてなどいない。それは起こるのだ。彼はやり手じゃない。彼は虚空のように動く。彼にそれについての心《マインド》なんかない。彼はそれをしようとなど考えてはいなかった。しかし、もし〈存在〉がそれが起こるのを許すのなら、彼もそれを許す。彼にはもう抵抗する自我《エゴ》はない。もう何かをするという自我《エゴ》もない。それこそが空であることの、そして無自己であることの意味なのだ。

　ただの非実在。アナッタ（anatta）……すなわち無我性であること。そうなればあなたはもう何も積みはしない。そうなれば、まわりに起こっているどんなことに関しても責任を持たない。あなたは超える。

　どんな小さな想念も、ひとつひとつ、あなたにも他人にも何かしら働きかけている。気をつけなさい。ただし、私が気をつけろと言うのは善い考えを抱けという意味じゃない。それは違う。なぜなら、善い考えを思っているときにも、必ずあなたはその傍《かたわら》で悪い考えをも抱いているものだからだ。悪なしにどうして善が存在できる？

もしあなたが愛のことを考えるとすると、そのすぐ脇には、その裏には、隠された憎しみがあるものだ。どうして憎しみを考えずして愛を思うことができる？　あなたは別に意識して考えてはいないかもしれない。心《マインド》の意識的な層にはなるほど愛があるかもしれない。しかし、憎しみが無意識の中に隠れている。そのふたつはいっしょなのだ。

あなたが慈悲を抱くときには、必ず残虐がつきまとう。あなたは残虐を考えずに慈悲を思うことができるだろうか？　暴力を考えずして非暴力を考えることができるだろうか？　まさにその非暴力という言葉の中に、暴力がはいり込んでいる。まさにその概念の中にそれがあるのだ。

あなたはブラーフマチャリヤ[*5]すなわち禁欲のことを、セックスを考えずして思うことができるだろうか？。それは不可能だ。そこにセックスという想念が全くなかったとしたら禁欲とはいったいどういうことだろうか？　そしてもし、ブラーフマチャリヤがセックスの想いに基づいているとしたら、それは何というブラーフマチャリヤであることか？

違う。世の中には、考えるということから来るのではない全く異質の実存《ビーイング》がある。善でもなく、悪でもない。ただ無思考というひとつの状態——あなたはただ見守り、ただ意識しながら、しかも考えない。ある想念がはいり込んで来るときには、当然、はいり込んで来るだろう。想念はあなたのものではないのだから——。

それらはただ空中を漂っているにすぎない。我々のまわりには、ひとつの〈想念圏〉が存在している。まわり中だ。ちょうど空気があるのと同じように。我々のまわりを想念が取り巻いているのだ。そしてそれはひとりでに我々の中にはいり込み続けている。それがストップするのは、あなたがもっともっと醒めたときだけだ。

そこには何か鍵がある。もしあなたがもっと覚醒したら、想念はただ消え失せてしまう。溶けてしまうのだ。覚醒というのは想念よりもずっと大きなエネルギーだから。覚醒は想念にとっては火のようなものだ。それは家の中でランプをともすようなものなのだ。そうすれば暗闇ははいり込めない。

ところが、その光を消せば、もうどこからともなく闇がしのび込んでいる。ただの一分も、ただの一瞬の間もなく、闇はそこにある。だが、家の中で光が燃えているとき、暗闇ははいり込むことができない。想念は暗闇のようなものだ。それは内面に光のないときにだけしのび込んで来る。

覚醒は火だ。あなたがもっと醒めたなら、はいって来る想念はどんどんと少なくなる。もし本当に覚醒を完成したら、想念はあなたの中にははいって来ない。あなたは不落の要塞となっている。何ものもあなたに侵入できない。

それはあなたが閉じているというのじゃない。間違えてはいけない、あなたは完全に開いている。だが、まさに覚醒のエネルギーそのものがあなたの砦となる。どんな想念もあなたの中にはいり込めないその状態では、想念はたとえやって来てもあなたを迂回して行ってしまうだろう。

それが来るのははっきりと目に見える。実際に彼らがやって来るのを目にするだろう。すると、彼らはあなたのそばまで着く前にくるっと向きを変えてしまう。そうなれば、あなたはどこにだって行ける。そうなれば、たとえ地獄の真っただ中に踏み込もうと、何ものもあなたを侵すことはできない。これが我々の言う〈悟り〉だ。

さあティロパの経文を理解してみよう。

もし中空を見つめて何も見ず
そのとき心をもって心を観ずれば
人は差別を打ち破り
ブッダフッドに至るなり

もし中空を見つめて何も見ず

これはひとつのメソッド、タントラのメソッドだ。見ることなしに中空を見つめること。空を見つめること。虚ろな眼でもって見ること。見ていながら、しかも何も見ようとしない。ただの虚ろな傍観。ときとして狂人の眼に、その虚視を見ることがある。狂人と賢者とは、ある事柄についてよく似ているものだ。

ひとりの狂人があなたの顔を見る。ところがあなたには彼があなたなんか見ていないのがわかる。彼はただあなたを透かして見ているのだ。まるであなたがガラスでできた透明なものであるかのように——。ただその視線上にあるだけで、彼はあなたを見てはいない。あなたは彼にとって透明だ。彼はあなたを通り越して、あなたを透かして見ている。彼はあなたを見ることなく見ている。そこにその「を」は介在しない。彼はただ見ているのだ。

何を見ることもなく空を眺めてごらん。というのは、何かを探そうとすれば、どうしたって雲が現われてきてしまうものだからだ。空で〈何か〉といえばそれは雲だし、〈何もない〉というのは青空の巨大な広がりのことだ。

どんな対象も求めないこと。もしあなたが対象を探し求めれば、まさにその眼が対象をつくり出してしまう。雲がやってきてしまう。そうすればあなたはもうその雲を見ているのだ。雲たちを見ないこと。たとえもし雲があっても、それを見ないのだ。ただ眺めてごらん。彼らを漂わせるのは構わない。彼らだってその権利はあるのだから——。

突然、ひとつの瞬間がやって来る。この〈見ない〉という眼のコツをつかんだとき、あなたにとって雲たちは消え失せるのだ。ただ巨きな空だけが残る。あなたの眼が焦点を持ち、ものを見るということに慣れているために、それはなかなか難しい。

生まれたばかりの小さな赤ん坊を見てごらん。彼は賢者のような、あるいは狂人のようなその同じ眼をしている。彼の眼は定まらず漂っている。彼は両眼を真ん中のところで合わせることもできるし、それを反対に両端までもって行くこともできる。その眼球はまだ固まっていないのだ。彼の組織は流動的だ。彼の神経組織はいまだひとつの構造を成していない。あらゆるものが浮動している。だから赤ん坊はものを見ることなく見ていられる。それは狂人の眼だ。

赤ん坊をよく見てごらん。その同じ眼があなたにも必要なのだ。なぜなら、あなたはふたたび、第二の幼年期に達しなくてはならないのだから——。

狂人を見てごらん。狂人は社会から落伍したものだから——。社会というのは、役目やゲームでできた固定的な世界のことだ。狂人が狂人であるのは、いまや彼にはどんな固定的な役割もないからだ。彼は落伍してしまったのだ。彼こそは完全なドロップアウトだ。

賢者もまた別な次元において完全なドロップアウトだと言える。彼はクレージーじゃない。実際には、彼はただひとつの最も正気な可能性だ。ところが全世界が狂っていて、しかも固まっている。賢者までがクレージーに見えるのはそのせいだ。

狂人をよく見てごらん。それが必要な眼だ。チベットの古い僧院ではつねに狂人をひとり置いていた。求道者たちに、その眼を観察させるだけのためにだ。狂人は非常に高く評価され、探し求められた。僧院が狂人なしには存在できなかったからだ。狂人は観察の対象となった。求道者たちはその狂人を、彼の眼を観察し、そして世界をその狂人と同じように見ようと試みる。

そういう時代はビューティフルだった。東洋において狂人は、決して現在彼らが西洋で苦痛を蒙っているように迫害されたことはなかった。東洋では彼らは珍重された。狂人とは何かしら特別な存在だ。社会が彼らの面倒を見、彼らは尊重された。なぜなら、彼らは賢者と同じある特定の要素を、子供と同じある特定の要素を持っているからだ。

彼らは、いわゆる社会、文化、文明というようなものからははずれている。彼らはそこから脱け出したのだ。もちろん彼らのは脱け落ちたのだし、賢者は脱け上がったのだ。そこは違う、だが両方とも脱け出したことに変わりはない。そして彼らにはいくつもの類似点がある。狂人をよく見てごらん。そして同じようにあなたの眼の焦点をなくそうとしてごらん。

ハーヴァード大学では数か月前、ある実験を行なっていた。そして、その結果は驚愕すべきものだった。彼らはそれを信じることができなかった。彼らが見出そうとしていたのは、我々が見ている世界が実際にそのようであるのか、そうでないのかということだ。その動機は、過去数年の間に多くの事実が浮かび上がってきたことにある。我々は世界をあるがままには見ていない。我々はそれを、自分がこうあるだろうと考える予測に合わせて見ている。我々はそこに何かを投影している、というのがそれだ。

あるとき太平洋の小さな孤島に、はじめて巨大な船が着いた。ところがなんと、その島の人々はそれを見なかったという。誰ひとりとしてだ。その船はものすごく大きかったのに……しかし人々は慣れきっていた。彼らの眼は小さな舟に慣れきっていたのだ。彼らはそれまで一度も、そんなに大きな船を見たことがなかった。そんなものは見たためしがなかったのだ。彼らの眼はまるでその光景を把えようとしなかった。全くそれを拒絶したのだ。

さて一方、ハーヴァードではひとりの若い男を実験台にして、彼にレンズのゆがんだメガネを与えた。彼はそれを七日間かけなければならない段取りだった。最初の三日間、それはなんともみじめな状態だった。なにしろ、あらゆるものがゆがんでいたのだから。まわりの全世界がゆがんでいたのだから、それはおして知るべしだ。それは彼にひどい頭痛を引き起こし、眠ることもできないありさまだった。眼を閉じていても、ゆがんだ形がまとわりついて離れない。ゆがんだ顔、ゆがんだ木、ゆがんだ道路……何が本物で、何がそのゆがんだメガネの投影かもわからなかったので、彼は歩くことさえできなかった。

ところが奇跡が起こった。三日目を過ぎると彼はそれに慣れてきたのだ。ゆがみが消え失せた。メガネは同じようにゆがんだままだったのに、彼は世界をもとどおりに見はじめたのだ。一週間のうちにはすべてOKになった。頭痛もなく、何の問題もなくなってしまったのだ。

さあ、科学者たちはただただ腰を抜かした。彼らはどうしてそんなことが起こったのか見当もつかなかった。彼の両眼はまるでそんなメガネなどそこにないかのごとく、機能を回復してしまったのだ。もちろんメガネはかかっていたし、それは依然として像をゆがめてもいた。ところが眼のほうは、それが訓練されているところの世界を見るようになったのだ。

あなたが何を見ているかなど誰も知らない。それが本当にそこにあるのかないのか——それはそこにないのかもしれないし、あったとしても全然違う様子であるのかもしれない。あなたが見る色、あなたが見る形、すべては眼によって投影されているのだ。

あなたが自分の古いパターンのもとに、その一定した焦点の定まった眼でものを見るとき、それは必ず自分自身の条件づけに従って見ているにすぎない。だからそれをはずれた狂人というのが、流動的な眼を、ぼんやりとした空虚な眼を、見ていながら同時に見ていないような眼をしているのだ。この眼はビューティフルだ。それはタントラの最も偉大なテクニックのひとつだ。

見るんじゃない。ただ眺めるのだ。はじめの何日間か、あなたはくり返しくり返し何かを見てしまうだろう。ただ古い習慣のせいでね。我々がものを聞くのもその古い習慣のせいだ。我々がものを見るのも古い習慣のなせるわざだ。我々がものを理解するのも古い習慣のせいなのだ。

もし中空を見つめて何も見ず

グルジェフの最大の弟子のひとりP・D・ウスペンスキーは、つねに彼の弟子たちにあるひとつのことを強制していた。そしてそれには誰もが腹を立てていた。それどころかたくさんの人々が、単にその強制のせいで彼のもとを離れたほどだ。

もし誰かが、「きのうあなたはこうおっしゃいました」などと言おうものなら、ウスペンスキーはたちまちストップをかける。「そんなふうに言うもんじゃない。〝私が理解したところによればあなたはきのうこう言った〟と、こう言いなさい。〝私が理解したところによれば〟をつけ加えるのだ。〝あなたがこう言った〟などと言うんじゃない。君にはそんなことわからないのだからね。君が聞いたこと。それについてだけしゃべるんだ」。それも彼は大変な押しつけ方をした。なぜなら我々が習慣性の生き物だからだ。

そうするうちにある弟子がまた、「バイブルに曰く……」などと口をすべらす。さあ彼は「そんなことを言うんじゃない。ただ君が理解したところによるとバイブルにはこう言われているとだけ言うんだ」とせまる。

ひとつひとつの文章にいちいち彼は、つねにそれは自分の理解だということを覚えておけ、と強要して止まなかった。我々は忘れやすい。彼の弟子もまた忘れやすかった。くり返しくり返し、毎日のように――そして、彼はそのことに関して執拗だった。彼はそれを放っておこうとしなかった。

彼は言う。「やり直し！　最初にまず〝私の理解によれば〝をつけるんだ。それは君の理解なんだよ。なぜなら君は自分自身に従って聞き、自分自身に従って見ているにすぎないからだ。君たちには、見ることや聞くことについての凝り固まったパターンがあるからだ」

これは落とされなくてはならない。〈存在〉を知るためには、あらゆる固定化された態度が落とされなくてはならない。あなたの眼はただの窓にならなくてはいけない。プロジェクターでなしに。あなたの耳はただの扉でなくてはならない。プロジェクターでなしに——。

グルジェフのもとで学んでいたひとりの精神分析医が、こういう実験を試みたことがあった。ある結婚式の会場で、彼は単純ながらあっぱれな実験をやってのけたのだ。彼はまずかたわらに立っていた。人々が通り過ぎて行く。彼はじっと見ていて、主催者側の誰ひとりとして、やって来る人たちの言うことなど聞いてやしないのを感じた。

大変な人数——ある富豪の結婚式だ。そこで彼も中にはいることにした。そして彼はレセプションの列の一番最初の人に、ごく小さな声で言ってみた。「私のおばあさんが今日死にましたと」と。その男が言うには、「ご親切にどうも。まったくなんともおめでたいことで」とくる。また次の人に彼は同じことを言ってみた。すると今度は「まあ、なんともごていねいに」とおっしゃる。とうとう最後に、花婿のところまで来て同じことをくり返したときには、彼はこうつけ加えたものだ。「ご老人、もう年貢の納めどきだ。お前さんも私のばあさんの後に従ったらどうかな」とね。

だれも人の言うことなど聞いてやしない。あなた方は自分の予想していることを聞いているだけだ。予測というのがあなた方にとってのあのメガネであり、あのゆがんだレンズなのだ。あなたの眼は窓でなくてはならない。

これはひとつのテクニックだ。何ものも眼から出て行くべきじゃない。何かが出て行けば、そこに雲ができてしまうものだからだ。そうすれば、あなたたはそこにありもしないものを見てしまう。微妙な幻覚だ。眼に、耳に、純粋な冴えを持たせなさい。あなたのあらゆる感覚器官はクリアな知覚作用を持つべきだ。純粋な知覚力を――。

そうしてはじめて〈存在〉はあなたの前に開示され得る。そして〈存在〉を知ったとき、あなたは自分がひとりのブッダであり、ひとりの神であるのを知る。なぜなら、存在の中にあって神聖ならざるものなどないのだから――。

もし中空を見つめて何も見ず
そのとき心をもって心を観ずれば

まずはじめに空を見つめてごらん。地面に横になってただ空を見つめる。試みるべきはただひとつ。何も見ないことだ。最初のうちは何度も何度も失敗するだろう。くり返しくり返し忘れてしまうことだろう。絶えず心にとめておくことはできない。しかしフラストレーションを起こさないこと。それは自然なことだ。長い長い習慣があるのだから――。

思い直しては眼の焦点をぼかし、それをゆるめてただ空を見るのだ。何をするでもなくただ眺めること。やがて何を見ようとすることもなく空を見られるときが来る。そうしたら、それをあなたの内なる空でやってごらん。

そのとき心をもって心を観ずれば

そうしたら眼を閉じて内側を見るのだ。何を探し求めることもなく、ただその同じ虚ろな眼で――

想念がよぎる。しかしあなたはそれを探し求めてはいない。あるいはそれを見ているのでもない。ただ眺めているのだ。もし想念たちがやって来るのならそれもいい。もしやって来なければそれもまたいい。

やがてあなたは切れ目を見ることができるようになるだろう。ひとつの想いが過ぎる。もうひとつが来る。その切れ目――やがてだんだんとあなたは、想念が透明になってゆくのを見ることができるだろう。想念が通り過ぎている間でさえ、その切れ目を見続けるのだ。雲のうしろにある隠された空を見続けるのだ。

そしてこの視覚の感じをつかめばつかむほど、想念は少しずつ脱落してゆくことだろう。彼らのやって来る数はどんどんどんどんと減るだろう。切れ目の幅が広くなってゆく。何分間もの間、どんな想念もやって来ない。内面のあらゆるものが本当に穏やかで静かになる。あなたは生まれてはじめてまとまっている。ありとあらゆるものが全く至福に満ちて感じられる。なんの乱れもない。

もしこの眼があなたにとって自然なものになれば……必ずそうなる。それは最も自然なことのひとつなのだ。ただ必要なのは、焦点をなくし、条件づけを無効にするだけのこと。

人は差別を打ち破り

そのときそこにはいかなる善もなく、いかなる悪もない。何ひとつ醜いものはなく、何ひとつ美しいものもない。

ブッダフッドに至るなり

ブッダフッド（仏地）とは無上の目覚めを意味する。そこにどんな分別もなく、あらゆる区分が失われたとき、和合（ユニティー）が達成される。ただ〈一〉のみが残る。それは〈一〉と言うことさえできないほどだ。なぜなら、そう言ってしまったら、それはまたしてもニ元対立の一部分にすぎないからだ。〈一〉が残る。だがそれは〈一〉とは言えない。心の奥底で〈二〉と言わずして、どうして〈一〉と言うことができる？ 駄目だ。〈一〉が残るとも言えない。

ただ〈二〉が消え失せたのだ。〈多〉が消え失せたのだ。いまやそれは巨大な〈一元性〉だ。そこには何を分けるどんな境界線もない。一本の木がほかの木に溶け込む。大地が木々に溶け込む。木々が空に溶け込む。空がそのむこうにあるものに溶け込む。あなたが私に溶け込み、私があなたに溶け込む。すべてが溶け合う。あらゆる区別が失われ、溶け、そして交わる。波がほかの波と溶け合うように——。

ひとつの巨大な一元性が波打っている。息づいている。どんな境界もなく、どんな定義もなく、どんな分別もなく——。

賢者が罪人に溶け込み、罪人が賢者に溶け込む。善が悪となり、悪が善となる。夜が昼へと変わり、昼が夜へと変わってゆく。生が死へと溶け去り、死がふたたび生へと形づくられる。そうしてすべてがひとつとなるのだ。

この瞬間にのみブッダフッドは達成され得る。そこには善なるものは何もなく、悪なるものは何もなく、罪もなく、徳もない。暗闇もなく、夜もない。何もないのだ。何の分別も――。

区別がそこにあるのはあなたの訓練された眼のせいだ。区別というのは学習されたものなのだ。存在の中に区別などありはしない。区別というのはあなたによって投影されたものだ。区別というのはあなたによって世界に与えられたものだ。そんなものはあり得ない。それはあなたの眼のいたずらだ。あなたの眼がトリックをしかけているのだ。

空をさまよう雲には
根もなくまた家もなし
分別の思いの
心を漂いよぎるもまたしかり
ひとたび「自性心」の見らるることあれば

識別は止まん

空をさまよう雲には
根もなくまた家もなし

同じことがあなたの想念についても言える。同じことがあなたの内なる空についても真なのだ。想念には根がない。ちょうど雲のように彼らはさまよう。だから、それと戦う必要はない。あなたはそれに敵対しなくてもいい。想念を止めようとがんばる必要さえもない。

これはあなたの中でひとつの深い認識になるべきことだ。なぜなら、ひとりの人間が瞑想に興味を持ちはじめるとき、必ず彼は考えることを止めようとするものだから。もしあなたが考えることを止めようとなどしようものなら、かえってそれは決して止まりはしない。まさにその止めようとする努力自体がひとつの想念なのだから。瞑想しようというまさにその努力自体ひとつの想念だ。

ブッダフッドを達成しようという、まさにその努力そのものがひとつの想念なのだ。どうしてひとつの思考をほかの想念で止めることなんかできる？　どうして心《マインド》をほかの心《マインド》をつくり出すことによって止めることができる？　そんなことをしても、あなたはそのほかの心にしがみつくだけだ。そして、それは吐き気を催すくらいくり返す。それにはきりがない。

戦わないことだ。戦うのは誰だか考えてごらん。あなたはいったい何をやっている？　たかが想念じゃないか。

自分自身を、ひとつの想念がほかの想念と戦う戦場にしてしまわないこと。それよりもむしろ〈観照者（witness）〉でいるのだ。あなたはただ、たくさんの想念が漂っているのを見守るだけでいい。それらは必ず止まる。ただし、あなたのストップによってじゃない。それが止まるのは、あなたがもっと醒めることによってであって、それらを止めようとする、あなたの側のどんな努力によるのでもない。

違う。それでは彼らは決して止まらない。かえって逆に抵抗する。やってみればわかるだろう。ある想念を止めようとすれば、その想念は居坐るだろう。想念というものはとても頑固だ。強情だ。彼らはハタ・ヨーギ[*6]だ。彼らは固執する。放り出してもちゃんと帰ってくるだろう。百万と一回ね。あなたのほうは疲れ果ててしまうだろう。が、彼らは平気だ。

あるとき、ひとりの男がティロパのところにやって来た。そしてその男はブッダフッドを達成したいと言う。彼はティロパがそこまで達しているという噂を聞いて来たのだ。そのときティロパは、とある寺院に泊まっていた。チベットのどこかだ。そこにくだんの男がやって来た。

ティロパは坐っていた。男が、「私は想念を止めたいのですが」と言うと、ティロパは、「簡単なことだ。ひとつ方法を教えよう。テクニックだ。これに従いなさい。ただ坐って、猿のことを考えないようにしてごらん。それでOKだ」と、わかったようなわからないようなことを言う。「そんなに簡単なんですか？　ただ猿のことを考えないだけで？——でも猿のことなんて考えたこともありませんよ」と男。ティロパのほうは、「まあ、とにかくやってごらん。そして明日の朝、結果を報告においで」とすましている。

そのあわれな男に何か起こったかはわかるだろう？　まわり中、猿また猿だ（笑）。夜も眠れたものじゃない。一睡もだ。目をあければ猿が坐っているし、目をつぶっても同じこと。彼はただただ驚くばかりだった。「なぜあの男はこんなテクニックを教えてくれたんだろう？　もし猿が問題なんだったら、俺はいままで一度だって猿に悩まされたことなんかなかった。こんなのははじめてだ……」

とにかく彼はがんばった。朝、彼はもう一度やってみた。ひと風呂浴びて坐ってみる。が、どうにもならない。猿たちは彼から離れようとしないのだ。

彼は夕方までに、ほとんど気が狂わんばかりになって、ティロパのところに戻って来た。なにしろ、猿がつきまとっていたのだから……　そのうえ、なんと、彼はその猿どもに向かって話しかけていたという始末。

彼はやって来るなりこう言ったものだ。「どうにかして助けてください。こんなのはたまりません。私は前のままで結構でした。どんな瞑想もいりません。あなたのような悟りもいりません。ただ、私をこの猿どもから救い出してください」（笑）

もし仮に猿のことを考えたとしても、彼らがあなたのところにやって来るなどということはないかもしれない。しかし反対に、彼らを来させまいなどとしようものなら、そのときは彼らはあなたにつきまとうだろう。彼らには彼らなりのエゴがあって、そう簡単にあなたのところを離れるわけにはいかないのだ。それに、あなたは自分を何様だと思っているのかね？　猿のことを考えないでいようとするだって？　猿が頭に来るよ！　そんなことは許されない！　（爆笑）

笑いごとじゃないんだよ。これは誰にも起こっていることだ。ティロパは冗談を飛ばしていたわけだ。彼は、もしあなたが想念を止めようなどとしても、それはできない相談だと言っていたのだ。反対に、それを止めようとするまさにその努力自体が、それにエネルギーを与えてしまう。それを避けようとするまさにその努力が、ひとつの注目になってしまう。

だから、何かあるものを避けたいというときには、必ずあなたはそれに過剰な注意を払っているわけだ。ある考えを考えたくないというときには、あなたはすでにそれを考えてしまっているのだ。これを覚えているといい。さもなければ、あなたも同じ穴のむじなになってしまうだろう。猿をストップしようとしたせいで、猿にとりつかれてしまったこのあわれな男とね。

心《マインド》を止める必要はない。想念というのは根なし草、家なき放浪者だ。それに頭を悩ます必要はない。ただ見守るのだ。それを見ることなく見守るのだ。ただ眺めるのだ。もし彼らがやってくればよし。何も悪く思うことはない。なぜなら、それが良いというほんの軽い感覚でさえ、それでもうあなたは戦いを始めてしまっているからだ。

いいのだ。それは自然なことだ。木々には葉っぱが生い茂るように、心《マインド》には想念がやって来る。それでいい。これは完璧なまでにあるべき姿だ。もし彼らが来なければ、それはまたビューティフルだ。あなたはただ公平な監視のままでいればいい。味方もせず、敵対もせず、褒めもせず、非難もせず、どんな判定もなしに。ただ自分自身のうちに坐り、そして眺める。何を見ることもなしに眺めること。眺めれば眺めるほど、見出すものは少なくなるものだ。深く目をやればやるほど、想念は姿を消す。分散してしまう。ひとたびこれを知ったなら、鍵はもうあなたの手中にある。そして、その鍵は最も秘密なる現象を開示する。ブッダフッドなる現象を――。

空をさまよう雲には
根もなくまた家もなし
分別の思いの
心を漂いよぎるもまたしかり
ひとたび「自性心」の見らるることあらば
識別は止まん

一度、漂っているのは想念であり、あなた自身は想念ではなく、想念が漂っている空間そのものであるということがわかれば、あなたはすでにあなたの「自性心」に到達している。あなたはあなたの意識という現象を理解したことになるのだ。そのとき識別は停止する。そのとき善なるものは何もなく、悪なるものは何もない。

そのときあらゆる欲望はあとかたもなく消え失せる。なぜなら、もしそこに善も悪も何もなかったら、欲せられるものも避けられるものも何もない。あなたはすべてを受け容れる。〝ゆったりと自然〟になるのだ。あなたはただ存在とともに漂いはじめる。どこへ行くでもなく……目的地などないのだから――。どんな的《まと》に向かうでもなく……的などどこにもないのだから――。

そうすればあなたは、ありとあらゆる瞬間を、それが何をもたらすかにかかわらず、楽しむことができるようになる。何であれだよ。覚えておきなさい。

それを楽しむことはできるのだ。いまやあなたは、どんな欲望も期待もなく、どんなものを求めてもいないのだから――。そこで、与えられるものが何であれ、あなたはそれに感謝を抱く。ただ坐って息をしているだけのことが本当にビューティフルで、ただここに在るだけのことが本当に素晴らしく、生のあらゆる瞬間がマジカルなものとなる。それ自体でひとつの奇跡となる。

空間に象《かたち》と彩《いろ》の生ずることあれど
そは黒白に染まらず
万物は「自性心」より出で
しかも心は善悪に汚されることなし

そうしてあなたは知る。〝空間に形や色の生ずる〟ことを。雲はいろいろな形を取る。象に見えたりライオンだったり、お好み次第だ。空間には形や色が往来する。しかし、〝そは黒白に染まらず〟、たとえ何か起ころうと、空は触れられもせず、染まりもしない。

朝、それは火のようだ。太陽からやって来る真紅の炎。空全体が朱に染まる。しかし夜、その赤さはどこに行ってしまうのだろうか?。空は一面、真っ暗で黒い。朝、その黒さはどこに行ってしまうのだろうか? 空は決して染まらず、触れられもしない。

そしてこれがサニヤシン[*7]の道だ。空のようにあり続けること。何が来ようと、何が起ころうと染まらずに――。良い想念がやって来る。サニヤシンはそれをひけらかしたりはしない。「私は良い考えでいっぱいだ。徳の高い考え、世界への祝福だ」などと言いはしない。違う。彼は鼻を高くしたりはしない。なぜなら、もし自慢をしたりすれば、彼はもう染まってしまっているのだからね。彼は自分が善人だということをふれまわったりはしない。

悪い想念がやって来る。彼はそれにがっかりしたりもしない。そうでなければ彼は染まってしまっているのだ。良きも悪しきも、昼も夜も、往来するあらゆるものを、彼はただ見守る。季節は移ろう。彼は見守る。青春が老年となってゆく。彼は見守る。彼は染まらないままでいるのだ。

それこそサニヤシンであることの最も深い核心だ。空のように、空間のようにあること――。それに、これは事実そうであるのだ。あなたが自分は染まっていると考えたとしても、それはただの考えにすぎない。あなたが自分は善人やあるいは悪人に、罪人やあるいは賢者になったと思ったとしても、それはただの考えにすぎない。なぜなら、あなたの内なる空《そら》は決してどんなものにもなりはしないのだから。それは〈在るということ（Being）〉

なのだ。

それは決してどんなものにもなりはしない。何かになるということはすべて、みな空間の中に生じてくるある形や名前に、ある色や形に、自分を同一化してしまっているだけのことにすぎない。なるということとすべてがだ。

あなたは一個の〈在るということ（Being）〉なのだ！　あなたはすでにそれで在るのだ！　どんなものになる必要もない。空を見てごらん。春が来る。すると空気全体が鳥たちの歌声で満ちあふれる。そして花が咲き、香り、落ちてゆく。それから次は夏だ。そして雨（インドは四、五月の夏の後、雨期にはいる）。こうしてすべては絶え間なく変わり、変わり、変わり続ける。これがみな空で起こるのだ。

しかし、何ものも空を染めてしまいはしない。空は深いところで離れたままだ。あらゆるところに臨在し、しかも離れている。あらゆるものに最も近く、しかも最も遠く離れている。

サニヤシンはちょうど空のようなものだ。彼は世界のただ中に生きる。飢えが来る。そして満足——夏が来る。そして冬——良い時期、悪い日々。良い気分——とても揚々としてエクスタティックだ。陶酔感。悪い気分——絶望の谷間に打ち沈み、暗く、そして重たい。

すべては往来し、彼はひとりのもののみであり続ける。彼はただ眺める。彼はすべてが過ぎ去ることを知っている。たくさんのものが、来てはまた去って行くだろう。だが、彼はもうどんなものとも同化されてしまってはいない。非同一化こそサニヤシンだ。そしてサニヤシンこそは、最も偉大な開花であり、可能な限り最大の華なのだ。

空間に象《かたち》と彩《いろ》の生ずることあれど
そは黒白に染まらず
万物は「自性心」より出で
しかも心は善悪に汚されることなし

仏陀がその究極の、全く究極の悟りに達したとき、彼はいったい何を達成したのかと尋ねられた。すると彼は笑って言ったものだ。「何もないのだよ。というのも、私が達成したものはすべて、すでに私の中にあったのだ。それは何か私が新しく手に入れたというようなものではない。それは永劫の昔からつねにそこにあり続けていたのだ。それはまさに私の本性そのものだったのだ。しかし私はそれに気づいていなかった。それに目覚めていなかった。その宝はつねにそこにあったのに。ただそれを忘れていたのだ」

あなた方は忘れてしまった。それだけのことだ。それがあなた方の無知なのだ。仏陀とあなたとの間には、あなたの本性に関する限りなんの違いもありはしない。ただひとつだけ違うのは、あなたが自分が誰であるのかを覚えていないのに対して、彼は覚えているということだけだ。

二人は同じなのだ。彼は覚えているし、あなたは覚えていない。彼は目覚めているし、あなたは眠りこけている。だが、その二人の本性は同じなのだ。

それをこんなふうに生ききろうとしてごらん。ティロパはそのためのいくつかのテクニックを語っている。あたかも自分が空《そら》であるかのように世界を生きること。それをまさにあなたの実存のありざまにするのだ。誰かがあなたに腹を立てる。侮辱する――。見守るのだ。

もしあなたの中に怒りがこみ上げてきたら、それを見守るのだ。丘の上のものみになるのだ。眺め、眺め、眺め続けるのだ。何を見ることもなく、何に取り憑かれることもなく。ただ眺めるというそのことによって、あなたの知覚が透明に冴え渡ったそのとき、突然、一瞬のうちに――。実際には時などなく、突然時間を離れて、あなたは完全に目覚めている。あなたはひとりのブッダだ。あなたは悟れるもの、覚者となる。

ひとりのブッダはそれから何を得るのか？　何も得はしない。むしろ反対に、彼はたくさんのものを失う。不幸、痛み、苦悩、不安、野望、嫉妬、憎しみ、所有欲、暴力。彼はすべてを失う。手に入れるということに関する限り、そこには何ひとつありはしない。彼はすでにそこにあったところのものを得るだけだ。彼は思い出すのだ！

Enough for today ?
（今日はこのくらいでいいかな？）

＊1　仏教で三昧（さんまい）と音訳されている絶対の覚醒境。

＊2　老荘に発する道教の言葉。彼らは、宇宙の原理あるいは存在の本性とでも言うべきものを好んで道（中国音でTAO）と呼んだ。

＊3　George Ivanovich Gurdjieff（1866～1949）はロシア生まれの神秘家。身をもって学んだ東洋のさまざまな秘教の真髄を独自の体系に編み上げて西洋に伝えようとした。

＊4　Arthur Stanley Eddington（1882～1944）はイギリスの天文・物理学者で、現代天文学に大きな影響を残した。恒星の構造とその進化についての研究および相対性理論を支持したことで知られる。

＊5　Brahmacharya。文字どおりの意味は神の態度、つまり性を超越した存在のあり方を言うが、転じて、ふつうには禁欲を指す。

＊6　Hatha Yoga（ハタ・ヨーガ、体位法を主とするヨーガの一流派）の行者。エゴのとれにくいヨーガの道の代表格として、ＯＳＨＯはよく彼らについてジョークをはさむ。

＊7　Sannyasin。インド古来の出家遊行の求道者。日本の感覚で言うと禅宗の雲水に近い。インドではオレンジ色の衣をまとい、社会的にも独特な待遇を受けている。ＯＳＨＯは、言葉の最も深い意味において彼の門人を新しいサニヤシンと呼ぶ。

第三話　光と闇の本性について

「マハムドラーの詩《うた》」は続きます……

長さ時ふる暗闇も
灼熱の陽を覆うこと能わず
カルパ＊1にわたるサムサーラ＊2も
「心」のまばゆい光を隠すことを得ず

「空」を説くに言葉の語らるることあれど
「空」そのものは表わされ得ず
“「心」は輝ける光のごとし”と言うも
そはすべての言葉とシンボルを超越せり
本質に於いて空なれど
「心」は万物を抱き、そして容るるなり

＊1「劫」と漢訳される想像を絶する長い時間の単位。

＊2 生と死、輪廻の輪に閉じ込められた現象世界。

まずはじめに、闇というものの本性について少し瞑想してみることにしよう。それは存在の中で最も神秘なもののひとつだ。それに、あなたの生は、あまりにもその中に巻き込まれすぎてしまっている。あなたはそれを避けて通ることはできない。人は闇の本性と和解しなくてはならないのだ。なぜなら、その同じものが眠りの本性であり、その同じものが死の本性であり、その同じものが一切の無知の本性でもあるからだ。

あなたが闇について瞑想すると明らかになる第一のことは、闇というものは存在しないということだ。闇はどんな存在も持たずにそこにある。それは光よりもっと神秘的だ。

それは全く実在を持たない。むしろ反対に、それはただ光の不在であるにすぎない。闇などというものはどこにもない。それを見つけ出してくることはできない。それはただの不在なのだ。それはそれ自体、実在を持っていないのだ。それはただ光が臨在していないということにすぎない。もしそこに光があれば、そこに闇はない。もしそこに光がなければ、そこには闇がある。

光の不在。それは何かあるものの臨在とは違う。光が点滅するのはそのためだ。闇は踏みとどまる。それはない。が、それは居すわる。

光ならつくり出すことができる。光なら破壊することができる。だが、闇はつくり出すことができないし、闇は破壊することもできない。それは全く実在することもなしに、つねにあり続ける。

沈思してゆくなら行きあたるだろう第二のことは、それが非存在的なものであるために、あなたはそれに何をすることもできないということだ。それればかりか、それに対して何かをしようとしたら、あなたの負けだ。闇は打ち負かされるはずがない。どうして、何かそこにありもしないものを打ち負かすことができる？　そしてそれに打ちのめされたが最後、あなたはそれをとても力強いものだと考える。「なにしろ、そいつは俺を負かしたんだから」というわけだ。

これは馬鹿げている。闇に力なんかない。どうしてありもしないものが力を持てる? あなたは闇やその力に負けたんじゃない。あなたは自分の愚かしさに負けているのだ。まず第一にあなたが戦いを始めた。それが愚かだったのだ。どうしてありもしないものと戦うことなんかできる?

知っておいたほうがいい。あなたはいままでに、たくさんのありもしないものと戦い続けてきているのだ。それらはみなちょうど闇みたいなものだ。道徳なんぞというものは、まるで闇との戦いだ。それが馬鹿らしいのはそのせいだ。道徳なるものは丸ごとそっくり、無条件に闇との戦い、それ自体そこにありもしないものとの戦いなのだ。

憎しみというのは実体のあるものじゃない。それはただ愛の不在であるにすぎない。怒りというのは実体のあるものじゃない。それはただ慈悲の不在であるにすぎない。無知というのは実体のあるものじゃない。それはただブッダフッド、つまり悟りの不在であるにすぎない。セックスというのは実体のあるものじゃない。それはただブラーフマチャリヤ[*1]

の不在であるにすぎない。

それにもかかわらず、道徳全体、そのありもしないものと戦い続けているのだ。道徳家などというものに勝ち目のあるわけがない。それは不可能だ。最終的には、彼は負けを見ないわけにいかない。彼の全努力は丸々ナンセンスなのだ。

そして宗教と道徳の間には、はっきりした違いがある。道徳は闇と戦おうとする。宗教のほうは内に隠された光を目覚まそうとする。宗教は闇などを取り沙汰しはしない。それはただ内なる光を見出そうとする。ひとたびそこに光が現われれば、闇は消え失せる。ひとたびそこに光が現われれば、あなたは闇に対して何をする必要もない。それはただそこになくなってしまうのだ。

これが二つめ。闇に対しては直接何をすることもできないということ——もし闇をどうにかしたければ、あなたは光について何かしなければ駄目だ。闇についてじゃない。光を消せば闇がそこにある。光をつければ、そこに闇はない。しかし闇をつけたり消したりすることはできない。それをどこからか持ち込むことはできない。それを押しやることもできはしない。もし闇をどうにかしたければ、あなたは光経由で行かなくてはならない。非直接的な道を取らなくてはならないのだ。

決してありもしないものと戦わないこと。心《マインド》というものは戦いに誘われやすい。しかもその誘いは危ない。あなたのエネルギーと人生を浪費して、自分自身を無駄にしなければならなくなる。心に誘惑されないこと。ただ、そのものが本当の実在を持っているか、それともただの不在にすぎないのかを見抜くのだ。もしそれが不在なら、そのときは、それと戦ったりしないこと。そのときは、そこに不在であるその当のものを求めるのだ。そうすれば、あなたは正しい路線に乗っている。

闇に関する三つめのことは、それがあなたの存在に、何百万というういろいろな形で深くかかわっているということだ。あなたが怒っているときには必ず、あなたの内なる光は消え失せてしまっているものだ。実際には、あなたが怒るのはその光が消え失せているためなのだ。闇がしのび込んでいるのだ。あなたは、あなたが無意識のときにはじめて怒ることができる。意識的に怒ることはできないものだ。試してごらん。あなたが意識を失ったところに怒りがあるか。あなたが意識を保ち続けて怒りが起こらないか、そのどちらかだ。

意識的に怒ることはできない。それは何を意味するのだろうか？　それは意識というものの本性が、ちょうど光のようなものだということにほかならない。そして怒りの本性は、ちょうど闇のようなものなのだ。その両方を持つことはできない。そこにもし光があれば闇を持つことはできない。もし意識的であれば、あなたは怒れない。

人々は絶え間なく私のところにやって来ては聞く。「どうしたら怒らないでいられるのですか？」　その人たちは間違った質問をしているのだ。そして、間違った質問をしたら、正しい答えを得るのはとても難しい。まず、正しい質問をするのが先決だ。

どうやって闇を追い払うかなどと聞かないこと。どうやって心配を、苦痛を、不安を払いのけるかなどと聞かないこと。まず自分の心を分析して、第一になぜそういうものがあるのかを見てごらん。そういうものがそこにあるのは、あなたが充分に意識的でないからにほかならない。だから、どうやってもっと意識的になるかという正しい質問をすること。もしどうやって怒らないでいるかなどと聞こうものなら、あなたはどこかの道徳家先生の餌食にならざるを得まい。

しかし、もしあなたが、怒りが存在できないように、肉欲が存在できないように、どうやってもっと意識的になるのかという正しい質問のほうをしたならば、そのときはじめて、あなたは正しい路線に乗っかっている。そのときはじめて、あなたは〈宗教〉の探求者となるだろう。

道徳というものはニセ札だ。それはみんなをたぶらかす。それは全く宗教なんかじゃない。宗教は本来、道徳などとなんのかかわりもないものだ。なぜなら、宗教は闇となんのかかわりも持たないのだから。それはあなたを目覚ませる積極的な努力だ。それはあなたの人品なんぞに手を煩わしたりしない。あなたが何をするかなどは無意味だ。それに、あなたはそれを変えることなんかできやしない。

あなたはそれを飾りたてるかもしれない。だが変えることはできない。あなたはそれにいろいろな方法で、きれいな色をつけるかもしれない。あなたはそれに塗装をほどこすかもしれない。しかしそれを変えることはできない相談だ。ただ唯一の変身。ただ唯一の変革だけがある。

だがその変革は、あなたの人品や、あなたの行為や、あなたの行ないに心を煩わすことによって訪れるのではなく、あなたの〈実存（Being）〉にかかわっている。実存というのは積極的な現象だ。ひとたび実存そのものが目を見張り、目を醒まし、意識的になったなら、突如として闇は消え失せてしまう。あなたの実存は光の本性を持っているのだ。

それから四つめのこと。そのあとで経文にはいってゆくことにしよう。

眠りはちょうど闇のようなものだ。光がついていると眠りにくいのは偶然じゃない。それは全く自然な成りゆきだ。闇は眠りと親類関係を持っている。夜中に眠るほうがやさしいのはそのためだ。まわり中を取り巻く暗闇が、あなたがごく簡単に眠りに落ちられるような雰囲気をつくる。

眠りの中では何が起こるのだろうか？　あなたはだんだんと意識を失う。そして、その中であなたが夢を見るところのひとつの休止期間が来る。夢を見るということは、半分意識、半分無意識を意味する。完全な無意識に向かう途中のちょうど中間地点だ。目が覚めている状態から、あなたは完全な無意識へと移入して行く。その途上に夢が存在するのだ。

夢というのは単に、あなたが半分起きていて半分眠っていることを意味するにすぎない。もし一晩中絶え間なく夢を見たりすると、朝になって疲れを感ずるのはそのためだ。そして、もし夢を見ることを許されなかったら、そのときもまた、あなたは疲れを覚えるだろう。なぜなら、夢というものはある一定の理由で存在するものだからだ。

起きている時間に、あなたはたくさんのものを貯め込む。考え――感じ――いろいろと心にひっかかった未完成なもの。

あなたは道できれいな女の人を見た。すると、突然ある欲望が湧き上がって来た。ところがあなたは、人品高き、マナーのある、文化的な人物だ。あなたはただただその欲望を押し殺してしまう。あなたはその欲望に目をやろうともしない。あなたは自分の仕事を続行する。満たされない欲望があなたのまわりにまとわりつく。それは成就されなくてはならない。さもなければ、あなたは深い眠りに落ちることができまい。

その欲望があなたを何度も何度も引き戻すだろう。それはささやきかけるだろう。「あがって来いよ。あの女は本当にべっぴんだったぜ。彼女のからだには魔力があった。お前は馬鹿だよ。こんなところで何をしてるんだ？　彼女を追っかけろ。お前は絶好のチャンスを逃したんだぜ」

まとわりついたその欲望は、あなたが眠りに落ちるのを許さない。心《マインド》が夢をつくり出す。ふたたびあなたは道にいる。そのきれいな女性が通りすぎる。ただし、今度はあなたはひとりっきりだ。どんな文明もまわりにない。なんのマナーも必要ない。なんのエチケットも必要ない。あなたはけだもの同然だ。あなたは自然だ、道徳なし。それはあなただけのプライベートな世界だ。おまわりさんもそこにははいり込めない。どんな裁判官にも裁けない。あなたは全くひとりっきりだ。ただひとりの目撃者もいまい。

いまやあなたは自分の肉欲と戯れることができる。あなたは性的な夢を見ることになるわけだ。その夢が、まとわりついた欲望を満たしてくれる。そのあとで、ようやくあなたは眠りに落ちる。だがもし絶え間なく夢を見たりしたら、それもまた疲れを呼ぶものだ。

もし夢を見ることを許されなかったらどうなるか？　アメリカにはたくさんの睡眠研究所があって、彼らはこういう現象を発見するに至った。つまり、もしひとりの人間が夢を見ることを許されなかったら、三週間のうちに彼は気が狂ってしまうということだ。もし彼がくり返しくり返し、夢を見はじめるたびに目を覚まされると……

ん？　だって人が夢を見はじめるときには、いくつかの目に見える徴候があるだろう？　その徴候が見えたら彼を起こせばいい。特にまぶたが動きはじめる――せわしなくだ。それが彼が夢を見ているという証拠だ。彼が夢を見ていないときにはまぶたも休む。なぜなら、夢を見はじめたら彼の目は機能しなくちゃならないからだ。そのとき彼を起こしてごらん。それも一晩中やってごらん。彼が夢を見はじめたら必ず起こす。三週間のうちに彼は気が狂う。

眠りそのものは、そう必要なものではないようだ。あなたがある人を夢を見ていないときに起こしても……やってごらん――。彼は疲れなら感じるだろう。だが気が狂いはしない。それはどういうことだろうか？　それは夢というものが、あなたにとって必要なものだという意味にほかならない。

あなたというのは実に幻のようなものだ。あなたの存在は丸ごと、ヒンドゥー教徒たちがマーヤと呼ぶひとつの深い幻覚だ。その幻覚の深さは、なんと夢さえも必要とする！

夢なしには、あなたは存在することもできない。夢はあなたの食物だ。夢はあなたの頼みの綱だ。夢なしには、あなたは気が狂ってしまう。夢とは狂気の排泄《はいせつ》口なのだ。いったんその排泄がすんでしまったら、あなたは眠りに落ちることができる。

覚めた状態からあなたは夢見に落ち、夢見から眠りに落ちる。毎晩、普通の人なら八周期の夢を見る。そして、ふたつの夢のサイクルの合間のほんの短い数瞬の間に、深い眠りがあるのだ。その深い眠りの中では、すべての意識が消え失せる。それは完全に真暗だ。だが、それでもあなたは境界線近くにいる。少しでも緊急の事態があれば、それはあなたの目を覚ますだろう。

家が火事になる——あなたは目覚めた状態の意識に駆け戻らなくてはいけない。あるいは、あなたが母親であり、子供が泣き出すとする。あなたは目覚めた状態に向かって馳せ参じるだろう。そこで、あなたは境界線のところにとどまる。深い眠りには落ちるけれども、境界線のあたりにいるわけだ。

死においてはじめて、あなたは全くの中核まで落ちて行く。死と眠りとは似ている。その本質は同じだ。眠りの中であなたは毎日闇の中に、完全な闇の中に落ち込む。それは完全に無意識になるということであり、まさにブッダフッドの対極だ。〈ブッダ〉というのは完全に目覚めている存在だ。それが、あなたは毎晩のように、全面的な非覚醒状態に落ちている。絶対の闇だ。

ギータ[*2]の中でクリシュナはアルジュナに、あらゆる者が眠り込んでいるとき、ヨーギ[*3]はなおも目覚めていると語る。それはヨーギが決して眠らないということじゃない。彼も眠る。しかし、ただそのからだだけが眠るのだ。彼のからだは休む。が、彼は夢を見ない。なぜなら、欲望など持ってはいないのだから。まして満たされない欲望など持てるはずもない。それに、彼にはあなた方のような眠りはない。最も深い休息の中でさえ、彼の意識はクリアだ。彼の意識は炎のように燃えている。

毎晩のようにあなたは眠りに落ちる。あなたは深い無意識に落ちる。昏睡だ。死において、あなたはもっと深い昏睡に落ちる。

それはみな闇のようなものだ。あなた方が暗闇を恐れるのはそのためだ。それが死と似ているから——。そして、世の中には眠りをもまた恐れる人々がいる。なぜなら、眠りもまた死に似ているからだ。私は、自分では眠りたいのに眠ることのできないたくさんの人々と行き会ってきた。そして彼らの心を理解しようとして、私は彼らが基本的には恐れているのだということに気がついた。

彼らは眠りたいと言う。やはり疲労を感ずるからね。しかし、奥底では彼らは眠りを恐れていて、それがその厄介をそっくりつくり出しているのだ。不眠症の90パーセントは眠り恐怖症だ。怖いのだ。あなたは暗闇を恐れているのだから、眠りをもまた恐れることは考えられる。そしてその恐れは死の恐怖から来ているのだ。

ひとたびあなたが、そういうものはすべて闇であり、あなたの内的本性のほうは光のそれであることを理解すれば、ものごとは変わりだす。そのときあなたに眠りはない。あるのはただ休息だけだ。そのときあなたに死はない。あるのはただからだという着物の変化、衣裳の変化だけだ。ただしそれは、あなたが内なる炎を、あなたの本性を、あなたの内奥無比なる実存を、しっかりと具現（Realize）したときにはじめて起こることだ。

さあ、そろそろ経文にはいるべきときだ。

長き時ふる暗闇も
灼熱の陽を覆うこと能わず
カルパにかかるサムサーラも
「心」のまばゆい光を隠すことを得ず

目を覚ました人々。彼らは長い時を経た暗闇も、灼熱の太陽を覆い隠すことはできないのを知るに至った。あなたは、何百万という生に渡って闇の中をさまよって来たかもしれない。しかしそれとても、あなたの内なる光を破壊することなどできはしない。

ん？　だって、闇というのは攻勢に出られるものじゃないんだから、それは無理だ。何かありもしないもの——　どうしてそれが攻勢に出られよう？　闇が光を破壊することなどできはしない。どうして闇が光を破ることなんかできる？　たとえほんの小さな光でさえ、闇はそれを破壊することができない。闇がそれに飛びかかることはできない。闇にはそれと戦いを交えることはできない。どうして闇に炎を打ち破ることができよう？　どうして闇に炎を覆い包んでしまうことができよう？　それは不可能だ。そんなことは一度として起こったためしがない。起こり得ないのだから。

ところが、人々はそれを戦いという観点でとらえてばかりいる。彼らは闇を光と対立したものと考えているのだ。これは馬鹿げている。闇は光に敵対することなんかできない。どうしてただの不在が、そこに不在である当のものに敵対することなんかできる？　闇は光に対立することなどできない。そこに抗争関係などありはしない。闇は単なる不在にすぎないのだ。純然たる不在、純然たる無力、どうしてそれが襲いかかることなんかできる？

にもかかわらずあなた方は言い張る。「どうしましょう？　私は怒りに襲われました」それは不可能だ！「私は強欲に襲われました」それは不可能だ！　欲望には襲うことなどできはしない。怒りには襲うことなどできはしない。それらは闇の本性を持っているのだ。そしてあなたの実存は光のそれなのだ！

襲いかかるなんて、そんな可能性そのものが存在しない。だが怒りは訪れよう。それはただ、あなたの内なる炎が、完全に忘れ去られてしまったことを表わしているにすぎない。あなたは完全にそれをすっぽかしてしまったのだ。あなたはそれがそこにあることすら知らない。この忘れっぽさが、その炎を覆い隠すことはできる。しかし闇には無理だ。

だから本当の闇は、あなたのその忘れっぽさだということになる。そして、その忘れっぽさこそ、怒りを、強欲を、肉欲を、憎しみを、嫉妬を招くことができるのだ。そういうものがあなたを襲うんじゃない。覚えておきなさい。あなたが最初に招待状を出したのだ。彼らはそれを受けただけのこと。あなたの招待というものがそこにはある。

彼らには襲いかかることなんかできない。彼らは招かれた客としてやって来るのだ。あなたは自分が彼らを招いたことなど全然忘れ去ってしまっているかもしれない。それはあり得る。なにしろあなたは自分自身を忘れてしまっているくらいだから。どんなものでも忘れられないものはない。

忘れっぽさこそ真の闇だ。そしてその忘れっぽさの中で、ありとあらゆることが起こる。あなたはちょうど、自分が誰だか、どこに行くのか、何のために行くのか、完全に自分自身を忘れてしまった酔っ払いみたいなものだ。西も東もわからない。方角などという感覚自体そこにない。

あなたは酔っ払いだ。すべての根本的な宗教の教えが、自己留意を強調して止まないのはそのためだ。忘れっぽさが病いであれば、自己留意はその解毒剤ということになるだろう。自分自身を覚えておこうとしてごらん。そう言えばあなたは、「自分のことぐらい知っているし、自分のことぐらいちゃんと覚えてますよ、あなたはいったい何を言ってるんですか？」と口をとがらすだろう。

まあ、試してごらん。ちょっと腕時計を前にして秒針を見る。そしてひとつのことだけを心に置く。「私はこの秒針を見ている」とね。あなたは三秒と覚えていられまい。何回も忘れてしまうだろう。ただ自分は見ているという単純なこと。自分は自分が見ているということを覚えておくのだという単純なこと。それをあなたは忘れるのだ。

いろいろなことが心にはいり込んで来る。あなたは何か約束をしてあって、ちょっと時計を見ているだけのことで、「そういえば五時に友だちに会いに行かなくちゃ」という連想が心に浮かんでくる。突然その考えがはいり込んでくると、もうあなたは、自分が時計を見ているということを忘れてしまっている。ただその時計を見ているだけで、あなたはスイスのことを考えはじめるかもしれない。それがスイス製の腕時計だからだ。ただその時計を見ているだけで、あなたは考えはじめるかもしれない。「俺はなんて馬鹿なんだ。いったいここで何をやってるんだろう？　時間の浪費じゃないか」。結局、あなたはただの三秒として、自分が秒針の動くのを見ているということを覚えていられない。もしあなたが一分間の自己留意に到達したら、約束しよう、私はあなたを仏陀にしてあげる。

たったの一分。六〇秒。それでいい。「そんなに安っぽい簡単なもの？」と思うだろう。そうじゃない。あなたは自分の忘れっぽさがどんなに深いものかご存知ないのだ。あなたはそれをものの一分と休まずに続けられまい。ひとつの思考も、はいってきてあなたの自己留意を邪魔しない状態をだよ。

これが本当の闇だ。もし覚えていれば、あなたは光となるだろう。もし忘れれば、あなたは闇だ。そして闇の中では、言うまでもなく、あらゆる手合いのこそ泥が侵入し、あらゆる手合いの強盗があなたを襲う。あらゆる種類の災難がふりかかる。

自己留意こそ鍵だ。もっともっと覚えていようとしてごらん。なぜなら、もっともっと留意しようとすることによって、あなたの中心《センター》が据わるからだ。あなたは自分自身の内に落ち着く。あなたの旅がらすのような心《マインド》が、自分自身に落着する。さもなければ、あなたはいつもどこかをほっつき歩いている。心が絶え間なく新しい欲望をつくり出し、あなたはその心につき従ってそれを追いかけまわしているのだ。それも同時にたくさんの方角にね。あなたが分裂しているのはそのせいだ。あなたは一本じゃない。

そしてあなたの炎、内面の炎はゆらめき続ける。強い風に翻弄される一枚の木の葉だ。その内なる炎が不動になったときこそ、突如としてあなたはひとつの変異《ミューテーション》を、ひとつの変身を遂げる。新しい実存が生まれるのだ。その実存の本性こそは光のそれであるだろう。いま現在、あなたの本性は闇のそれだ。あなたはただ可能である何ものかの不在であるにすぎない。

実際のところ、あなたはまだいない。あなたはまだ生まれていないのだ。あなたは幾多の生と幾多の死を受けてきた。しかし、まだあなたは生まれたことがない。あなたの本当の誕生はまだこれから起ころうとしている。そしてその誕生とは、あなたが自分の内なる本性を、忘れっぽさから自己留意へと転換すること。これだ。

何をやってもいい。私はあなた方にどんな決まりも与えはしない。私はあなた方にこれをしろ、あれをするなどとは言わない。私の戒律はとても簡単だ。私の戒律は何でもあなたの好きなことをすることだ。ただし自己留意をもって――自分自身がそのことをやっているのを覚えておくのだ。歩くんだったら、自分が歩いているのを覚えていなさい。それを言葉にする必要はない。言語化など役に立ちはしないからね。それはそれ自体、気を散らすことになりかねない。内側で「私は歩いている」などと言いながら歩く必要はない。なぜならば、もし、「私は歩いている、私は歩いている」などと言おうものなら、今度はこの「私は歩いている」が、ほかでもないその忘れっぽさを引き起こしてしまうだろうからだ。そうしたら、もうあなたは覚えていることができなくなってしまう。

ただ覚えているだけでいい。それを言語化する必要はどこにもない。いま私が言葉をしゃべらなければならないのは、あなた方に話をしているからだ。しかし、あなたが歩いているときには、あなたはただその現象、歩くということを覚えているだけでいい。一歩一歩のステップが、完全な覚醒のもとに踏まれるべきだ。食べるんだったら、食べなさい。

私は何を食べろ、何を食べるなどとは言わない。何でも好きなものを食べたらいい。ただし、自分が食べているのだという自己留意のもとに——。

するとまもなく、あなたはたくさんのことが自分にはできなくなっているのに気づくだろう。自己留意のもとでは、肉を食べることができない。不可能だ。もしあなたが覚えていれば、それほどにも暴力的になることは不可能なのだ。あなたが覚えていれば、誰かに害を与えることは不可能だ。

というのは、自分自身を思い出したとき、突然のように、あなたはその同じ光が、その同じ炎が、あらゆるところに——どの肉体にも、どの単体《ユニット》にも燃えているのに気づくからだ。自分の内なる本性を知れば知るほど、あなたは《他》をも洞察するようになる。どうして、食べるために殺すことなんかできる？　それは全く不可能になる。

それを稽古するというのじゃない。もしあなたがそれを稽古したりしたら、それはインチキだ。もしあなたが泥棒にならないことを習い覚えたりしても、それはインチキだ。あなたは結局のところ泥棒であることだろう。ただ巧妙な道を見つけるだけのことだ。もしあなたが非暴力を稽古したりしようものなら、あなたのその非暴力の中にはちゃんと暴力があることだろう。すぐうしろに隠れてね。

違う。宗教は稽古などできないものだ。道徳なら習得され得る。道徳というものが偽善を生み出すのはそのためだ。道徳はいつわりの顔をつくる。宗教は真正な実存をつくり出す。それは習得などされ得ないものだ。どうして《実存》を稽古することなんかできる？ ただもっと醒めることしかない。そうすればものごとは変わりはじめる。あなたはただもっと光の本性となるだけのこと。そうすれば闇は消え失せる。

長き時ふる暗闇も
灼熱の陽を覆うこと能わず

何百万という生にわたって、時代から時代へと、あなたは闇の中にい続けてきた。しかし、がっかりすることはないし、希望を失うこともない。なぜなら、たとえもしあなたが、何百万という生にわたって暗闇の中に生き続けてきたとしても、まさにこの瞬間、あなたは光に達することができるからだ。

ね？　ちょっと考えてごらん。一軒の家が百年の間、閉ざされたままになっていたとする。真暗だ。そこにあなたがはいって行って光をともす。その暗闇は、「俺は百歳の年寄りだ。この光はただの赤ん坊じゃないか」と言うだろうか？（笑）その暗闇は、「俺は消え失せないぞ。お前は少なくとも百年、光を燃やし続けなきゃ駄目だ。話はそれからだ」などと言うだろうか？　そうじゃない。赤ん坊の光だって充分だ。とてもとても古い闇に対してでもね。

なぜだろう？　だって、百年もの間には、その闇は深く浸み込んでいるに違いない。ところが違う。闇は深く浸み込むことなどできはしない。それはありはしないものだからだ。それはただ光を待っていただけなのだ。光がはいって来た瞬間、その闇は消え失せる。それは抵抗することなんかできない。なぜなら、それはなんの積極的存在も持っていないのだから。

人々は私のところにやって来て、「あなたは不意の悟りが可能だとおっしゃいますが、そうしたら私たちの過去生や、過去のカルマ（因縁、業）はどうなるのですか?」と言う。何でもないことだ。そんなものはみな闇と同じ本性でしかない。あなたは人を殺したことがあるかもしれない。あなたは泥棒や強盗だったことがあるかもしれない。あなたはひとりのヒットラー、ひとりのジンギスカン、あるいは誰かほかのその手の人間だったかもしれない。一番悪い可能性だね。だが、それは全く関係ない。ひとたびあなたが自分自身を思い出すならば、もう光はそこにある。過去の一切は消え失せてしまう。あっと言う間にだ！　一瞬たりともそんなものはそこにいたたまれない。

あなたは人殺しをした。しかし、あなたが人殺しになることはあり得ない。あなたが人を殺したのは、あなたが自分自身に醒めていなかったからだ。あなたは自分が何をやっているのかわからなかった。イエスは十字架の上でこう言ったと伝えられている。「父よ！この人々を許されよ。彼らは自分たちが何をしているのかを知らない」。彼はただ、「この人々は光の本性に添っていません。彼らは自分自身を覚えていないのです。彼らは完全な忘却の中で、完全な闇の中で行動しているのです。うごめき、つまずいているのです。彼らを許してください。彼らに自分たちのやっていることに関する責任はありません」ということを言っていたにほかならない。

どうして自分自身を覚えていない人間に責任があり得よう？　もし酔っ払いが誰かを殺したとしても、裁判所でさえ彼を許すものだ。それをやったときに、彼が完全に無意識であったことが証明されればだがね。なぜだろうか？　それはこういうことだ。第一に、どうしてその人に責任を取らせることができる？　飲酒について彼に責任を持たせることならできる。しかし、人殺しに関して彼に責任を持たせることはできない。もし狂人が誰かを殺しても、彼は許されなくてはならない。彼は彼ではないのだから。責任というのは覚えているということだ。

あなたがいままでに何をしでかしてきたにしろ……いいかな？　それを気に病むことはない。それがあなたに起こったのは、あなたが醒めていなかったからなのだ。

内なる光をともしなさい。それを見つけ出しなさい。それを求めるのだ。それは必ずそこにある。と、突然――すべての過去は消え失せる。あたかもそのすべてが夢の中で起こったことであるかのように。

事実、それは夢の中で起こったことなのだ。あなたは意識がなかったのだから――。一切のカルマは夢の中で起こったことだ。それは夢と同じ材料でできているにすぎない。あなたは自分のカルマが完了するのを待つ必要なんかない。そんなことをしたら、あなたは永劫を待たなければなるまい。その上、それでもまだ、あなたはその「輪」から抜け出てはいまい。なぜなら、あなたはただ単におとなしく永劫を待つことなどできやしないからだ。その間にも、あなたはたくさんのことをしでかしてしまっているだろう。そうしたら、その悪循環は永久に終わり得ない。あなたは先へ先へとのめり込み、いろいろなことをしでかし続け、そうして新しいことがあなたを、またもっと未来のことへともつれ込ませるだろう。そうなったら、どこに終わりがある？

そうじゃない。カルマを満たすそんな必要はどこにもない。あなたがただ醒めるということだけで、突然すべてのカルマははがれ落ちてゆく。ただ一瞬の強烈な覚醒のもとに、すべての過去は消え失せ、ごみくずと化す！

これこそ、東洋が発見した最も根源的なことがらのひとつだ。キリスト教にはそれが理解できない。彼らは審判のこと、すべての人間がその行為によって裁かれねばならないという、その最後の審判の日のことを思い煩い続けている。そうしたら、「この人々を許されよ、彼らは自分が何をしているのか知らないのですから」と言うキリストはおかしいことになってしまうのに――。

ユダヤ教徒たちにもそれは理解できない。イスラム教徒たちにもそれは理解できない。ヒンドゥー教徒たちは、全くもって最も大胆不敵な人種のひとりだ。彼らはまさに問題のその核心を突いた。問題は行為じゃない。問題は〈実存（Being）〉だ。ひとたびあなたが、あなたの内なる〈実存〉とその光に気づいたら、あなたはもうこの世のものじゃない。

過去に起こったことはすべて夢の中で起こったのだ。ヒンドゥー教徒たちが、この世界は丸ごとひとつの夢だというのはそこだ。ただあなただけが夢じゃない。ただ夢を見る者だけが夢ではないのだ。それ以外は、あらゆるものが夢だ。

この真理の美しさをごらん。ただ夢を見る者だけが夢ではない。なぜなら、夢を見る者は夢ではあり得ないからだ。さもなければ夢は存在できない。少なくとも誰か、その夢を夢見る者だけは本当の現象でなければならない。

昼間、起きている間に、あなたはいろいろなことをする。店に行き、市場に行き、農場や工場で働いて。ん？　何百万といういろいろなことをする。ところが夜になって眠りこけると、もうそんなことは全部忘れてしまう。それは消え失せてしまう。ひとつの新しい世界が始まる。夢という世界だ。

さて、いまや科学者たちは、目が覚めているのと同じ時間が夢に与えられなければならないと言う。起きているのと同じ時間が、夢を見ることにあてられなくてはならないのだ。六〇年の間に。もし二〇年が起きて働くことに捧げられてきたとすれば、やはり二〇年が夢を見ることにあてられていると言うのだ。同じ時間、かっきり同じ時間が夢にあてられなくてはならない。だから、夢というのは決して現実味に劣るわけじゃない。それは同じ質を持っているのだ。

夜、あなたは夢を見る。あなたは、あなたの起きているときの世界を忘れる。さらに、深い眠りの中で、あなたは自分の起きている世界を忘れ、自分の夢の世界をも忘れる。朝、ふたたび起きている世界がその存在を現わす。あなたは、あなたの夢と眠りを忘れ去る。だがひとつだけ、絶えることなくそこにい続けるものがある。あなただ。

夢を覚えているのは誰か？　朝、「私はきのうの晩夢を見た」と言うのは誰だろうか？　朝、「きのうの夜は全然夢を見ずにとてもとても深く眠った」と言うのは誰だろうか？　誰なのかな？　そこには誰か、かたわらに立っている者が、つねにかたわらに立って眺め続けている、ひとりの〈観照者〉がいるに違いない。

目覚めが来る。夢が来る。誰かがかたわらに立ってそれを眺め続けている。ただこの人だけが本物だ。なぜなら、それはあらゆる状態の中に存在するからだ。ほかのさまざまな状態は消え失せる。しかしそれだけは、あらゆる状態の中にとどまっていなくてはならない。それだけがただひとつ、あなたの中で不変なものだ。もっともっとこの〈観照者〉に近づきなさい。もっともっと気を引き締めて、もっともっとひとりの〈観照者〉になるのだ。世界の中で〈やり手〉でいるより、むしろあなたはひとりの《観照者に》、ひとりの《見物人》になるのだ。

ほかのあらゆるものは夢だ。が、ただ夢を見る者だけは真実だ。彼は真実でなくてはならない。そうでなかったらどこに夢が起こる？　〈彼〉こそが基盤だ。幻覚も〈彼〉がそこにいればこそ起こることができる。いったん思い出してしまったら、あなたは笑い出すにきまっている。「これを思い出さずして何という生が存往していたことか?」とね。あなたはひとりの酔っ払いだった。路地から路地へとさまよい歩き、なぜかもわからずに、方角も知らずに漂っていたのだ。

しかし

長き時ふる暗闇も
灼熱の陽を覆うこと能わず
カルパにわたるサムサーラも
(多くの多くの時代、この世界の永劫の積み重なり——カルパ——)
「心」のまばゆい光を隠すことを得ず

それはつねにそこにある。それはまさにあなたの実存そのものなのだ。

「空」を説くに言葉の語らるることあれど

「空」そのものは表わされ得ず
「『心』は輝ける光のごとし」と言うも
そはすべての言葉とシンボルを超越せり

ひとつ理解に役立つことがある。現実《リアリティ》に対して三つのアプローチがある。ひとつは経験論的なアプローチ。科学的心性《マインド》のアプローチだ。実験——客観世界についての実験。そして、あることが実験によって証明されない限りそれを受け容れない。

それから論理的心性《マインド》というもうひとつ別なアプローチがある。彼は実験はしない。彼はただ考え、議論し、賛否両論をうかがう。それもただ心《マインド》の努力によって。つまり理性によって、彼は結論をくだす。

そしてもうひとつ第三のアプローチ。隠喩的なアプローチがある。詩のアプローチだ。そして宗教の——。

こうした三つのアプローチがある。人が現実《リアリティ》に向かって手をさしのべる三つの次元だ。

科学は客体を超えることができない。なぜなら、まさにそのアプローチ自体が限界を成しているからだ。科学は〈外なるもの〉を超えることができない。なぜなら、実験ができるのは外なるものについてだけだからだ。哲学・論理学は主観を超えることができない。なぜなら、それは心《マインド》の努力だからだ。あなたはそれをあなたの心の中で営む。あなたは心を溶解してしまうことができない。あなたはそれを超えては進めないのだ。

科学は客観的。論理学、哲学は主観的だ。宗教はそれを超えて行く。詩はそれを超えて進む。それは黄金の橋だ。それは客体と主体との間に橋をかける。だがそのとき、すべてはカオスと化す。それが創造的であるのはもちろんだ。実際には、カオスなきところ創造性はない。だが、すべては無差別となる。区別は消え失せる。

私はそれをこんなふうに言ってみたい。科学は昼のアプローチだ。正午——あらゆるものがはっきりしている。明確だ。境界線——そしてほかのものもよく見える。論理は夜のアプローチだ。暗闇の中を、なんの実験的ささえもなく、ただ心《マインド》だけでまさぐる。ただ考えるだけ——。詩と宗教はたそがれのアプローチだ。ちょうど中間。昼はもう終わった。真昼の輝きは去ってしまった。ものごとはそんなに明確ではなく、はっきりしない。

夜はまだ訪れていない。闇もまだすべてを包んではいない。暗闇と昼とが出会う。そこには白でも黒でもないやわらかな陰影がある。さまざまな境界線が出会い、そして交わる。あらゆるものが無差別だ。あらゆるものがあらゆるほかのものでもある。これは隠喩的なアプローチだ。詩が隠喩《メタファー》において語るのはそのためだ。まして宗教は究極の詩だ。宗教はメタファーの中で語る。

覚えておきなさい。そうしたメタファーは文字通りに取られるためにあるんじゃない。そんなことをしたら要点を逃してしまうだろう。私が内なる光と言ったとき、それを字面の通りに考えては駄目だ。文字通りの理解はしないこと。

そうじゃない。私が内なるものは光のようだと言うとき、それはひとつのメタファーなのだ。何かが指し示されてはいる。しかし限定されているのじゃない。定義されているのじゃない。何か厳密には光ではないけれども光の本性をしているもの――それはメタファーなのだ。そしてこのことがいろいろな問題をひき起こす。なぜなら、宗教というものが、メタファーの中で語るのをつねとしているからだ。それはほかに語りようがない。ほかにはどうしようもないのだ。

もし私がもうひとつ別な世界に行って、この地球には存在しないような花を見てきたとする。そして、あなたのところに来てそういう花についてしゃべるとする。私はどうするだろうか？　私は隠喩的にならざるを得まい。私は「バラみたいな……」と言う。しかしそれはバラじゃない。さもなければなぜ「バラみたいな……」と言う必要がある？　ただ「バラ」と言えば済む。しかしそれはバラではないのだ。それは違った質を持っている。「みたい」というのは、私がその別世界に関する私の理解と、あなたのこの世界での認識との間に橋渡しをしようとしていることを意味する。

だからこそメタファーが出てくるのだ。あなたはバラなら知っている。しかし別世界の花は知らない。私はその別世界の花を知っている。そして私はその世界の何かをあなたに伝えようとしているのだ。私は「それはバラみたいだ」と言う。だが、あなたがその別世界に着いて、そこにバラの花を見つけ出せなくても、私に腹を立てないでほしい。私を法廷に引き立てないでほしい。私は決してそれを文字通りの意味で言ったのではないのだから。ただバラの性質が示されていただけなのだ。それはただのジェスチャーであり、月を指している指なのだ。だがその指をつかまえたって駄目だ。その指は関係ない。月を見て指なんか忘れてしまいなさい。それが隠喩《メタファー》の役目だ。メタファーにしがみついたりはしないこと。

たくさんの人々が、このために深い泥沼に沈んでいる。彼らはメタファーにこだわっているのだ。私が内なる光について話す。と、たちまち数日後には人々がやって来だして「その内なる光を見ました」とやる（笑）。彼らは別世界にバラの花を見つけたわけだ。そんなものはそこにはないのに――。こうした隠喩的言語のせいで、多くの人は単純に空想的になってしまうのだ。

P・D・ウスペンスキー[*4]はひとつ言葉を作った。彼はそういうのをイマジオン（Imagion）と呼んだものだ。誰かがやって来て内的体験のことをしゃべりだし、「クンダリーニが上がった」だの、「頭の中に光を見た」だの、「チャクラが開いた」だのと言いはじめると必ず、たちまち彼はストップをかけて言う。「イマジオン！」人々が「そのイマジオンていうのは何ですか？」と尋ねると、彼は「イマジネーションの病気だよ」と言ってあっさりことを済ましてしまうのだ。間髪を入れずに彼は言う、「ストップ！　お前さんは餌食になってるぞ」

宗教はメタファーによって語る。ほかに語りようがないからだ。なぜなら、宗教はその別世界――彼岸《かなた》なるものについて語るからだ。それはこの世界の中に喩えを探そうとする。それは直接には関係のない言葉を使う。しかし、なぜかそうした無関係な言葉だけが効き目のある言葉なのだ。それを使う以外に手がないのだ。

詩ならあなたにも簡単にわかる。宗教は難しい。なぜなら、詩については、あなたはすでに、それがイマジネーションだということを知っているからだ。だからそこにはなんの問題もない。科学ならあなたにも簡単にわかる。あなたはそれがイマジネーションではなく、経験的事実だということを知っているからだ。詩ならあなたにも簡単にわかる。あなたはそれが詩だということを知っている。ただの詩――それで終わりだ。それはイマジネーションだ。よろしい、ビューティフルだ。あなたはそれを楽しむことができる。それは別に真理というわけじゃない。

さて、宗教をどうするか。しかも宗教は究極の詩なのだ。そしてそれはイマジネーションなんかじゃない。それどころか、いいかな？　それは経験論的なものだ。科学と同じくらい経験論的なものなのだ。だが、それは科学的な用語は使えない。科学用語ではあまりにも客観的すぎる。それは哲学的な用語を使うこともできない。哲学用語ではあまりにも主観的すぎる。それは何かそのどちらでもないものを使わなくてはならない。それは何かその両方を橋渡しするようなものを使わなくてはならない。それは詩を使う。

すべての宗教は究極の詩だ。本来的な詩だ。仏陀より偉大な詩人は見つからない。もちろん、彼は決して一篇の詩も書こうとはしなかった。あなた方とここにいる私、私も詩人だ。私は一篇の詩も書いてはいない。俳句のひとつもね――。しかし私は絶え間なくメタファーの中で語っている。絶えず私は、科学や哲学によって生み出されたギャップを埋めようとしているのだ。

私はあなた方に、分割されていない〈全体（Whole）〉の感覚を与えようとしている。科学は片割れだ。哲学も片割れだ。どうしたらいい？　どうやってあなたにその〈全体〉の感覚を与えよう？

もし深く哲学の中にはいり込んで行ったならば、あなたは、シャンカラ[*5]が行き着いたと同じところに行き着くだろう。彼は「世界は幻覚だ。それは存在してはいない。ただ意識のみが存在する」と言った。ん？　これではあまりにも一面的すぎる。

一方、もし科学と歩みをともにするならば、あなたはマルクスが行き着いたと同じところに行き着くだろう。マルクスとシャンカラは二つの対極だ。マルクスは意識などないと言う。ただ世界のみが存在する、と。

だが私は知っている。両方とも真であり、両方ともおかしい。彼らは半面の真理は言っているのだから両方とも真だ。そして彼らは他の半面を否定しているのだから両方ともおかしい。さて、もし私が全体なるものについて語らなくてはならないとすれば、どうしたらいいだろう？　詩だけが唯一の道だ。メタファーだけがただひとつの抜け道なのだ。これを覚えておくといい。

「空《くう》」を説くに言葉の語らるることあれど
「空」そのものは表わされ得ず

賢者たちが、「我々が何を言っているにせよ、実際には我々は何も言えない」と強調して止まないのはそこだ。それは表現不可能なのだ。それでもなお、我々はそれを言い表わそうとしている。賢者たちはいつもそこのところを強調する。というのも、あなた方がそれを文字通りに受け取る可能性が存在するからだ。「空《くう》」というものは、あなたの何ものもそこに残りはしないという意味において空ではある。

しかし「空《くう》」は、もうひとつ別な意味では空ではない。なぜなら、その中には全体なるものが降臨して来るからだ。「空」は最も完璧な、最も満たされた現象にほかなるまい。さあ、どうする？ もし空《くう》と言ったら、すぐに心《マインド》は、そこには何もないのだと考える。「それじゃあ、どうしてそんなことに構うのか？」と。そしてもし「それは空じゃない」、「それは最も完全な実存だ」と言ったら、心はどうやってその最も完全な実存になるかという、野望の旅にさまよい出す。そうしたらもう自我がそこに介入してしまう。

自我《エゴ》を落とすためにこそ、「空」という言葉は強調される。しかし、ひとこと警告しておこう——その「空」というのは本当に空っぽなのじゃない。それは全体なるものに満たされているのだ。あなたがいなくなったとき、存在の全体があなたの中に入り込んで来る。しずくが消え失せたとき、それは大洋となるのだ。

「心」は輝ける光のごとしと言うも

ティロパは言う。

そはすべての言葉とシンボルを超越せり

メタファーにだまされないこと。内側に光を想像しだしたりしないこと。それはごく簡単なことだ。イマジオン——あなたは目を閉じてひとつの光を想像することくらいできる。あなたは大した夢想家だ。あなたは実に多くのものを夢見ることができる。どうして光じゃいけない道理があろう？

心《マインド》には欲しいものならなんでもつくり出す能力がある。ただほんのちょっとがんばればいいだけのことだ。あなたは心の中にきれいな女の人をつくり出すことができる。どうしてそれが光じゃいけないことがある？　光のどこがおかしい？　あなたは現実の人生のどんな女性も色あせてしまうような、全くすばらしい美人を心の中につくり出すことができる。

ん？　だって、わざわざ十人並みの女性を想い描く人もあるまい。あなたは経験の世界のすべてを、そっくり内側につくり出すことができる。あらゆる感覚はその裏に、それ自身の想像中枢を備えているものだ。

催眠術においては、想像力がその完全な機能のもとに働きだすということが起こる。そして理性は完全にこぼれ落ちてしまう。催眠術の中では理性は眠り込んでしまうからだ。催眠術というのは、懐疑家である理性の眠り以外の何ものでもない。すると、そのときとばかり、想像力は完璧な機能をする。そうなればもうブレーキは効かない。アクセルだけだ。突進につぐ突進。ブレーキなんかない。

催眠術の中では、どんなことでも想像され得る。術にかかって横になっている人に玉ネギをひとつ渡して、「それは素晴らしいリンゴですよ。とてもおいしいんです」と言えば、彼はその玉ネギを食べて、「本当においしいですねえ。いままでこんなにおいしいリンゴは食べたことがありません」と答えるだろう。リンゴを渡して、「これは玉ネギです」と言えば、彼は目から涙をこぼしはじめて、「ものすごく強い玉ネギですねえ」とベソをかくだろう。食べているのはリンゴなのにだよ。いったい何か起こっているのだろうか？

そこに懐疑家がいないのだ。それが催眠術だ。懐疑家が眠り込んでしまっている。いまや想像力がフルに機能し、しかもそこには誰もチェックする人がいないのだ。そしてそれは宗教においてまた問題になるところでもある。宗教は信頼を必要とする。信頼というのは心《マインド》の疑う能力が眠ってしまうことを意味する。それは催眠術とよく似ているのだ。

だから世の人々があなた方に「あのＯＳＨＯという男はあんた方に催眠術をかけているんだよ」と言うとき、彼らはある意味で正しい。もしあなたが私を信頼したなら、それは催眠術のようなものなのだ。完全に目醒めていながら、あなたは自分の理性を落としてしまったのだ。いまや想像力《イマジネーション》は、その全面的な能力のもとに機能する。

いまやあなたは危険な状況にいる。もし想像力に身を委ねたら、あなたはあらゆる手合いのことを想像することができる。クンダリーニが上昇し、チャクラが開き、どんなことでも想像できないものはない。それどころか想像したことは、みんな現実に起こりもするだろう。それらはビューティフルだ。ただし真実じゃない。

だからひとりの人間を信頼するときには、まさにその信頼するということの中で、あなたはイマジネーションに注意しなければならない。信頼するのはいい。だがイマジネーションの餌食にはならないこと。ここで語られていることは、みな隠喩的なことばかりなんだから。それに、つねに覚えておくといい。あらゆる体験というものはすべてイマジネーションだ。私の言っているのはあらゆる体験だよ、無条件に——。ただ〈体験者〉だけが本物なのだ。だから、あなたが何を体験するにしろ、あまりそれに注意を払わないこと。そして、それをひけらかしたりしはじめないこと。

ただ、体験されることはすべて幻なのだということを覚えていればいい。ただ〈体験する者〉のみが真実なのだ。〈観照者〉に注意を払いなさい、〈体験〉にではなく。その〈観照者〉に焦点を合わせなさい。たとえどんなに素晴らしくとも、一切の体験はみな夢もどきにすぎない。人はそれらをすべて乗り越えて行かなくてはならないのだ。

さて、そういうわけで、宗教は詩的だ。そこでは人は隠喩的に語らざるを得ない。弟子が深い信頼の中にいれば、彼は容易にイマジネーションの犠牲になってしまい得る。それにはよくよく気をつけていなければならない。

信頼しなさい。さまざまなメタファーに耳を傾けもしなさい。しかし覚えておくこと――それらはあくまでメタファーだ。信頼するのはいい。たくさんのことが起こりはじめるだろう。しかし覚えておくこと、〈あなた〉以外のすべてはイマジネーションなのだ。そうしてあなたはそこにどんな体験もない、そういう地点に行きつかねばならない。

ただ体験者のみが、その住み家に静かに坐す。どこにどんな体験もない、どんな対象もなく、どんな光もない。どんな花も開いてはいない。違う、何もない。

誰かが臨済に尋ねた。臨済は禅堂に坐っていた。丘の上の小さな寺だ。彼は岩のそばの木の下に座を取っていた。すると誰かが、「人が成就すると何か起こるのですか？」と尋ねた。臨済曰く、「私はひとりここに坐る。雲が過ぎ。私はそれを見守る。季節が移ろい。私はそれを見守る。ときおり訪問客がやって来て、私はそれを見守る。そうして私はひとりここに坐る」

ただ最後には〈観照者〉、つまり〈意識〉だけが残り、あらゆるものを見守り続ける。すべての体験が消え失せる。ただ、まさにすべての体験の背景そのものだけが残る。〈あなた〉が残るのだ。そのほかのあらゆるものはなくなる。

これを覚えておくといい。なぜなら、あなたが私を信頼し、私か隠喩《メタファー》を語ったら、そのときイマジネーションが起こり得るからだ。イマジオン！　その病いに気をつけなさい。

「心」は輝ける光のごとしと言うも
そはすべての言葉とシンボルを超越せり
本質に於いて空なれど
「心」は万物を抱き、そして容るるなり

ここで言われていることは矛盾しているように見える。〈心は空だと言いながら、次の瞬間にはそれがあらゆる万物を含んでいると言う。この矛盾はどうしたことだろう？　それは実に、すべての宗教体験の本質にほかならない。メタファーは用いられざるを得ないものだ。が、そのときにはすぐ、あなたは警告されなくてはならない。そのメタファーの餌食にならないように――。

本質においては空であるけれども、それは一切すべてを含んでいる。あなたが完全に空《から》になったとき、そのときはじめてあなたは満たされるだろう。あなたがもういなくなってしまったとき、そのときはじめてあなたはいる。

イエスは言っている。「もしあなたが自分自身を失うならば、あなたは成就するだろう。もし自分自身にしがみつくならば、あなたは逃すだろう。もしあなたが死ぬならば、あなたは再生するだろう。もしあなたが自分自身を完全に消し去れれば、あなたは不滅となろう。あなたはまさに永遠そのものとなろう」

これはすべてメタファーだ。しかし、もしあなたが信頼したら、もしあなたが愛したら、もしあなたのハートが私に向かって開くのを許したら、そのときあなたは理解することができるだろう。その理解はあらゆる理解を超えたものだ。それは知的なものじゃない。それはハートとハートであり、ひとつのハートからもうひとつのハートへのエネルギーの跳躍だ。

私はここにいて、あなた方に語りかけようとしている。だがそれは二義的なことだ。根本的なのは、もしあなたが開いていれば、私は私自身をあなたの中へと注ぎ込むことができるということだ。もし私の話が、あなたがもっともっと開くというそれだけのことにでも役立てば、それはその役目を果たしているのだ。私はあなた方に何かを言おうとしているんじゃない。私はただあなた方をもっと開かせようとしているだけだ。それで充分——そうすれば私は、私自身をあなたに注ぎ込むことができる。

そしてまた、私を味わわないかぎり、あなたに私の言っていることがわかろうはずがない。

Enough for today ?
(今日はこのぐらいでいいかな?)

＊1　第2話の注5参照（135ページ）。

＊2　インドの最もポピュラーな聖典バガヴァッド・ギータのこと。クリシュナとアルジュナはその代表的な登場人物。

＊3　一般にヨーガの道の修行者。ここでは特定の流派を指しておらず、真理を深く極めた者というほどの意。

＊4　グルジェフの高弟。第2話参照（111ページ）。

＊5　8世紀頃のヒンドゥー教哲学者、聖者。現在のヒンドゥー教の思想的基盤をつくった。

第四話　行為と行動のデリケートな違い

マハムドラーの詩《うた》は続きます……

からだに於いては何もせずにくつろがせ
口を堅く結びて沈黙を守り
心を空しくして何ものも思わざれ
中空の竹のごと汝のからだをくつろがせ
与えずまた取らず、汝の心を休ませよ
マハムドラーは何ものにも執着せざる心のごとし
かくのごとく行ずるによりて
やがて汝はブッダフッドに至らん

はじめに、〈行動《アクティビティ》〉というものの本性と、その中に隠された流れが理解されなくてはならない。さもなければ、どんなくつろぎも不可能だろう。たとえもしリラックスしたくても、あなたが自分の〈行動〉の本性を観察し、見守り、つかんだことがなかったら、それは不可能だろう。なぜなら、〈行動〉というのは決して単純な現象ではないからだ。

リラックスしたい人はたくさんいる。でも彼らはリラックスできない。くつろぎというのは花が開くようなものだ。それを強要することはできない。あなたはその現象の全体を理解しなくてはならないのだ。なぜ自分はこうも〈行動的〉なのか。なぜこうまで〈行動〉にとらわれているのか。なぜ自分はそれに取り憑かれているのか――。

ふたつの言葉を覚えておきなさい。ひとつは〈行為《アクション》〉、もうひとつは〈行動《アクティビティ》〉だ。行為というのは行動じゃない。行動は行為じゃない。そのふたつの本性は全く正反対なのだ。〈行為〉とは、状況がそれを求めるときあなたがそれを行なうのを言う。あなたはそれに応える。〈行動〉は状況には関係ない。それは感応じゃない。あなたが内面的にあまりにも落ち着かないので、状況は行動的になるためのただの口実になってしまう。

〈行為〉は静かな心から出て来る。それは世の中で最もビューティフルなものだ。〈行動〉は落ち着きのない心から出て来る。それは最も醜い。行為には必ずつじつまがある。行動は無関連だ。行為は瞬間から瞬間へと自然に湧き出て来るもの。行動は過去でいっぱいだ。それは現瞬間に対する感応じゃない。むしろそれは、あなたが過去から運んで来た落ち着きのなさを、現在へと注ぎ込むことにすぎない。行為は創造的だ。行動はとてもとても破壊的だ。それはあなたを破壊する。それは他人も破壊する。そのデリケートな違いを見ようとしてごらん。

たとえば、お腹がすく。そうしたらあなたは食べる。これは〈行為〉だ。しかしお腹などすいていず、空腹なんか全然感じないのに、それでもまだあなたが食べ続けるとしたら、これは〈行動〉だ。こういう食べ方は暴力みたいなものだ。あなたは食べ物を破壊する。

あなたは歯を噛み合わせて食べ物を破壊しているのだ。それはあなたの内なる落ち着きのなさにちょっとした解放を与えはする。あなたは空腹のせいで食べているんじゃない。あなたはただ内的な要求、つまり暴力への衝動で食べているにすぎないのだ。

動物の世界では、暴力は口や手と結びついている。爪と牙《きば》。そのふたつは動物王国では暴力的なものだ。食事の中では、食べるということにおいてそのふたつが結びつく。あなたは手で食べ物を取り、口でそれを食べる。暴力が解放される。

だがそこになんの空腹もなかったら、それは〈行為〉じゃない。それは一種の病いだ。こうした行動は強迫観念的なものなのだ。もちろん、こんなふうに食べ続けられるものじゃないのはあたり前だ。そんなことをしたらあなたは破裂してしまうだろう。そこで人々はいろいろなトリックを発明した。彼らはパーン[*1]やガムを噛む。彼らはたばこを吸う。そういうものは栄養価のないニセの食べ物だ。しかし、それらは暴力に関する限りうまく働いてくれる。

ひとりの男が坐ってパーンを噛んでいる。彼は何をしているんだろう？　彼は誰かを殺しているのだ。心の中に、もし気づけば、彼は人殺しや殺生の夢を持っていて、それでパーンを噛んでいるかもしれないのだ。それ自体はごく無邪気な罪のない行動だ。誰に害を与えているわけでもない。だが自分に対してはとても危険なものだ。なぜならあなた方は、自分が何をしているのかに完全に無意識でいるようだから。

男がひとりたばこを吸っている。彼は何をしているんだろうか? ある意味ではとても無邪気だ。ただ煙を吸い込んでは、それを外に出しているだけ――息を吸って吐いているだけ――。

一種の病的プラナーヤマ[*2]だ(笑)。そして一種の「俗」超越瞑想[*3]だ。彼はマンダラをつくり出している。煙を吸い込み、それを出す。吸い込み、外に出す。ひとつのマンダラができる。「円」――。たばこを吸うことを通じて、彼は一種のチャンティング(詠唱)、リズミカルなチャンティングをやっているのだ。それは心を鎮めてくれる。彼の内面の落ち着かなさはちょっぴり軽くなる。

人に話をしているとき、いつもこれを覚えていてごらん。これはほとんど百パーセント正確だ。もしその人がたばこを探しはじめたら、それは彼が退屈しているという意味だ。すぐさま彼のもとを離れるべきだ（笑）。彼はあなたを放り出したかったのだが、それはできなかった。それはあまりにも無礼だ。彼はタバコを探す。彼は「もうお終い。俺はいや気がさした」と言っているのだ。動物王国ならば、彼はあなたに跳びかかって来たかもしれない。しかしそうはいかない。彼は人間だ。文明化されている。彼はたばこに跳びかかる。彼はたばこを吸いはじめる。もうあなたなんかに構っちゃいない。いまや彼は、自分だけの煙のチャンティングに閉じこもっているのだ。それは心を鎮めてくれる。

だがこうした〈行動〉は、あなたが何かに取り憑かれていることを表わしている。あなたは自分自身でいることができない。あなたは沈黙にとどまることができない。あなたは非行動的であることができない。行動を通して、あなたは自分の狂気を放出し続けているのだ。

〈行為〉はビューティフルだ。〈行為〉は自然な感応としてやって来る。生は感応を必要とする。あらゆる瞬間、あなたは行為しなければならない。だが、その行為は、現瞬間を通してやって来るものだ。お腹がすいたら──食べ物を求めるだろう。喉がかわいたら

――井戸に行く。眠気を感じたら眠る。あなたはトータルな状況の中から行為する。行為というのは自然発生的でトータルなものだ。

〈行動〉は決して内側から湧き出て来るものじゃない。それは〈過去〉からやって来る。あなたはそれを何年もかかって蓄め込んで来たのかもしれない。で、それが現在の中へと炸裂する。それはつじつまが合わない。しかしこれは巧妙だ。心《マインド》はつねにその行動に正当な理屈を見つける。心はつねに、これは〈行動〉じゃないと証明しようとする。これは〈行為〉なんだ。必要だったのだ、と。

突如として、あなたが怒りに燃え立つ。ほかの人はみんな、そんな必要はなかったことに気づいている。状況は決してそれを求めてやしなかった。それは全くつじつまの合うことじゃなかった。わからないのは本人だけだ。

みんなが、「君はいったい何をやってるんだ？　そんな必要はなかったじゃないか。なんで君はそんなに怒ってるんだ？」と感じている。だが、あなたは理屈を探し出すだろう。あなたはそれが必要だったという理由をつける。あなたが自分の狂気に無意識なままでいる手助けをするのは、そういう合理化だ。

そういうのをグルジェフは緩衝器《バッファー》と呼んでいた。あなたは自分の周囲に、理由づけという緩衝器をつくる。状況がどうなっているかに目を開かなくてもいいようにね。緩衝器というのは汽車に使われている。ふたつの車両の間、ふたつの客車の間に、もし急停車があっても、乗客にあまりひどいショックがないように使われているのが緩衝器だ。その緩衝器がショックを吸収してしまう。

あなたの行動というのは、絶えずつじつまをはずれている。だが、合理化という緩衝器があなたがその状況を見ることを許さない。緩衝器があなたを盲目にする。

この手の〈行動〉があとを絶つことがなかったら、もしこういう〈行動〉ががんばっていたら、あなたはリラックスすることなんかできやしない。どうしてリラックスなんかできる？　なにしろ、それは強迫観念じみた〈必要〉なのだ。あなたは何でもいい、とにかく何かをしたがる。「何もしないよりは何かをやれ」と口走り続ける馬鹿者は、世界中いたるところにいる。そして彼らこそ、「空っぽな心は悪魔の仕事場」という諺を世界中にばらまいた完璧な馬鹿者たちなのだ。

そうじゃない。空っぽの心は神の仕事場だ。空っぽの心こそ世の中で最も美しいもの、最も純粋なものだ。いったいどうして空の心が悪魔の仕事場になり得るのか？　悪魔は空の心にはいり込むことなんかできない。不可能だ。悪魔がはいり込めるのは、行動に取り憑かれた心だけだ。そうすれば悪魔はあなたの手綱を握り、あなたに、もっと行動的になるための方法だの手段だのメソッドだのを見せびらかすことができる。

悪魔は絶対「リラックスしろ」などとは言わない。彼が言うのはこうだ、「なんでお前さんは時間を浪費しているんだい？　何かやりなさいよ！　動きなさいよ！　人生は進行中なんだぜ。何かやりなさいよ！」

しかしすべての偉大な教師たち、生の真実に目覚めた教師たちが知るに至ったこと。それは、「空っぽの心は〈聖なるもの〉があなたにはいり込むスペースを与える」ということだ。悪魔に利用されるのは〈行動〉だ。空っぽの心じゃない。どうして悪魔に空の心が使える？彼はあえて近寄ろうともすまい。虚空はただ彼に死をもたらすばかりだからだ。

だがもしあなたが深い衝動、行動的であろうとする狂った衝動を持ってしたら、そのとき悪魔はあなたの支配を握るだろう。そのとき彼はあなたの道案内をするだろう。そのときは彼がただひとりのガイドだ。私はあなた方に、この諺は完全に間違いだと言いたい。それを言い出しだのは悪魔自身に違いない（笑）。

行動的であるうとするこの強迫観念は、よく見つめられなくてはならない。それもあなたはそれを、自分自身の生の中に見つめなくてはならない。というのは、私が言ったりテイロパが言ったりしていることが何であれ、あなたが自分自身の中で、「自分の行動はつじつまが合っていない。そんな行動は必要じゃない。なんで自分はそんなことをやっているのだろう？」というのを見抜かない限り、それは大した意味を持たないだろうからだ。

旅をしていて私は、人々が絶え間なく、同じことを何度も何度もやっているのを見てきた。24時間、汽車の中でひとりの乗客と同席する。彼は何をしていいかわからずに、同じ新聞を何度も何度も読む。まして汽車の客室に閉じ込められてしまったら、あまり行動的になれる可能性はない。そこで彼は同じ新聞を何度も何度も読み、私はそれを見守っている。この男は何をしているのだろうか？　新聞はギータでもバイブルでもない。ギータなら何度でも読める。読むたびに新しい意味があらわになってくるからだ。だが新聞はギータじゃない。一度読んでしまえばお終いだ。一度読む価値もないくらいなのだから――(笑)

それを人々はくり返しくり返し読む。何度でも読み返す。どうしたというのだろう？　それは〈必要〉だろうか？　そうじゃない。彼らは取り憑かれているのだ。彼らは静かにしていられない。非行動的でいられない。そんなことは彼らには不可能だ。それはまるで死だ。彼らは行動的にならないでいられないのだ。

長年の旅は私に、人々に知られずに彼らを見守る多くの機会を与えてくれた。たとえば、あるときは、たったひとりの人しか私と客室をともにしないことがある。すると彼はありとあらゆる努力をして、私を自分としゃべらせようとする。それを私ときたらイエスかノーしか言わない。そうすると彼はその考えをあきらめる。ん？　さあ私は素晴らしい実験を見られることになる。それも無料でね――。

私は彼を見守る。彼はスーツケースを開く。しかし、私には彼が何もしはしないのが見えている。彼はそれをのぞき込んで、閉める。次に彼は窓をあける。そして閉める。今度はもう一度新聞に戻る。それからたばこを吸う。そしてまたスーツケースを開く。中ののを並べなおし、席を立って窓をあける。外を眺める。彼は何をやっているのだろうか？そして、なぜ？　内なる衝動――何かが彼の内部でわなないているのだ。熱病的な心の状態。彼は何かをしないではいられない。さもなければ消えてなくなりそうなのだ。彼は人生においては行動的な男であったに違いない。それがいま、リラックスできる瞬間があるのに、彼にはそれができない。古い習慣ががんばる。

ムガール[*4]の帝王オーランゼーブは、彼の父君をその老年に投獄したと言われている。オーランゼーブの父は、タージマハール[*5]を建てたシャー・ジャハンだ。彼はその父君を、王座からひきずりおろして投獄した。

オーランゼーブの自伝に語りつづられているところによれば、数日の後、シャー・ジャハンは幽閉を気に病まなくなったという。それというのも、そこにはすべてのぜいたくが用意されていたからだ。それはひとつの宮殿だった。そしてシャー・ジャハンは前と変わりなく暮らしたのだ。それは牢獄みたいじゃなかった。彼の必要とするものは完全にすべてそろっていた。が、ただひとつだけ欠けているものがあった。行動だ。彼は何ひとつすることができなかったのだ。

そこで彼は息子のオーランゼーブに尋ねた。「結構じゃ。お前は私のためにあらゆるものを用意してくれた。そして、みな素晴らしいものばかりだ。ただひとつだけ、もしもお前がやってくれたなら、いついつまでも感謝にたえないだろうことがある。それというのは、三〇人の男の子を送り込んではくれまいか？　私はその子たちを教えたいと思う」

オーランゼーブはわが耳を疑った。「なんでまたおやじは、三〇人の男の子を教えたりしたいんだろう？　あの人は一度だって教師的な傾向を見せたことなんかなかった。一度だってどんな種類の教育にも興味を示さなかった。それがどうしたというんだろう？」

が、とにかく彼はその要求を飲むことにした。すると、どうだろう。万事ＯＫになってしまった。シャー・ジャハンはふたたび王様になったのだ。ん？　小さな、三〇人の男の子——小学校に行ってごらん。先生はまるで王様だ。坐れと言われれば、子供たちは坐らなくちゃならない。立てと言われれば、立たなくちゃならない。つまりシャー・ジャハンは、その三〇人の男の子の上に君臨して、その一室に王宮の状況をそっくり再現したわけだ。ただの古い習慣。人々に命令するという古い薬物中毒《ドラッグ》――。

心理学者たちは、教師というのは実際には政治家なのではないかと推察している。もちろん政治に足を突っ込むだけの自信はない。そこで彼らは学校にはいり込む。そして彼らはそこで大統領になり、総理大臣になり、王様になる。小さな子供たち――彼らはその子供たちに命令し、強制する。

で、もうひとつ心理学者たちの説によれば、教師というのはサディスティックになりやすい傾向があるという。彼らはせっかんを好む。そしてそれには小学校よりいい所はない。あなたは罪もない子供たちをせっかんすることができる。それも子供たちのため、彼らが良くなるためだと言ってね。

見に行ってごらん。私も小学生だったことがある。本を読みながら、私は教師連中を見守っていた。その上で、心理学者たちの疑いに私は確信がある。教師たちは確かにせっかん屋だ。そして、世の中にあれほど罪のない小さな犠牲者たちはない。完全に無防備――。彼らは抵抗すらできない。彼らはなんともか弱く無力だ。そこに教師が王者のように立ちはだかる。

オーランゼーブは彼の自伝に、「我が父は、ただ彼の古い習慣から、依然として帝王のようなふりをしたいのだ。それならそうさせようではないか。そして自分で自分を欺かせるのだ。何も悪いことはない。三〇人でも三百人でも好きなだけ送り込み、彼にマデルサ（寺小屋）をやらせて喜ばせておこう」と書いている。

行動というのは、行為に何のつじつまもないときに言う。自分自身を見つめてごらん。そしてエネルギーの九〇パーセントが、行動の中に浪費されているのを見るといい。そしてこれがために、肝腎の行為の瞬間が来たとき、あなたは何のエネルギーも持ち合わせていない。リラックスした人間というのはまったく何の強迫観念も持たない。そこで、彼の中にはエネルギーが蓄まりはじめる。彼は自分のエネルギーを保存する。それは自動的に保存される。そしていざ行為のときがくれば、彼の全実存がその中に流れ込む。

〈行為〉がトータルなのはそのためだ。〈行動〉はいつも半身《はんみ》だ。というのも、どうして自分自身を完全にごまかせる？　あなた自身でさえ、それが役にも立たないものであることを知っている。あなた自身でさえ、自分がそれを、内にある自分にもはっきりしない、ある熱病的な理由でやっていることに気づいている。実にあいまいなものだ。〈行動〉を取り替えることはできる。しかし〈行動〉が〈行為〉へと転換されない限り、それは無益だろう。

人々は私のところにやって来て、「たばこをやめたいのですが」と言う。私はこう答える。「なぜだね？　なんとも素適なTM[*6]じゃないか。続けなさい。それに、もしやめたとしても、あなたはどうせ何かほかのことを始めるだろう。病気というのはその症状を変えても変わりはしないんだから。あなたは代わりにパーンを噛むだろう。ガムを噛むだろう。それにもっと危険なこともいろいろある。そんなのはまだ罪がない。ガムを噛むのは自分で噛むだけだ。愚かしいかもしれないが暴力的じゃない。ほかの誰に対して破壊的なわけでもない。もしガムを噛むのをやめ、たばこをやめたら、そのときあなたはどうするだろう？　あなたの口は行動を必要とする。それは本来、凶暴なものだ。そうしたら今度はあなたはしゃべるだろう。ひっきりなしにしゃべるだろう」。ドウデモイイヨナムダバナシ——

（笑）。そしてそれはずっと危険だ。

ついこの間、ムラ・ナスルディンのかみさんがやって来た。彼女が私に会いに来るのはごくまれなことだ。それだけに彼女がやって来るときには、すぐに何か緊急事態が発生したことがわかる。そこで私は尋ねた。「どうしたね？」三〇分というもの、彼女はこぼしにこぼした。幾千万語――。ムラ・ナスルディンが寝言を言うというのだ。だから何かいい提案はないか。とにかくその寝言は度を過ぎていて同じ部屋では眠れない。大声で叫ぶ、下品なことを言うで大変なんだ、と。そこで私はこう言った。「何ということはない。ただふたりとも起きているときに、彼にしゃべるチャンスを与えればいいだけのことだよ」（笑）

人々はしゃべり続ける。彼らはほかの誰にどんなチャンスも与えない。おしゃべりというのはたばこを吸うのと同じことだ。もしあなたが二四時間しゃべりづめだとしたら……実にしゃべっているんだよ、あなた方は。起きている間にしゃべる。からだが疲れ、あなたが眠りに落ちる。でもおしゃべりは続く。二四時間、時計の針のひとまわり。あなたはしゃべり、しゃべり、しゃべり続ける。これはたばこを吸うようなものだ。現象的には同じことだからね。口が運動を必要としているのだ。

そして口の運動というのは、行動の中でも基本的なものだ。それはあなたが人生で始める最初の行動なのだから。子供が生まれる。その子はお母さんのおっぱいを吸いはじめる。それこそ最初の行動だ。そして根本的な行動だ。そうしてたばこというのはおっぱいを吸うのとそっくりだ。温いミルクが流れ込む。たばこを吸うと温い煙が流れ込む。そして唇のたばこは、ちょうどお母さんのおっぱいみたいだ。乳首——。

もしたばこを吸ったり、ガムを噛んだりの、あれやこれやを許されなかったら、そのときあなたはしゃべるだろう。それはもっと危険なことだ。なぜなら、あなたは自分のちり・・・あくたをほかの人たちの心に投げつけているんだから。

あなたは長い間沈黙を守ることができるかな？　心理学者たちは、もし三週間のあいだ沈黙を守ったら、あなたは自分自身に向かってしゃべりはじめると言う。そのときあなたはふたつに分裂してしまっているのだ。あなたはしゃべり、同時に聞き役にもまわる。そしてもし三か月沈黙を守ろうものなら、あなたは完全に精神病院行きだ。というのは、そのときにはあなたは、そこに誰かがいるかどうかなどに構わないからだ。

あなたはしゃべる。ただしゃべるばかりじゃない、あなたは答えもするだろう。いまやあなたは完璧だ。もう誰にも依存しない。これが狂人の何たるかだ。狂人とは、彼の全世界が彼自身の中へと閉じてしまった人間を言う。彼は話し手であり、そして同時に聞き手だ。彼は役者であり、そして観客なのだ。彼はすべてだ。

彼の全世界は彼自身の中に閉じられている。彼は自分をたくさんの部分に分割してしまっている。そしてあらゆるものが部分的になってしまっている。人々が沈黙を恐れるのはそのためだ。彼らは自分がバラバラになってしまうかもしれないのを知っている。もし沈黙を恐れるとしたら、それはあなたが内面に、絶え間なく行動的であることを要求している、つきものじみた熱病的な心を持っているということだ。

〈行動〉とは、自分自身からの逃避にほかならない。〈行為〉の中にはあなたが在る。〈行動〉の中では、あなたは自分自身から逃避してしまっている。それはドラッグだ。

〈行動〉の中では、あなたは自分を忘れる。そうすれば、そこにはどんな心配も、どんな悩みも、どんな不安もない。あなたが絶え間なく活動的であり、何かかにかしていなければ気が済まないということはあっても、決して〈無為〉というものがあなたの中で花開き咲きほこる、そういう境地がやって来ないのはそのためなのだ。

〈行為〉はいい。〈行動〉はまずい。自分自身の内側で、何が〈行動〉であり、何が〈行為〉であるかという違いを見きわめてごらん。それが第一歩だ。

第二歩は、もっと〈行為〉のほうに身を呈することによって、エネルギーが〈行為〉のほうに移るように図ること。そして〈行動〉が姿を見せたときには、それに関してもっと目を見張り、もっと注意深くなることだ。もしあなたが醒めていたら行動は止む。そしてエネルギーが保存され、その同じエネルギーが〈行為〉となる。

〈行為〉は即時的だ。それは既製品なんかじゃない。それはプレハブじゃない。リハーサルを執り行なったりする機会など与えはしない。〈行為〉はいつも朝露のようにみずみずしく新鮮だ。そして行為の人である人間もまた、つねに新鮮で若い。

からだは歳を取るかもしれない。だが、彼の新鮮さは持続する。からだは死ぬかもしれない。だが、彼の若さは持続する。からだは消え失せるかもしれない。だが、彼は残る。なぜなら、神は新鮮さを愛するからだ。神はつねに新しいもの、新鮮なものの側につく。

もっともっと〈行動〉を落としてゆきなさい。しかし、どうしたらそれを落とせるだろう？　あなたは落とすというそのこと自体を、ひとつの強迫観念にしてしまうこともできる。それが憎院におわす坊さんたちの身の上だ。〈行動〉を落とすということが、彼らの強迫観念になってしまっている。彼らは休む間もなく〈行動〉を落とすために何かしらやっている。祈祷、瞑想、ヨーガ、あれやこれや──。いまやそれもまた〈行動〉だ。そんなやり方で〈行動〉を落とすことはできない。そんなことをしても、きっと裏口から帰って来るだろう。

醒めていなさい。〈行為〉と〈行動〉の違いを感じとるのだ。そして〈行動〉があなたをとらえたとき──実際のところ、それは憑依《ひょうい》と呼ばれるべきだ。〈行動〉が幽霊のようにあなたに取り憑いたとき──行動というのは実に幽霊だ。それは過去からやって来る。それは死んでいるのだ。その〈行動〉に取り憑《つ》かれて、あなたが熱病的になってしまうそのとき、もっと醒めること。それがあなたの為し得るすべてだ。それを見守ること。

たとえもし、あなたがそのことをやらずにはいられないとしても、最大限の覚醒のもとにやること。たばこを吸うなら吸うがいい。ただしごくゆっくりと、自分が何をやっているのかを見られるように。ぎりぎりいっぱいの覚醒のもとに吸うのだ。もしたばこを吸うというそのことを見つめることができれば、突然ある日、たばこはあなたの指から落ちてゆくだろう。その馬鹿らしさのすべてが、あなたの前にあらわになるからだ。それは愚かしい。ただただ愚かしい。白痴じみている。

あなたがはっきりとそれをつかんだとき、たばこはポトンと落ちてゆく。それを投げ捨てるということはできない。なぜなら、投げ捨てるということもひとつの〈行動〉だからだ。私がそれはただ落ちると言うのはそこだ。ちょうど枯れた葉が木から落ちるように、ちょうどそれと同じように、それは落ちてゆく。

もし自分でそれを役げ捨てたのなら、あなたはそれをまた拾い上げることだろう。何か違ったやり方で、何か違った形で——。ものごとに落ちてゆかせなさい。それを落とさないこと。〈行動〉を消え失せさせなさい。それを消そうとは強いないこと。なぜなら、それを消そうと強いるまさにその努力こそ、またしても、もうひとつ別な形の〈行動〉にほかならないからだ。

見守り、気を引き締め、意識的でありなさい。するとあなたは、とてもとても奇跡的な現象に行きあたるだろう。あるものがそれ自身でひとりでに落ちてゆくとき、それはあなたにどんな軌跡も残さないものだ。

もしあなたがそれを強いたら、そのときは軌跡が残る。傷あとが残る。そうしたらあなたはいつも、自分は三十年間たばこを吸い、そしてそれからそれを落としたんだとひけらかすだろう。さあ、この自慢はもとのさやだ。それについてしゃべることで、あなたは同じことをやっているのだ。たしかにたばこは吸ってない。だが自分がたばこをやめたということについて、あまりにもしゃべり過ぎている。あなたの唇はまたも行動中だ。あなたの口が働いている。そこにはあなたの暴力がある。

もし本当に理解したら、ものごとは落ちてゆくものだ。そしてそのときは、自分がそれを落としたのだという手柄を誇ることはできない。それはひとりでに落ちたのだ。あなたが落としたんじゃない。自我《エゴ》はそれを通じて強められたりしない。そうなれば、もっともっと多くの〈行為〉が可能となる。そして、全面的《トータル》に行為する機会があるときには、決してそれを逃さないこと。決してためらわないこと。〈行為〉するのだ。

もっと〈行為〉し、そして〈行動〉をひとりでに落ちてゆかせなさい。だんだんとひとつの変化があなたに訪れるだろう。それには時間がかかる。それには機というものが必要だ。しかしまた急ぐこともない。

さあ経文にはいるとしよう。

からだに於いては何もせずにくつろがせ
口を堅く結びて沈黙を守り
心を空しくして何ものも思わざれ

からだに於いては何もせずにくつろがせ

いまならあなた方も、くつろぎが何を意味するかを理解することができる。それは自分の中に、〈行動〉への衝動がひとつもないということだ。リラックスというのは死人みたいに横たわることじゃない。それに、死人のように横たわることなんかできやしない。ただそのふりができるだけだ。どうして死人みたいに横たわることなんかできる？ あなたは生きているんだよ！ あなたはただそう装うことができるだけだ。

リラックスは、〈行動〉への衝動がなくなったとき、あなたのところへやって来る。エネルギーがどこにも動かずに安らぐ。もしある一定の状況が生ずれば、あなたは〈行為〉するだろう。それだけのことだ。しかしあなたは、何か〈行動〉するための口実を探しまわってはいない。あなたは自分自身にくつろぐ。リラックスとは、わが家にいるときのように気を楽にするということだ。

数年前、私は一冊の本を読んでいた。その本の題は、『あなたはリラックスしなければならない』だ！　これはまったく馬鹿げている。だって、「ねばならない」というのは〈リラックス〉に対立するものなのだから――。だが、こんな本が売れるのはアメリカだけだ。「ねばならない」というのは〈行動〉を意味する。それは強迫観念だ。そこに「ねばならない」があったら、必ずその裏に強迫観念が隠れている。生に〈行為〉はある。しかし「ねばならない」などということはない！　さもなければ、その「ねばならない」は狂気を生むだろう。

「あなたはリラックスしなければならない」！　さあ、リラックスが強迫観念になってしまった。あなたはあれやこれやとポーズをつくり、横になって自分のからだに、爪先から頭のてっぺんまで言い聞かせなくちゃならない。爪先にリラックスするように言い聞かせ、それから上に上がってゆく――。

なぜ「ねばならない」のか？　リラックスとは、あなたの生に、どんな「ねばならない」もなくなったときはじめて、あなたのところにやって来るものだ。リラックスはからだだけのことじゃない。心だけのことでもない。それはあなたのトータルな実存にかかわったものなのだ。

あなたはあまりにも〈行動〉の中にいる。もちろん疲労困憊して、力尽きて、ひからびて、凍りついて、生命エネルギーなど動きやしない。そこにあるのはしこり、しこり、またしこりばかり。そしてあなたが何かことをやるときは必ず、それを狂気の中でやる。リラックスの必要が持ち上がって来るのは当然だ。毎月、毎月、実に多くのリラックスに関する本が書かれているのはそのためだ。それにもかかわらず、私はリラックスに関する本を読んでリラックスした人に、ひとりとしてお目にかかったことがない。よけいに消耗してしまっているだけだ。なぜなら、いまや彼の行動の人生は、丸ごと手つかずになってしまっているからだ。彼の行動的であろうとする強迫観念はそこにある。その病いはちゃんとある。それなのに彼は、リラックスした境地にあるかのごとく装うのだ。

彼は横になる。内なる混乱のすべて——火山がいまにも爆発しそうだ。それでも彼はリラックスしているのだと言う。本に書いてあるリラックス法の指図に従って——。あなた自身の内なる実存を読むよりほかに、あなたがリラックスするのに役立つ本などありはしない。ただしそのときは、リラックスは「ねばならない」ようなものじゃない。リラックスとはひとつの不在、〈行動〉の不在だ。〈行為〉の不在じゃない。だから、ヒマラヤに出かけて行く必要なんかない。ある人々はそれをやってきた。

リラックスするために、彼らはヒマラヤに行く。ヒマラヤに出向く必要などどこにある？〈行為〉を落とすことなんかない。というのは、もし〈行為〉を落としたりしたら、あなたは生を落とすことになるからだ。そうしたらあなたは死んでいる。リラックスしているんじゃない。だからヒマラヤに行くと、リラックスをしているのではなく、死んでいる聖者たちを見ることができる。彼らは生から逃避したのだ。〈行為〉から——。

これは理解されるべき微妙なポイントだ。〈行動〉は立ち去らなくてはならない。が、〈行為〉は違う。そして、両方いっぺんにやるのは簡単なのだ。ふたつとも落としてヒマラヤに逃げ込むことはできる。それは簡単だ。あるいはまた別な道も簡単だ。あなたは〈行動〉の中にいるままで、毎朝、または毎晩数分間、自分にリラックスを強いることだってできる。

あなたは人間の心《マインド》の複雑さを、そのメカニズムを理解していないのだ。リラックスというのはあるひとつの〈境地〉だ。それは強いることなんかできない。あなたはただいろいろな否定的要素、障害物を落とすだけでいい。そうすれば、それはやってくる。それはひとりでに湧き上がってくる。

夜、眠りにつくとき、あなたは何かするだろうか？　何かするかな？　もし何かしたりすれば、不眠になってしまうだろう。あなたは不眠症になってゆくだろう。何をする？　ただ横になり、そして眠り込んでゆくだけのこと。そこには何もすることなんかない。もし何かしたりすれば、眠るのは不可能になってしまうだろう。実際のところ、眠りにつくのに必要なのは、昼間の〈行動〉の心の中にある連続性が不連続になることだけ。それがすべてだ。

心の中に〈行動〉がなければ、心はリラックスして眠りにつく。もし眠りにつくのに何かしようものなら、あなたは途方に暮れてしまうだろう。そんなことをしたら眠りは不可能だ。するなどということは全く必要ない。

ティロパは言う

からだに於いては何もせずにくつろがせ

どんなこともしないでいい。ヨーガのポーズなど何も必要ない。からだを曲げたりねじったりする必要など何もない。〝何もせず〟だ。ただ必要なのは〈行動〉の不在だけなのだ。どうしたらそれがやってくるのだろう？　それは理解によってやってくる。〈理解〉こそ唯一の戒律だ。自分の行動を理解してごらん。

突如として、その行動の真ただ中でも、もしあなたが醒めたなら、それは停止するだろう。もし「なんで自分はそんなことをやっているのか」に醒めたら、それは止むだろう。そしてその停止こそ、ティロパが〝からだに於いては何もせずにくつろがせ〟という言葉で言おうとしていることなのだ。

くつろぎとは何だろうか？　それは、そこではあなたのエネルギーが、未来へも過去へもどこへも動かないひとつの〈境地〉のことだ。エネルギーはただあなたとともにある。自分自身のエネルギーの静寂の淵の中に、その温かみの中に、あなたは包まれる。この瞬間こそすべて、ほかにはどんな瞬間もない。時が止まる——。

そのときこそ、くつろぎというものがある。もし〈時〉があったら、そこにくつろぎなどない。時計がピタリと止まり、どんな〈時〉もない。この瞬間こそすべて。他の何ものも求めない。あなたはただそれを楽しむ。

あたり前のものが楽しまれ得るんだよ。みんなビューティフルなんだから。実際には、何ひとつとしてあたり前のものなどありはしない。もし神が存在するのなら、そのときあらゆるものはあたり前なんかじゃない。

人々は私のところにやって来て聞く。「あなたは神の存在を信じますか？」私はイエスと言う。だって、あらゆるものがこんなにもあたり前じゃないのに、どうしてその中に深い意識がないということがあり得る？ただほんの小さなこと——まだ露が蒸発してしまわないうちに芝生の上を歩く。そしてただ完全にそこを感じる。肌ざわり、芝生の感触、露滴の冷たさ、朝の風、太陽が昇る。ハッピーであるのにそれ以上の何がいるだろう？幸せであるのにそれ以上の何が可能だろう？　夜、ただベッドの冷たいシーツの上に横になり、その肌ざわりを感じる。シーツがだんだんと暖かくなってゆくのを感じる。そしてあなたは暗闇に包まれてゆく。夜の静けさ……目を閉じて、ただ自分自身を感じる。それ以上の何がいるだろう？　too much！　深い感謝が湧き上がってくる。これがリラックスだ。

リラックスとは、この瞬間が充分以上であり、求め、期待され得る以上だということだ。求めるものは何もない。欲し得る充分なもの以上――そのときエネルギーは決してどこへも動かない。それは穏やかな淵となる。自分自身のエネルギーの中に、あなたは溶け去る。

この瞬間こそがリラックスだ。リラックスとはからだのものでも心のものでもない。リラックスとはトータルなものだ。ブッダたちが、「無欲になれ」と言い続けてやまないのはそのためだ。彼らは、もしそこに欲望があったら、リラックスなんかできないのを知っているからだ。

彼らは説き続ける。「死せるものを埋葬せよ」と。それは、もしあなたがあまりにも過去にこだわっていたら、あなたはリラックスすることなんかできないからだ。彼らは説き続ける。「まさにこの瞬間を楽しめ」と。

イエスは言う。「ゆりを見よ。野のゆりを思え。彼らは難儀しない。それなのに彼らはずっと美しい。彼らの光輝はソロモン王を上まわる。彼らはソロモン王もたえて及ばないほどの、もっと美しい気品に包まれている」と。

「見よ。野のゆりを思え」——彼は何を言っているのだろう？　それは、「リラックスなさい。あなたはそのために骨を折ることなんかない」ということだ。実際、何から何まで備わっているのだ。

イエスは、もし〈主〉が、大空の鳥の、動物たちの、野性のけものたちの、木々や植物たちの面倒を見ているのだったら、なんであなたが気を病むのか、と言う。〈主〉はあなたの面倒だって見ようとはしないだろうか、と。これがリラックスだ。なぜ、そんなに未来のことを思い煩うのか？　ゆりたちのことを考えてごらん。ゆりたちを見てごらん。そしてゆりたちのようになってごらん。そうすれば、あなたはリラックスできる。

リラックスというのはあるポーズのことじゃない。リラックスとはあなたのエネルギーのトータルな変換だ。エネルギーはふたつの次元を持ち得る。ひとつは動機づけられ、どこかあるところへ向かう。どこかに目的地がある。いまのこの瞬間はただの手段に過ぎない。そして目的地がどこかほかに、到達されるべきものとしてある。これがあなたのエネルギーのひとつの次元だ。これは〈行動〉の次元、目標指向だ。そのとき、あらゆるものは手段になってしまう。なんとしてでもそのことは成されなくてはならず、あなたは目標に到達しなくてはならない。そうしてはじめてリラックスする。

ところがこの手のエネルギーにとって、その目的地は絶対に来ない。なぜなら、この種のエネルギーは、あらゆる現瞬間を、何か未来に向かうほかのことのための一手段へと転化し続けるものだからだ。その目的地はいつまでたっても地平線上にある。あなたは走り続ける。だが、その距離は同じままだ。

違う！　もうひとつ別な次元のエネルギーがある。それは動機づけされざるお祝いという次元だ。その目的地は〈いま〉と〈ここ〉だ。どこか他のところにある場所じゃない。実際には、あなたが目的地なのだ！　実際には、この瞬間よりほかにどんな完成もない。

「ゆりたちを思え」——あなたが目的地《ゴール》であって、ゴールが未来になく、到達されるべき何ものもなく。むしろあなたはただそれを祝うべきのみであり、あなたはすでに到達している——それがもうある、というとき、それがリラックスだ。動機づけされないエネルギー——。

だから私に言わせれば、世の中には二種類の人間がいる。目標追求者と祝祭者だ。目標指向人間——彼らは狂人だ。彼らはだんだんと狂ってゆく。それも彼らは自分で自分の狂気をつくり出してゆく。そうするとその狂気はそれ自体の慣性を持つことになって、だんだんと彼らはそれに深くのめり込んでゆく。そうやって彼らは完全に道に迷ってしまう。

もうひとつのタイプの人間は目標追求者じゃない。彼は全然、探求者なんかじゃない。彼は祝祭者だ。そして私があなた方に教えているのもこれだ。祝祭者でいること——祝うのだ。すでにもう too much なのだ。

花たちは開いた。鳥たちは歌っている。太陽が空にはある。それを祝うのだ。その上、あなたは息をし、生きている。そしてあなたは意識を持っている。それを祝うのだ。そうすると突然、知らない間に、あなたはリラックスする。もうそこにはどんな緊張もない。もうそこには何の苦痛もない。苦痛になるはずのエネルギーが全部感謝となる。あなたのハート全体が深い感謝で脈打ち続ける。それが祈りだ。それこそが祈りのすべてだ。深い感謝に脈打つハート――。

からだに於いては何もせずにくつろがせ

それについて何をする必要もない。ただ理解するのだ。エネルギーの動き。動機づけされないエネルギーの動きを。それは流れる。ただし、ある目標に向かって流れるんじゃない。それはひとつのお祝いとして流れるのだ。それは動く。が、それはある目標に向かって動くんじゃない。それはそれ自身のあふれんばかりのエネルギーのゆえに動くのだ。

子供が踊りはね、そして走りまわる。その子に「君はどこに行くんだい?」と聞いてごらん。彼はどこに行こうとしているんでもない。彼にはあなたが馬鹿みたいに見えるだろう。子供たちはいつも大人は馬鹿だと思っているものだ。なんていうナンセンスな質問だろう。「君はどこに行くんだい?」なんて――いったいどこかに行かなくちゃいけない必要なんてあるのかね?

子供にはあなたがたの質問に答えることなどできない。そんなことは関係ないのだから――彼は別にどこに行こうとしているわけでもない。彼はただ肩をすくめるばかりだろう。彼は言うだろう。「どこにも」と。

すると目標指向の心は問いつめる。「それならなんで君は走ってるんだい?」というのも、我々大人にとって行動は、それがどこかに行き着いてはじめて筋の通るものだからだ。私はあなた方に言っておこう。行くところなんかどこにもない、とね。〈ここ〉がすべてだ。全存在はこの瞬間において絶頂に達しているのだ。それはこの瞬間の一点に集中しているのだ。全存在はすでに、この瞬間の中に流れ込みつつあるのだ。〈在るところのすべて〉はこの瞬間に流れ込んでいるのだ。〈いま〉と〈ここ〉――。

子供はただただそのエネルギーを楽しんでいる。彼はありあまるものを持っているのだ。彼は走る。どこかに行き着かなくてはならないからではなく、ありあまるものを持っているがために――彼は走らずにいられない。

動機づけなしに、ただ自分のエネルギーのあふれる流れとして行為すること。分かち合うこと——ただし取り引きは駄目だ。かけ合いはしないこと。与えるなら、自分が持っているということから与えなさい。見返りを取るために与えるようなことをしないこと。そんなことをしてもあなたは不幸になるだけだろうから。商人《あきんど》などというものはみんな地獄へ行く。もしあなたが世界一の商人や売人を見たかったら、地獄に行くといい。彼らはそこで見つかるだろう。天国は商人のためのものじゃない。天国は祝祭者のためのものだ。

キリスト教では、くり返しくり返し何世紀もの間、「天使たちは天国で何をするのですか？」ということが問われてきた。これは目標指向の人たちにとっては立派に筋道の立った問いなのだ。「天使たちは天国で何をするか？」——なされるべきことなどありそうにない。そこにはすることなんかないのだ。

ある人がマイスター・エックハルト[*7]に尋ねた。「天使たちは天国で何をするのですか？」彼は言ったものだ。「あなたはなんという馬鹿者だろう。天国は祝うための場所だ。天使たちは何もしはしない。彼らはただ祝う。その光輝を、その荘厳を、その詩を、その開花を、彼らは祝うのだ。彼らは歌い、踊り、祝う」

だが私は、その男がエックハルトの答えに満足したとは思わない。なぜなら、我々にとって行動というものは、それがどこかに導いてくれてはじめて、そこにある目的があってはじめて意味を持つものだからだ。〈行動〉は目標指向であり、〈行為〉は違うということを覚えておきなさい。〈行為〉というのはあふれ出るエネルギーの流れだ。〈行為〉はこの瞬間の中にある。用意されざる、リハーサルされざるひとつの感応——ただ全存在があなたに出会い、直面し、そして感応がやってくる。

鳥たちが歌っている。そこであなたも歌いはじめる。それは〈行動〉じゃない。突然のごとくそれは起こる。突然のごとく、あなたはそれが起こっていることに、自分がハミングしていることに気づく。これが〈行為〉だ。

もしあなたがもっともっと〈行為〉のほうに身を呈し、だんだんと〈行動〉の支配を離れるなら、あなたの人生は変化し、それは深いリラックスとなるだろう。そうしたら、あなたはものごとをして、しかもくつろいだままでいられる。

ブッダというのは決して疲れたりしない。なぜだろう？　彼は行動の人じゃないからだ。彼が持っているもの、それを彼は与える。彼はあふれ出す——。

からだに於いては何もせずにくつろがせ
口を堅く結びて沈黙を守り

口というものは本当にとてもとても重要だ。なぜなら、それは最初の行動が降り立つところだからだ。最初の行動を始めたのはあなたの唇だ。口のまわり、それがあらゆる行動のはじまりだ。あなたは息を吸い込んだ、あなたはうぶ声をあげた、あなたはお母さんのおっぱいをまさぐりだした。それ以来、あなたの口はつねにクレージーな行動の中にあった。ティロパが〈行動〉を理解すること、〈行為〉を理解すること、くつろぎ、そして口を堅く結ぶことを提案するのはそのためだ。

腰をおろして瞑想するとき、沈黙していたいと思うとき、まず最初にやるべきことは口を完全に閉じることだ。もし完全に口を閉じたら、舌が口の上蓋に触れるだろう。上下の唇は完全に閉じる。そして舌が上蓋に触れる。完全に閉じるのだ。だがそれは、いままで私が話してきたことに、すべて従ってはじめてできるのであって、それまでは無理だ。

やることはできるよ。口を閉じるなんていうことはたいした大仕事じゃない。ぴったりと口を閉じて、仏像みたいに坐ることぐらい簡単だ。ただ、それで〈行動〉が止まることはあるまい。内面深く、思考は継続するだろう。そして、もし考えるということが続くなら、あなたは唇に微妙な波動を感じる。ほかの人にはわからないかもしれない。その波動はとても微妙だからだ。だが、もしあなたが考えていたら、そのときは必ず唇が少しふるえているものだ。ごく微妙なふるえだ。あなたが本当にリラックスしたら、そのふるえは止まる。あなたはしゃべっていない。自分の内側でどんな〈行動〉もしていないのだ。

口を堅く結びて沈黙を守り

そしたら今度は考えないこと。どうしたらいい？　想念は行ったり来たり忙しい。それは行き来するにまかせなさい。問題はそこじゃない。肝腎なのは、あなたが巻き込まれないことだ。あなたは超然として離れていればいい。あなたはただ、やっこさんたちの往来を見守っていればいいのだ。

彼らはあなたの関わるところじゃない。口を閉じて、沈黙にとどまりなさい。だんだんと想念は自動的に止んでいく。彼らがそこに存在するためにはあなたの協力が必要なのだ。もしあなたが協力したら、彼らはそこにいるだろう。もしあなたが戦ったら、そのときもまた彼らはそこにいるだろう。なぜなら、それは両方とも協力だからだ。ひとつは味方で、もうひとつは敵対だが、両方とも〈行動〉のうちにはいる。あなたはただ見守るだけでいい。ただし口を閉じることはとても役に立つ。

まずはじめに——大勢の人々を観察した経験から、私はあなた方に、まず最初にあくびをすること、口を広がるだけ大きく開けることをすすめる。口をできるだけ広げて緊張させる。完全にあくびをするのだ。これには痛みさえ伴うだろう。二、三回これをやる。これは口を長い間閉じるのにいい。そして次に二、三分間、大きな声ででたらめを言ってごらん。ナンセンスだ。何でもいい心に浮かんでくること、それを大きな声でしゃべって楽しむ。それから口を閉じる。

これは、つねに反対の端から行くということだ。もし手をリラックスしたければ、まずそれをできる限り緊張させたほうがいい。こぶしを握りしめて、それを固くなるだけ固くする。ちょうど反対のことをやって、それからリラックスするのだ。そうすれば、あなたはより深い神経組織のリラックスを得る。

いろいろな顔のジェスチャーをつくって、顔の運動をし、ゆがめ、あくびをし、二、三分ナンセンスなことをしゃべって、それから口を閉じる。この緊張はあなたに、唇と口をリラックスさせる、より深い可能性を与えてくれるだろう。口を閉じ、そしてあとはただ・・・ものみでいればいい。やがて沈黙があなたの上に降りて来るだろう。

沈黙には二種類ある。ひとつはあなたが自分自身に強要できる沈黙だ。それはあまり穏やかなしろものじゃない。それは暴力だ。それは心に対する一種の強姦だ。それは侵略的なものだ。

だがもうひとつ、夜のしじまが降りるようにあなたの上に降りて来る、別な種類の沈黙がある。それはあなたに出会う。それはあなたを覆い包む。あなたはただそのための可能性を、受容性をつくるだけでいい。そうすれば、それはやって来る。

口を閉じて見守る。沈黙しようなどとしないこと。もしそうしようとすれば、何分間かの沈黙を強要することはできる。だが、そんなものはなんの価値もあるまい。内側では、あなたは煮えくり返っているままだ。

だから沈黙しようなどとしないこと。あなたはその状況を、つまり土壌をつくって種を置き、そして待つのだ。

心を空しくて何ものも思わざれ

心を空《から》にするのにはどうしたらいい？　想念がやって来るのを、あなたは見守るのだ。それもひとつ用心して見守ること。その見守るということは受動的でなくてはいけない。能動的でなくね。ん？　ここのところは微妙なメカニズムだよ。すべてを理解しなくてはならないのだ。さもなければ、あなたはどこで失敗するとも限らない。そしてもしわずかな点でも逃がしたら、ことの全体がその質を変えてしまうのだ。

見守ること。能動的でなく受け身で見守ること。どこが違うと思う？　あなたがガールフレンドか、あるいは恋人を待っているとしよう。そのときには、あなたは能動的に見守っている。誰かがドアのそばを通りかかっただけで、あなたは飛び上がって彼女が来たかどうか見に行く。ただ木の葉が風に舞っただけで、あなたはきっと彼女が来たのだと感じる。あなたは跳び上がってばかりいる。あなたの心はとても熱っぽい。能動的だ。

駄目だ。これは役に立つまい。もしあまりにも熱っぽすぎたり、あまりにも能動的すぎたりしたら、それはあなたをティロパの沈黙や私の沈黙に導いてはくれまい。

受け身でいなさい。川のほとりに坐り、川が流れ、あなたはただそれを見守るように——。そこにはどんな熱っぽさも、どんな緊迫も、どんな緊急事態もない。誰もあなたを脅迫してなんかいないのだ。たとえもし逃したとしても、逃されるようなものなど何もあるわけじゃない。あなたはただ見守ればいい。ただ眺めるのだ。

「見守る」という言葉はいい。ん？　だって、「見守る」という言葉には受け身な感覚があるからね。ただ眺めること。何といってやるべきことも持たずに、ただ〈川〉のほとりに坐るのだ。眺めてごらん。川はその足もとを流れて行く。あるいは、〈空〉を眺めれば、雲たちが漂って行く。

ただし、受動的に眺めるんだよ。この受動性は、必ず理解されなくてはならないとてもとても大切なところだ。というのは、〈行動〉に向かうあなたの脅迫観念は、熱っぽさにも、能動的な待ち方にもなり得るからだ。そうなったら、あなたは、ポイントを丸ごと見逃してしまうことになる。そうなったら、〈行動〉がまたもや裏口からはいって来てしまっているのだ。受動的なもののみでありなさい。

心を空しくして何ものも思わざれ

この受動性が自動的にあなたの心を空《から》にしてくれる。〈行動〉のさざ波、心のエネルギーのさざ波はだんだんと鎮まってゆくだろう。そして、あなたの意識には全面、ひとつのうねりもなく、ひとつのさざ波もなくなるだろう。それは沈静した一枚の鏡のようになる。

中空の竹のごと汝のからだをくつろがせ

これはティロパの特別なメソッドのひとつだ。あらゆるマスターたちは、それぞれ、それを通じて自分が成就し、それを通じて他の者たちをも助けようとする、その人独自の特別なメソッドを持っている。これはティロパの特製品だ。

中空の竹のごと汝のからだをくつろがせ

内側が完全に中空になった一本の竹。休むときに、ちょっと自分が一本の竹であるかのように感じてみてごらん。内側の完全に空っぽになった竹だ。そして、これは事実そうなのだよ。あなたのからだはちょうど竹みたいなものだ。そしてその内側は中空だ。皮膚、骨、血液——みな竹の一部だ。しかし内側には中空の空間《スペース》がある。

あなたが完全に口を沈黙させて坐っているとき。非行動的――舌は口蓋に触れて静かだ。想念にふるえてはいない。心《マインド》は受動的に見守り、特別何を待ってもいない。一本の竹のような感じ――。

するとそのとき突然、無限のエネルギーがあなたの中に注がれはじめる。あなたは〈知られざるもの〉によって、〈神秘なるもの〉によって、〈聖なるもの〉によって満たされる。中空の竹は一本の竹笛となる。そして〈聖なるもの〉がそれを奏ではじめる。

いったんあなたが空《から》になったら、そのときは〈神〉があなたの中にはいり込むのを妨《さまた》げるようなものは何もない。試してごらん。これは最もビューティフルな瞑想のひとつだ。一本の中空の竹になるという瞑想――。

ほかに何をする必要もない。ただこれになるだけのこと。そうすれば、ほかのすべては起こる。突如としてあなたは、何かが自分のうつろな空間の中に降りてくるのを感じる。あなたは子宮のようになって、そこへ新しい生命がはいり込む。ひとつぶの種が落ちる。

そして、その竹が完全に消え失せる瞬間がやってくる。

中空の竹のごと汝のからだをくつろがせ

〝くつろがせ〟

神秘的な事柄を追い求めても駄目だ。天国を求めないこと。神といえども求めないこと。神は追い求められ得ないものだ。あなたが無欲であるとき、彼があなたを訪れるのだ。解脱は追い求められ得ない。なぜなら、その欲望こそが鎖だからだ。あなたが無欲であるとき、あなたは解放されているのだ。ブッダフッドは追い求められ得ない。なぜなら、欲望するということ自体が障害物になっているからだ。その障壁《バリアー》がなくなったとき、突如としてブッダがあなたの中で炸裂する。あなたはすでに種を持っているのだ。あなたが空っぽになったとき、そこにスペースが生まれ、その種がはじける。

中空の竹のごと汝のからだをくつろがせ
与えずまた取らず、汝の心を休ませよ

与えるものなど何もないし、得るものなど何もない。すべてはそのあるがままで完璧にＯＫなのだ。どんなやり取りの必要もない。あなたはあなたのそのあるがままで絶対的に完璧なのだ。

東洋のこの教えは西洋では非常に誤解されてきた。彼らは、「これは何という教えだろう？」と言う。「そうしたら人々は努力しようとしないじゃないか。そうしたら人々はより高い所へ進もうとしないじゃないか。そうしたらみんなは、自分の人格を変えたり、自分の悪の道を善の道に転換したりする努力を、これっぽっちもしないじゃないか。そんなことをしたら、みんなは悪魔の餌食になりかねない」というわけだ。西洋では「自分自身を改善せよ」というのがスローガンだ。

この世に関してでも、あの世に関してでも、とにかく「改善せよ」とくる。どうやって

改善するか。どうやってもっと偉大になったり、もっと大物になったりするか——。

東洋では我々はこれをもっと深く、まさにこの何かになろうとする努力自体が障壁《バリアー》なのだと見る。なぜなら、あなたの〈実存〉は、あなたがすでに宿しているものだからだ。何になる必要もないのだ。ただ自分が何者であるかに気づくこと。それがすべてだ。ただあなたの内に誰が隠れているのかを知ること——。

「改善」?!　何を改善したところで、あなたはいつまでも不安と不幸から逃れられまい。なぜなら、改善しようというまさにその努力自体、あなたをあらぬ道に導いているのだから。あなたが〈未来〉に意味を持たせ、〈目的地〉に意味を持たせ、〈理想〉に意味を持たせる。そうして、あなたの心は欲望と化す。欲望して、あなたは道を誤る。

欲望を鎮まらせなさい。無欲望の静寂の淵になるのだ。すると突然、あなたはびっくりする。思いもかけずにそれがそこにある。あなたは腹の底から笑うに違いない。ボーディダルマが笑ったように——ボーディダルマの門人たちは、「あなたがふたたび沈黙したら、彼の割れんばかりの笑い声を耳にできる」と言う。彼はいまもなお笑っているのだ。彼はあれ以来、笑いを止めていないのだ。

彼が笑ったのはこういうことだ。「なんという冗談《ジョーク》だろう？　あなたはすでにあなたがなろうとしているそれなのだ。もしすでにそれであるのに、しかもそれになろうと力んでいるのだとしたら、どうしてうまくいくはずがあろう？　破綻は絶対に確実だ。どうして、自分がすでにそうであるものになるなんてことができる？」

だからボーディダルマは笑った。ボーディダルマはきっかり正確に、ティロパと同時代人だった。[*8]　彼らはお互いに知り合っていたかもしれない。たぶん肉体的にではないだろうが、彼らはお互いに知り合っていたに違いない。同質の実存――。

与えずまた取らず、汝の心を休ませよ
マハムドラーは何ものにも執着せざる心のごとし

あなたは成就しているのだ。もしも執着さえしなければね。手中の無――それでもうあなたは成就しているのだ。

マハムドラーは何ものにも執着せざる心のごとし
かくのごとく行ずるによりて
やがて汝はブッダフッドに至らん

それなら何が行ぜられるべきなのだろう？　もっともっと気を楽にすること。もっともっと〈いま〉と〈ここ〉にいること。もっともっと〈行為〉の中にいて、もっともっと〈行動〉を離れること。もっともっと中空に、虚空に、受け身になること。もっともっとひとりのもののみでいること。無関心だ。

何ものも期待せず、何ものも求めない。あるがままの自分自身にハッピーでいること。祝っていること。そうなればいつなんどきにでも、ものごとが熟し、しかるべき季節がやって来さえすればいつなんどきにでも、あなたはブッダの中へと花開く。

Enough for today?
（今日はこのぐらいでいいかな？）

＊1　キンマ（コショウ科）という木の葉にビンロウジュの実など各種のスパイスをくるんだ嗜好品で、インド人はチューインガムのように始終これを噛んでいる。

＊2　ヨーガの代表的な呼吸法。宇宙に遍満する生命気（プラーナ）と肉体の調和を図る。

＊3　超越瞑想（Transcendental Meditation）とは、かつてビートルズなどが弟子入りして世界的に有名になったマハリシ・マヘーシュ・ヨーギの教えているメソッド。単純なマントラ（真言）をくり返すことによって心の平和と肉体の健康が達成できると唱え、欧米で大変人気がある。

＊4　中世インドのイスラム帝国。十六世紀アクバル帝在位当時はインド全土を統治する大帝国だったが、十九世紀半ば、イギリスの侵略に伴って滅びる。

＊5　十七世紀、ムガール帝国の王者シャー・ジャハンが亡き妃のために建てた廟堂。イスラム建築の頂点を示す作品。

＊6　前出、超越瞑想（Transcendental Meditation）の略。

＊7　十四世紀ドイツのキリスト教神秘家・神学者。「神人合一」というキリスト教にあっては異端的な説を唱えた。

＊8　ある夜のダルシャン（面接）で、このあたりは多少史実に反するのではないかと訳者は質問した。これに対するOSHOの回答は、この本全体に関わる良きメッセージになると思うので、「巻末」にそれを訳出した。

第五話　タントラは偉大なイエスマンだ

「マハムドラーの詩《うた》」はまた続きます……

真言《マントラ》、波羅蜜多《パラミタ》[＊1]の行
経文、訓戒の示すところ
宗門、聖典の教えも
甚深の真理の実現をもたらすことなし
欲望に満たされし心の
目標を追わざるを得ざれば
そはただ光を隠すのみなるがゆえに

いまだ識別を離れずしてタントラ教理を持する者
三摩耶《サマヤ》[＊2]の精神にそむくなり
すべての行動を止《や》め、すべての欲望を避けよ
あらしめよ、思考の
大海の波のごとく浮き沈むがままに
たえて無安住と
並びに無差別の原理をそこなわざる者
タントラ教理をささげ持つなり

切望を避け
かれこれに執着せざる者
聖典の真意を知るなり

＊1 パラミタ行とは、神秘的な力を持つとされる一定の語句を唱えること。
Paramita とは、大乗仏教の修行の根本をなす覚醒による「行為の完成」。
ふつう「六波羅蜜」といって６種類のテーマがある。

＊2 Samaya タントラの道によって得られる不意の悟覚、あるいはその探究。

タントラの姿勢こそ、まさにティロパの実存そのものだ。あなた方はまず、タントラの姿勢とは何かを理解しなくてはならない。そうしてはじめて、ティロパの言わんとすることが理解できるようになるだろう。そこで、タントラの姿勢について少し——。

ひとつ。それは〈姿勢〉じゃない。なぜなら、タントラは生をトータルな視野のもとに見るからだ。それは生を見るどんな〈姿勢〉も持ってはいない。それはどんな概念も持たない。それは哲学じゃない。それは宗教ですらない。それはどんな神学も持たない。それは言葉を、理論を、教理を信じない。それは生を、どんな哲学もなしに、どんな理論もなしに、どんな神学もなしに見ようとする。それは生をそのあるがままに、どんな心《マインド》の介在もなしに見ようとする。さもなければゆがんでしまうからだ。そんなことをしたら心が投影をし、心が混じり込み、あなたは〈存在するそれ〉を知ることができないだろうからだ。

タントラは心《マインド》を回避する。そして、生と真正面から向かい合う。これは良いとも考えず、あるいはこれは悪いとも考えず、ただ、〈在るそのもの〉に向かうのだ。それを〈姿勢〉だと言うのは難しい。実際にはそれは〈無姿勢〉なのだ。

心にとめておくべき二つめのこと。それはタントラは偉大な〈イエスマン〉だということだ。それはあらゆるものに「イエス」と言う。それは「ノー」などというものを持たない。その辞書には否定などというものがない。それはどんなものにも決して「ノー」を言わない。なぜなら、「ノー」とともに戦いが始まるからだ。「ノー」とともにあなたは自我《エゴ》と化す。何かに「ノー」と言ったその瞬間、あなたはすでに自我《エゴ》と化してしまっているのだ。闘争が介入する。もうあなたは交戦中だ。

タントラは愛する。それも無条件に愛する。それはどんなものであろうと関係なく、絶対に「ノー」を言わない。なぜなら、あらゆるものはすべて〈全体〉の一部だからだ。それに、あらゆるものはその〈全体〉の中でそれ自身の持ち場がある。そして〈全体〉は、そこから何が欠けても存在することができないのだ。

たとえもし一滴の水が欠けただけでも、存在の全体が渇するとさえ言われている。あなたが庭で花を一輪ちぎったら、あなたは全存在から何かをちぎり取ったことになる。あなたたは花を傷《いた》め、同時に何百万という星々を痛めつけたことになる。あらゆるものは相互に関連しているからだ。

〈全体〉は〈全体〉として存在しているのだ。ひとつの有機的なつながりを持った〈全体〉として——。〈全体〉は機械的なものとして存在しているんじゃない。あらゆるものはあらゆるほかのものにつながっている。

タントラは無条件に「イエス」と言う。どんな条件もなしに「うん」とうなずく生のヴィジョンは、いまだかつて決してほかにはなかった。ただただ「イエス」——。「ノー」は消え失せる。まさにあなたの実存そのものから、「ノー」は消え失せる。

そこにひとつの「ノー」もなかったら、どうして戦うことなんかできる？　どうして戦《いくさ》を交えることなんかできる？　あなたはただ漂うだけだ。ただ交わり溶け合うだけだ。あなたは〈ひとつ〉になる。境界線などというものはもうない。「ノー」が境界線を作り出すのだ。「ノー」こそがあなたを取り囲む国境線だ。自分が「ノー」と言うとき、よく見てごらん。あっという間に何かが閉じる。反対に「イエス」と言うときには必ず、あなたの実存は開くものだ。

本当の無神論者とは生に対して「ノー」と言い続ける人のことだ。彼が神に対して「ノー」と言うのはただの象徴にすぎない。あなたは神の存在を信じている人かもしれない。だが、もしあなたが何かに「ノー」と言うようなら、あなたのその信心などなんの価値もない。あなたの神様なんかペテンにすぎない。なぜなら、トータルな「イエス」だけが本当の神をつくり出すからだ。本当の神を露《あら》わにするからだ。あなたが存在に対してトータルな「イエス」を言うとき、全存在は突如として転換される。そのときそこにはもう岩もなく、木々もなく、人々もおらず、川もなく、山々もない。突如としてあらゆるものがひとつとなる。そして、その一元性こそが神なのだ。

本当の有神論者とは、あらゆるものに対して「イエス」と言う人のことだ。神に対してだけじゃない――。心《マインド》というのは実にずる賢いものだ。あなたは神には「イエス」と言い、世界には「ノー」と言って済ますこともできる。これは現実に起こっていることだよ。

何百万という人たちが、これがために彼らの全生活を捨ててきた。彼らは神に対しては「イエス」と言い、世界に対しては「ノー」と言った。実際には彼らは、〈世間〉に対して「ノー」と言わない限り、どうして神に「イエス」を言えようかと考えている。彼らはひとつ仕切りをつくる。彼らは〈世間〉を否定するのだ。神を受け容れるために——。

しかし、否定の上に立った容認など全く容認なんかじゃない。それは嘘だ。それは見せかけだ。その〈創造物〉を受け容れずして、どうして〈創造主〉を受け容れることができる？　もし〈創造物〉に対して「ノー」と言ったら、どうして〈創造主〉に「イエス」と言うことができる？　そのふたつはひとつなんだよ。創造主とその創造物とはふたつの別々なものじゃない。創造主は創造物なのだ。

実際のところ、創造主とその創造との間にはなんの仕切りもない。それは〈創造性〉という絶えざるプロセスだ。一方の極において、その創造性は創造者のように見える。もう一方の極において、その創造性は創造物として映る。しかしそのふたつは同じ現象の両極にほかならない。タントラは、もし「イエス」を言うならただ「イエス」と言えと説く。

それをある「ノー」に対立したものとして置くな、と。

ところが、一切の宗教がそれをやってきた。彼らは世界に対して「ノー」と言い、神には「イエス」と言う。しかも、彼らは世間に対して強引に「ノー」を言うことによって、自分の「イエス」を強めようとする。

いわゆる聖者たちの中には、「神よ、私たちはあなたは受け容れますが、あなたの世界は認めません」などと語っている人が多勢いる。しかし、これはなんという受け容れ方だろう？　いったいこれで受け容れていることになるだろうか？　あなたは選んでいるのだ。あなたは存在をふたつに区分けしているのだ。あなたは自分自身を神より上に置いているのだ。あなたは、これは受け容れあれは拒否すると言う。世捨てというのはすべてここから出て来る。世を捨てるような人は宗教的な人間じゃない。

タントラの見地では、世を捨てるのはエゴイストだ。最初、彼は世間の物をかき集めていた。彼の注意は世間に注がれていた。今度、彼は世を捨てた。しかし彼の注意はまたしても世間に向けられている。そして彼は相も変わらずエゴイストのままだ。自我《エゴ》にはそれ自身を満足させる巧妙な道があって、何回も何回もらせん形を成して戻ってくる。何度でも何度でも帰ってくるのだ。新たな顔をつけ、新しい色合いで——。

あるとき私が自分の村にいたころ、ムラ・ナスルディンが訪ねてきた。彼は当時、首都のニューデリーに住んでいたのだが、その首都に大のご満悦で、ほかの場所には目もくれなかった。私が彼を村の小さな砦に連れて行くと、彼は言う。「なんだって？　君らはこれを砦って言うつもりかい？　ニューデリーに来て〝赤の砦〟を見なきゃ駄目だよ。こんなのお話にならないぜ」

川に連れて行けばこうだ。「なんだって？　君らはこれを川っていうのかい？　ぼくは生まれてこのかた、こんなに生気のない細々とした川なんか見たことがないぜ」。そしてどこへ行ってもこの始末だった。

そうするうちに満月の晩がやって来た。私は少なくとも満月には彼も機嫌をよくして、その村の小さいのをどうこう言うまいと思っていた。ところが駄目だった。私の間違いだった。私は彼を川辺に連れて行った。それは素晴らしい静かな晩だった。そして月が昇ってきた――とても大きくて、ただただ素晴らしいものだった。私がナスルディンを見て、「ごらん、なんて大きな月だろう」と言うと、彼は月を見て肩をすくめるとこうきたもんだ。
「こんなちっぽけな村にしちゃあ悪くないな」(笑)

これが心《マインド》というものだ。心は固執する。それはらせんを成して何度でも何度でも同じところに戻ってくる。世を捨てることはできる。が、それであなたがあの世のものになることはあるまい。あなたはごく世間的なままだろう。

もし確かめたければ、インド中にいる坊さんやサドゥー[*1]たちのところへ行ってごらん。彼らはとてもとても世間的だ。世間に根がらみにされている。彼らはあらゆるものを捨てた。しかし彼らの焦点は世間にある。彼らの焦点は捨てるということにあるのだ。彼らの焦点は自我《エゴ》中心、自我《エゴ》指向だ。彼らは捨てるということによって、自分が神に近づいていると思っているのかもしれない。が、駄目だ! いまだかつてなんぴとも、何かに「ノー」を言うことによって神に至ったためしはない。これがタントラのヴィジョンだ。

タントラは「イエス」と言えと言う。あらゆるものに「イエス」と言え、と。闘う必要なんかないのだ。泳ぐことすらも必要じゃない。ただ流れといっしょに漂うのだ。〈川〉はそれ自身でひとりでに流れている。あらゆるものが必ず究極の大洋に至る。あなたはただどんな妨害もしないことだ。

〈川〉を押し進めたりすることはない。ただそれといっしょに行けばいいのだ。〈川〉といっしょに行くというそのこと。〈川〉とともに漂うこと。〈川〉とともにくつろぐこと。それがタントラだ。

もし「イエス」と言えれば、深い容認があなたに起こる。「イエス」と言ったら、あなたはどうしてぶつぶつ不平を言えよう？　どうして不幸でいられよう？　そのとき、すべてはそのあるべき姿である。闘わない。拒絶もしない。受け容れてごらん。そして覚えておくこと。この受容はあたり前の受容とは違う。普通、人が状況を受け容れるのは、手も足も出ないと感じるときだ。それは無力な受容だ。それはあなたをどこへ導いてもくれまい。無力さがあなたをどこかへ連れて行ってくれるなどということはあり得ない。手も足も出せず、その状況を受け容れる人間——。どうすることもできない。で、どうするか？　じゃあ、少なくとも受け容れようというわけだ。メンツを保つために——。

タントラの受容はその手の受容じゃない。タントラの受容はあふれんばかりの充足からくる。それは奥深い安心から来るのだ。絶望や欲求不満や、手も足も出ない無力さからじゃない。それは「ノー」を言わないとき、突如としてあなたの中に出現するものだ。あなたの全実存が深い安心と化す。そうした受容には独特の美しさがある。それは押しつけられたものじゃない。あなたはそれを稽古したわけでもない。もし稽古したりすれば、それはインチキになってしまうだろう。偽善になってしまうだろう。

もし稽古したりすれば、あなたはふたつに分裂してしまうだろう。外面的にはそれは受容かもしれない。が、底のほうには混乱や否定や拒絶がある。奥底では、いまにも爆発しそうに煮えくり返っているのだ。表面でだけ、あなたは万事ＯＫに見せかける。

タントラの受容はトータルだ。それはあなたを分割したりしない。世界中のあらゆる宗教がタントラだけを例外にして、分裂人格をつくり出してきた。世界中のあらゆる宗教がタントラだけを除いて、精神分裂をつくり出してきた。彼らはあなたを分裂させてしまう。彼らはあなたの中に悪い何かと良い何かをつくっておいて、その善なるものが達成されるべきであり、悪のほうは否定されなくてはならないと言う。悪魔は否定され、神は受け容れられなくてはならないと言う。彼らはあなたの内に分裂と、そして闘いをつくり出す。

そうするとあなたは、絶えず罪悪感を感じ続けることになる。だって自分と有機的にひとつであるその一部分を、どうして壊滅させることなんかできる？　あなたはそれを悪と呼ぶかもしれない。それをさんざん悪く言うかもしれない。だが、そんなことをしてもどうにもならない。どうしてそれを壊滅させてしまうことなんかできるものか？　それはあなたがつくり出したものじゃないんだよ。それはただそこに置いてあっただけだ。

そこには怒りもあるし、セックスもある、強欲だってある。そういうものはあなたがつくり出したわけじゃない。それはみんな生の設定事実なのだ。ちょうどあなたの目や手足と同じようにね。名前はどうにでもつけられる。汚いとかきれいだとか、なんだっていい。だが、それをもみ消してしまうことだけはできない。存在から抹殺され得るものなど何もない。なにひとつ壊滅させられっこないのだ。

タントラは、転換は可能だと言う。しかし壊滅は――駄目だ。で、その転換は、あなたが自分のトータルな実存を受け容れたときにくる。すると突然、何から何まで整理がつく。あらゆることが定位置におさまる。そうしたら怒りだってやっぱり吸収される。そうしたら強欲もやっぱり吸収される。そのときは、自分の実存からなにひとつ切り捨てようとしなくても、あなたの全実存がひとりでに再編成する。

もしあなたが受け容れて「イエス」と言えば、再編成が起こるのだ。そして、以前やかましい内的喧騒のあったところに、今度はメロディーが、ひとつの音楽が生まれる。ハーモニーがはいってくるのだ。騒音とハーモニーではどこが違うと思う？　同じ音波が違った編成のされ方をするのだ。騒音の中にはどこにも中心《センター》がない。音程は同じだ。

狂人がピアノを弾くとしよう。音程は同じだ。音は同じなのだ。ただ狂人が弾いている。そこには中心《センター》がない。もし騒音に中心を与えられれば、それは音楽になる。そのときには、それはひとつの中心のもとにまとまって、すべてが有機的なつながりを持つようになる。もし狂人がピアノを弾こうものなら、今度はあらゆる音が分離し、独立してしまう。それは音の雑沓だ。メロディーじゃない。

それをミュージシャンが、同じピアノを同じ十本の指で弾くとなると、そこに錬金術的変化が訪れる。今度は同じ調律の音階がひとつのパターンを成しているのだ。同じ音階がひとつの有機的統一のもとに結び合わされているのだ。もうそこには中心《センター》がある。もうそれは雑沓じゃない。いまそれはひとつのファミリーだ。微妙な愛がそれをひとつに結びつける。いまそれはひとつだ。そして、それがすべての鍵なのだ。さまざまな音を愛の現象へといざなって、それらが調和を成す――。

タントラは言う、あなたは今現在のあなたのままでは雑音だ。どこもおかしいところがあるわけじゃない。ただ中心《センター》を持っていないだけだ、と。それがいちど中心を持てば、すべて整理がつくものだ。そして何から何までビューティフルになる。

グルジェフが腹を立てるとき、それはビューティフルだ。あなたが怒るとき、それは醜い。怒り自体は醜くも美しくもない。イエスが怒るとき、それは全くの音楽だ。怒りでさえも――。イエスが鞭《むち》を手に取り、寺院から商人たちを追い払うとき[*2]、それには微妙な美しさがある。

仏陀でさえ、その美しさは欠いている。それに比べると、仏陀はあまりにも一面的に見える。彼の中では、まるで怒りがその役を演ずることはないようだ。怒りの張り、その塩味がないのだ。仏陀はイエスほどおいしくない（笑）。イエスはその中にちょっぴり塩味を含んでいる。彼は腹を立てることができる。怒りでさえ、彼の全実存の一部になっている。何ひとつ否定されていない。すべてが受け容れられている。

だが、ティロパは比べようがない。イエスなんかお話にもならない（笑）。タントラのマスターたちというのは、まったく野生の花々だ。彼らはすべてを備えている。あなたはボーディダルマの絵を見たことがあるに違いない。もし見たことがなかったら、一度よく見てごらん。

なんとも凶暴で、もしダルマの絵に夜中ひとりで瞑想しようものなら、眠れなくなってしまうくらいだ。彼はあなたにつきまとうだろう。彼がひとたび誰かを見据えようものなら、その人は絶えず悪夢にうなされたなどということが、まことしやかに語られている。彼がつきまとう。まさにその一目がなんとも凶暴なのだ。ボーディダルマやティロパがしゃべろうものなら、それはライオンの咆哮のようだとも言われている。雷雲、すさまじい滝——野性だ。火のようだ。

しかしちょっと待って、あまりにも性急に彼らを判断するようなことをしなければ、あなたは彼らの中に、生きとし生けるものの中で、最も愛に満ちたハートを見出すことだろう。そのときあなたは音楽を、メロディーを、彼らの中に感じるだろう。そうして突然、彼らがどんなものも否定していなかったのだということに気づく。彼らはすべてを吸収してしまったのだ。凶暴性さえも——。ライオンはビューティフルだ。その凶暴性さえそれなりの美しさを持っている。ライオンから凶暴性を取ってごらん。それはただの張り子の死んだライオンだ。

タントラはすべてが吸収されなくてはならないと言う。すべてだ。覚えておきなさい。どんな条件もなしにだよ。セックスは吸収されなくてはならない。そうしたら、それはあなたの中ですさまじい力になる。

仏陀、ティロパ、イエス——彼らはそのまわりに大変な磁力を持っている。それは何だろう? セックスの吸収されたものだ。セックスというのは人間磁気だ。あっという間にあなたは愛のとりこになってしまう。一度彼らと道を交えようものなら、あなたは全く別な世界のほうに引き込まれてしまう。あなたは自分の古い世界から引きはがされ、何か新しい、夢に見たこともなかったようなものへと引き込まれてゆく。

この力は何なのだろう？　それは同じセックスの転換されたものなのだ。いまそれはひとつの磁力になっている。カリスマ——。仏陀には怒りの吸収されたものがある。まさにその怒りが慈悲になっているのだ。そしてイエスが手に鞭を取るとき、それは慈悲から来るものだ。イエスが烈火のごとくしゃべるとき、それも同じ慈悲なのだ。

タントラはあなたを、あなたの全体性において受け容れるのだと言う。これを覚えておきなさい。あなたが私のところへ来るとき、私はあなたを、あなたの全体性において受け容れる。私はあなた方に、何を否定させようとしてここにいるわけでもない。私はここで、あなた方の〈再編成〉に手を貸そうとしているだけだ。つまりあなたのすべてのエネルギーに中心《センター》を与える、その手伝いをしようとしているだけなのだ。エネルギーをその中心《センター》へと収斂させること——。

そして教えてあげる。あなたにもし吸収された怒りがあったら、あなたはもっと豊かだろう。あなたにもし吸収されたセックスがあったら、あなたはもっと豊かだろう。もし吸収した憎しみや嫉妬があったら、あなたはもっと豊かだろう。そういうものは生のスパイスだ。するとあなたに味が出てくる。味けない人間にはなるまい。あなたの味にうまみが備わるだろう。

あなたには塩も少し必要だ。そして怒りというのは、きっかり必要な量だけそこにあるものだ。それがあなたを圧倒してしまったら、そのときにはそれは醜くなる。もし塩しか食べなかったら死んでしまう。塩分にはしかるべき割合というものがある。そしてその割合においてなら、それは必要だ。絶対的に必要なのだ。これを覚えておきなさい。

道の上であなたは、あなたを機能不全にし、切り刻み、解剖したくてしようがない人間に大勢出会うだろう。彼らは言う、「この手は悪い、切ってしまえ。この目は悪い、放り出せ。怒りは悪い、憎しみは悪い、性欲は悪い……」

彼らはあなたを切り刻み続けるだろう。そして彼らがあなたのもとを立ち去るときまでには、あなたは全く麻痺した機能不全の人間になってしまう。なんのいのちも残ってない。

それが、文明の全体が麻痺し、機能不全になってしまった事の次第だ。

タントラが人間精神の基盤にならない限り、人類は完璧ではあるまい。なぜなら、ほかのどんなヴィジョンでも、人間をその全体性において受け容れるものはないからだ。ただしその受容は、もう一度思い出してごらん——あふれんばかりの充足からくるほうだ。手も足も出ない無力な状態からくるほうのじゃない。

人は自分の生を生きる。それを通り抜ける。そのあらゆる色合いが生きられなくてはならない。そして、そのあらゆる味わいが味わわれなくてはならない。彷徨でさえ、道に迷うことでさえ意味がある。なぜなら、もし一度も道に迷うことがなかったら、あなたはこくのある悟りには到達すまいからだ。あなたはシンプルにはならないだろう。たぶん単純馬鹿ではあっても、決してシンプルじゃあるまい。単純馬鹿というのは簡素《シンプル》じゃない。シンプルさというものは、その裏にとても深く複雑な経験を必要とする。単純馬鹿というのはただ単に無経験なだけだ。彼は愚か者かもしれない。だが、間違っても賢者ではあり得ない。

賢者とは、生のあらゆる罪を生きた者のことだ。何ものも否定しなかった者。何ものも罪などと呼ばなかった者。どんなことであれ起こったことを、ただ一心に受け容れてきた者。それが起こるのを許してきた者。あらゆる波とともに動いてきた者。漂ってきた者。道を踏み誤りもした者。地獄の真っただ中にも落ちた者――。

どこかでニーチェは言っている。「もし樹が天に届こうとすれば、その根は全くの地獄まで達する必要がある」と。彼は正しい。もしあなたが、空に向かって本当に開花を願うのなら、あなたの根は地にもぐり。最も深い地獄まで達する必要がある。罪人が賢者となるとき、その賢者には独特の美しさがある。賢者が一度として罪人になることもなくただ賢者であったなら、彼はただの単純馬鹿だ。彼は生を取り逃しているのだ。それに、さまよい歩き道を誤ったことがない限り、そこにどんな美徳も出てくるわけがない。

イエスがつねに語り続けてやまない美しい寓話がある。ある父親にふたりの息子があった。下の息子は自分の分の財産をねだり、それを持ち去って街で酒と女に使い果たし、とうとう乞食になってしまった。もうひとりの息子は父親とともに残り、農場で一生懸命働いて多くの富を築き上げた。

そんなある日、その乞食の息子、道を踏み外したほうの息子が、父親に知らせをよこした。「私は帰ります。私は馬鹿でした。あなたの富を無駄使いしてしまいました。私を許してください。いま私にはどこにも行き場がありません。どうか私を受け入れてください。私は家に戻ります」と。

するとと父親は親類縁者にこうふれまわった。「この好機を祝おうじゃないか。一番よく肥えた羊を殺し、おいしい食べ物をたくさん作り、甘いお菓子を街中に配るのだ。奴のためには一番古いワインを手に入れよう。これは祝宴になるぞ。放蕩息子が帰って来るんだ」と。

村人たちの何人かが農場に行って、これをもうひとりの息子に話して聞かせた。「どうだい。なんという不公平だろう。お前はずっとおやじさんといっしょにいたんだ。まるで召使いみたいに彼に仕えた。一度だって道を踏みはずしたこともない。一度だって彼に逆らったこともない。ところがただの一度も、そのお前さんのために祝宴の催されたためしはない。そんなことは前代未聞だ。それがいまどうだ。あのやくざ息子、あの乞食、おやじさんの金を残らず使い果たし、罪の限りを尽くしたあの野郎が戻って来る。不公平もいいところじゃないか。お前のおやじはなんとそれを祝おうというんだ。街に来てみろよ。甘いものが配られてるぜ。盛大な祝宴の用意が整ってるんだ」

上の息子がかんかんに腹を立てたのは言うまでもない。彼は家に帰った。とてもせつなかった。彼は父親につっかかっていった。「これはいったいなんという不公平ですか？　あなたは私のためには一度だって羊を殺したためしはない。どんな贈り物をくれたこともない。ところがいま、あなたが与えた富を残らず、それも良くない道に使い果たしたあいつが帰って来る段になると、なんとあなたはそれを祝おうとするじゃありませんか」

父親は言う。「そのとおり。なんとなれば、お前はずっとわしといっしょだったのだからな。こんな必要はないんだ。だがあいつの帰って来るのは祝わにゃならん。あれは道を踏み誤ったんだ。あれは一度迷子になってまた見つかった羊なんだ」

この話の持つ完全な含みは、クリスチャンには充分汲み取られてこなかった。実際にはこの話は、いま私が言っていること、つまりタントラの意味することを語っているのだ。これはタントラ寓話だ。これは、もし正道ばかり歩いていたら、あなたが存在によって祝福されることはあるまいという意味だ。あなたは単純馬鹿なだけだ。生によってうま味の出ることもない。あなたは自分の中になんの塩味も持たないだろう。

栄養はあるかもしれない。しかし薬味なしだ。あなたはとても単純だろう。善良だろう。しかしその善良さには複雑なハーモニーはあるまい。あなたは単音であって、何百万もの音が、ひとつのメロディーを織りなしたものにはならないだろう。あなたはなんのカーブも角もない一本の直線だ。カーブや角があるからこそ美しい。それが生をより神秘にする。それが深みを与える。それのない神々しさなど浅はかなものだ。あなたは内面になんの深みも持つまい。

タントラが、あらゆるものが美しいと言うのはそういうことだ。罪でさえも美しい。罪はあなたの神々しさに深みを与えるからだ。道を踏みはずすことすら美しい。なぜならそれがあってこそ、〈帰還〉がより豊かなものになるからだ。この世界はあなたに必要なものだ。その中に飛び込んで行って完全に我を忘れてしまうためにね。で、それから〈帰還〉がある。

人々はもし神がそれに反対しているのなら、なぜこの世界などというものが存在しているのかと聞く。「それならば、なぜ〈彼〉は我々を世の中に、業（カルマ）と罪と誤ちの世界に放り込むのか。〈彼〉は単純に我々を救ってくれてもよさそうなものなのに。どうしてなのか？」と。

無理な話だ。そんなことをしたら、あなたは浅はかな薄っぺらなものになってしまうだろう。あなたは世界の最果てまでおっぽり出され、そして戻って来なくてはならない。その〈帰還〉には何かがある。その何かとは、あなたの実存の〈結晶化〉だ。

タントラはすべてを受け容れる。すべてを生きる。タントラがいままでに、一度も大受けするイデオロギーになったためしがないのはそのせいだ。それはいつもただの周辺イデオロギーであり続けてきた。ただ境界線上のどこか、社会、文明の外側にね。

なぜなら、文明というものが浅薄であることを選び取ってきたからだ。善良だ。が、浅薄だ。文明は否定を、たくさんのものに「ノー」と言うことを選び取ってきた。文明というものは、一切を受け容れるだけの、生の与えてくれるあらゆるものを受け容れるだけの、勇気を待ち合わせていないのだ。

世の中で最も偉大な勇気とは、生が自分に与えてくれる全てを受け容れることだ。そしてこれこそ、私があなた方の手助けをして、そこに向かわせようとしているところのものだ。生があなたに与えるすべてを受け容れることだ。それも深い謙遜のもとに、ひとつの贈り物としてそれを受け容れること。私がこう言うときには、社会がそれを間違いだとか悪だとか呼ぶことを、あなたに条件づけしたようなものも例外じゃない。

セックスを受け容れてごらん。そうすれば、そこからはひとつの開花がやってくることだろう。ブラーフマチャリヤが訪れるだろう。純粋、無垢がやってくるだろう。ひとつの純潔がそこから現われ出ることだろう。ただし、それは〈超越〉であるだろう。ひとりの人間が、経験を通じて超越するのだ。生の裏道をさまようことによって、彼の目は慣れてくる。そして彼は暗闇の中でさえ光を見はじめるのだ。

昼間、光が見えたってどこがすごい？　美しさは最も暗い夜、目がそこに隠された昼を見られるほどに暗闇に慣らされることにある。最も暗い夜にさえ朝を見ることができるとき、そこには美しさがあるものだ。
そのときあなたは達している。最も低いところにありながら、最も高いものを見ることができ、地獄にあってさえ天国を生み出すことができるとき、そのときこそあなたは生のアーティストだ。そしてタントラはあなたを、その生のアーティストに仕立て上げようとする。否定人間ではなく。偉大なるイエスマンに──。

受け容れてごらん。だんだんとあなたは、受け容れれば受け容れるほど、欲望が少なくなってゆくのを感じるだろう。もし受け容れたら、どうして欲望がそこに持ちこたえられよう？　この瞬間において、何がどうなっていようと、あなたがそれを受け容れる。そうすればそこには、ほかの何を求めるどんな動きもない。それを生きるのだ。瞬間から瞬間へと、深い受容のもとに成長する。どんな目標もなく、どこへ行くという欲望も、何か違うものになったり、誰か違う人になったりという欲望もなく──。

タントラは言う。「汝自身であれ！」と。そしてそれこそ、あなたがいやしくも到達できるただひとつの実存なのだ。受容のもとに欲望は倒れる。受容のもとに、無欲性というものがひとりでに現われて来る。それを稽古することはない。それを自分自身に押しつけることはない。自分の欲望を断ち切ることはないのだ。ただ受け容れるというそのことによって、欲望は消え失せてゆく。そして、あなたがトータルに受け容れ、すべての欲望が消え去る一瞬が突然に起こるとき、そこに不意の悟りがある。突如として、あなたの側で何をすることもなしにそれは起こる。それこそ、この〈存在〉があなたに与え得る最大の贈り物なのだ。

これが生に対するタントラの姿勢だ。この生よりほかに生はなく、この世界よりほかにどんな世界もない。まさにこのサムサーラ（輪廻世界）そのものがニルヴァーナ（涅槃）なのだ。[*3] ただもうちょっとあなたのものわかりがよくなり、もっと受容的になればいいだけのこと。もっと子供のように、もう少しエゴイスティックでなく——。

さあティロパの経文だ

真言《マントラ》、波羅蜜多《パラミタ》の行

経文、訓戒の示すところ
宗門、聖典の教えも
甚深の真理の実現をもたらすことなし

どんなヴェーダも役に立たない。どんなバイブルも駄目だ。マントラの稽古など何の用もなすまい。むしろそれは障害になり得る。マントラとは実際のところ何なのだろう？　マントラを唱えているとき、あなたはいったい何をしているのだろうか？　マハリシ・マヘーシュ・ヨーギ[＊4]は、彼の超越瞑想（ＴＭ）で人々に何を教えているのだろうか？

彼は、「内側である一定の言葉やマントラを継続的にくり返せ」と言っている。ラム、ラム、ラム。オーム、オーム、オーム。何でもいい。早い話があなた自身の名前だっていいのだ。たとえもしH_2O、H_2O、H_2Oをくり返したって、それで立派に用をなす。なぜなら、問題はその音や言葉にあるのではないからだ。問題は、何かを継続的にくり返したら、まさにそのくり返しそのものによって何かが起こるというところにある。

では、それは何か？　ある一定の言葉を継続的にくり返すと、ひとつのリズムが内側につくり出される。ラム、ラム、ラム――。ひとつのリズムができる。そしてそのリズムは単調だ。ある一定の言葉を絶え間なくくり返せば、必ずひとつの単調さが起こる。単調に、ある一定の言葉を継続的にくり返すことによって、あなたは眠たくなってくる。これが催眠術の何たるかだ。

これは自己催眠なのだ。マントラをくり返すというのは、自己催眠をかけていることなのだ。あなたは自分自身の単調な音声リズムによって酔っ払ってしまう。それはまあいい。別に悪いことはない。それはあなたによき眠りを与えてくれる。とても爽快なものだ。もし疲れているときなら、それはいい心理トリックだ。あなたは爽やかに感じるだろう。普通の眠りで感じられるよりももっと爽やかなくらいだ。なぜなら普通の眠りは、マントラの眠りほど深くは届かないからだ。というのも、普通の眠りではたくさんの思考が継続する。夢が続く。そういうものが絶え間なく邪魔をする。

しかし、もしある一定のマントラを継続的にくり返したら、ほかのものは何もそこにはいり込めない。そのマントラだけだ。それはあなたをとてもとても深い眠りに引き込む。

ヨーガではそれに特別な言葉がある。サンスクリット語では眠りはニドラ（Nidra）と言う。一方、マントラの詠唱によってつくり出された眠りは、タンドラ（Tandra）と呼ばれる。それはより深い眠りだ。が、眠りには変わりない。それはヨーガ・タンドラ（Yoga tandra）と呼ばれている。ヨーガによってつくり出された眠り。マントラを唱えることによってつくり出された眠り。

もしあなたが眠れない悩みを持っているとしたら、ＴＭは役に立ち得る。アメリカでマハリシの影響が大きいのはそのあたりにあるようだ。なぜなら、アメリカは眠りに関する限り最も悩める国だからだ。大変な量の鎮静剤が使われ、大変な数の睡眠薬が用いられている。人々は眠るという自然な能力を失ってしまった。だからこそあれが受ける。インドでは誰もＴＭなんかに構いはしない。人々はもうすでにあまりにも深く眠りこけてしまっていて、それを起こすのが難しいくらいなんだから——（笑）。

マントラはあなたに微妙な眠りを与えてくれる。それはそれでいい。ただし、それを瞑想だなどと思っては困る。そんなことをしたら、あなたはいいカモだ。それを瞑想だなどと考えないこと。それはただの心理的鎮静剤にすぎない。そして、それはどんな睡眠薬にも劣らず化学的なものなのだ。なぜなら、音はからだの化学状態を変化させるからだ。音というのは体内の化学現象の一部だ。

ある特定のタイプの音楽を聞くと、とてもとても爽やかに感じるのはそのためだ。その音楽があなたに降りそそぎ、まるでお風呂にはいったみたいにあなたを洗い清める。音声はあなたの体内化学を変える。ある種の音楽の中には、あなたをすごく情熱的に、性的にさせるものもある。その音楽の叩きつけるようなビートが、あなたの体内化学を変えるのだ。

マントラは単一音でもって内なる音楽をつくり出す。単調さがその基本だ。そしてそれについては、マハリシ・マヘーシュ・ヨーギにおうかがいをたてるまでもない。世の母親はみんなこのことを知っている。赤ん坊が落ち着かなくなると、彼女は子守歌をうたう。子守歌はマントラだ。

ん？　二つか三つの言葉。無意味でいい。意味のある必要なんかない。彼女は子供のかたわらに坐り、あるいはその子を抱いて心臓の近くに持って来る。それも同じこと。心臓の鼓動は単調な音楽だ。そこで子供が落ち着かなくなると、母親はその子の頭を心臓のところにつける。心臓の鼓動がひとつのマントラになって、子供はだまされてしまう。彼は眠り込む。

あるいはもし子供がちょっと成長して、そう簡単にだまされなくなると、今度は彼女は子守歌を口ずさむ。ほんの二、三語、単調な、単純な言葉を彼女はくり返し続ける。単調さが効く。子供は眠りに落ちてゆく。どこにも悪いところはない。どんな化学薬品よりもいい鎮静剤だ。が、鎮静剤であることに変わりはない。一種の丸薬だ。微妙だ。音のピル——。

しかしそれがちゃんと体内化学に作用する。だから、もしあなたが眠れなくて困っているのなら、もしある一定の不眠症に悩んでいるのなら、それはいい。だが、それを瞑想だなどと考えないこと。それはあなたをもっともっと〈適応〉させてはくれる。しかしそれはあなたを〈変容〉させてはくれまい。そして社会全体はつねにあなたを、もっとそれに適応させようとしているのだ。

社会は宗教にその仕事をさせようとしてきた。道徳にそれをさせようとしてきた。それはマントラに、ヨーガに、それをさせようとしてきた。精神分析やさまざまな精神療法に、あなたを適応社会に戻す仕事をやらせようとしてきた。社会の目標は、どうやって適応された個人をつくり出すかということに尽きる。しかし、もしその社会全体が間違っていたら、それに適応させられるのがいいことであるはずがない。もしその社会全体が狂っているとしたら、それに適応するのは狂うことでしかない。

あるとき誰かがジークムント・フロイトに、あなたが精神分析でやっていることは厳密には何であり、その目的は何なのか、と尋ねたことがある。彼は言った。そして彼は本当に真実の人だった。彼は我々のできることはせいぜいこんなものだと言った。「我々は病的に不幸な人々を正常の不幸にする」(笑)、それがすべてだ、と。「病的に不幸な人々は普通不幸だ。我々は彼らを正常な不幸に連れ戻す。ほかのみんなと同じところまで——彼らは少し行きすぎていた。彼らはあまりにも不幸をつくり出しすぎて、ノイローゼになっていた。我々は彼らを正常な人間のノイローゼまで引き戻すのだ」。

フロイトは言う。「人間は決して幸福になり得ない。人間は病的に不幸であるか、正常に不幸であるかのどちらかにはなれる。だが、人間は幸福にはなり得ない」と。通常の人類に関する限り、彼の診断は完全に正しいように思われる。しかし、彼は仏陀やティロパに気づいていない。彼は成就を遂げた者たちに気づいていないのだ。全面的に至福に満ちた実存の境地――。

しかし、それはそれでいい。というのも、仏陀はフロイトに治療してもらいには行くまいから。何のために？　フロイトのところにやって来るのは病的な人たちだけだ。そうして、彼はその人たちを治す。彼の全知識、彼の全体験は、病的にノイローゼである人々に関するものなのだ。彼はその四〇年にわたる患者たちとの経験の中で、ただのひとりとして幸福な人物を知らなかった。だから、彼は正しいのだ。経験論的にはね。彼の経験によれば、世の中には二種類の人間、つまり正常に不幸な人々と病的に不幸な人々しかおらず、そこで、「我々にできることはこれだけだ。我々はあなたをもっと適応させることならできる」ということになる。

マントラ、精神分析、宗教、道徳、教会、祈祷。それらはみなあなた方をもっと適応させるために用いられてきた。しかし真の宗教は、あなたが変容の旅に踏み出すときにはじめて始まる。社会に適応するためではなく、宇宙との調和の中に生きるために——。ところが社会に適応するには、あなたは落下しなければならない。

ある狂人がどこもおかしくないということはよくある。ただその人があまりにも大変なエネルギーがありすぎて、社会に適応できないだけというケースだ。彼は道を踏みはずす。狂人というのはあまりにも独立した個でありすぎるのだ。狂人というのはある一定のことにあまりにも才能がありすぎて、社会に適応することができないのだ。それに、あらゆる天才たちは、つねに社会と不適応であり続けるということを覚えておくべきだ。さらに百人の天才のうち八〇パーセントまでが、必ず精神病院への旅をするということも——。

当然だ。彼らは社会を乗り越えてしまうのだから。彼らは社会が許容するよりもずっと多くを手にしている。普通の社会は、あなたにとっては文鎮のようなものだ。それはあなたを飛ばせまいとする。ところが天才はその文鎮を放り出し、翼に乗って、空のかなたまで飛んで行こうとするのだ。社会の一線を、その境界線を越えた瞬間、あなたは狂人扱いだ。そして社会全体があなたを再適応させようとする。

タントラは言う。再適応だの適応だのは目的地じゃない、と。そんなものに価値はない。変容こそが目的地なのだ、と。どうする？　再適応するためのトリックをやろうとしないことだ。マントラはひとつのトリックだ。もしあなたが眠れないと感ずるにしても、そこでマントラを通じて眠りを求めようとしないこと。

むしろ反対に、その不眠を引き起こしている不安が何であるかを発見しようとするのだ。あなたはあまりにも欲望しすぎているのかもしれない。あまりにも野心に燃えすぎているのかもしれない。その野心があなたの眠るのを許さない。そわそわが続く。あなたの欲心はどんどんどんどん進み続け、思考のプロセスはとめどない。眠れないのはそのせいだ。

さあ、取るべき道がふたつある。ひとつはマントラの、そしてもうひとつはタントラの道だ。マントラは原因などに構うなと言う。ただマントラをくり返して眠り込めばいい、と。これじゃあなんとも表面的だ。原因に構うなとは――。ただ朝夕十五分間マントラを唱えれば。眠れるようになり、気分もよく健康になれる。しかし、たとえもし気分よく健康に感じたところで、それでどうなるというのかね？

世の中には健康で素晴らしくよく眠れる人は多勢いる。ところが彼らには何も起こっちゃいない。究極の開花が訪れているわけでもない。健康それ自体はいい。が、目的地ではあり得ない。眠ることはいい。だが、目的地ではあり得ない。タントラは、なぜ落ち着かないかの原因を見つけ出せと言う。

インド政府の大臣のひとりが私のところに来ていたことがあった。彼はいつも自分の眠りについて思い悩んでいたものだ。そして彼は、「眠れるようにちょっと何かテクニックを教えてください」と言う。しかし私は彼に、政治家というのは眠れないものだと話してやった（笑）。それはできない相談だ。政治家というのは眠れないようになっている。眠れないのが当然だ。それでいい。私はどんなテクニックも授けないよ。マハリシ・マヘーシュ・ヨーギのところに行きなさい。彼なら「なぜ」を問わずにテクニックをくれるだろう、とね。

そして実際、彼は出かけて行き、それから三か月後に戻って来た。彼は、「あなたのアドバイスはうまくいきましたよ。いまは素敵な気分です。いまは私にも眠れるんです」と言う。そこで私は彼に言ってあげた。「あなたが、眠りだけでは充分じゃない。目覚めが必要だと感じたら、そのとき私のところに来なさい（笑）。だって、眠ることはできるだろうが、それでどうなる？　あなたは相変わらずだろう？」

「朝になればあなたはまたぞろ同じ野望の旅の上。あなたは何かいいことが起こったと思っているかもしれないが、起こったのはたったひとつ。いまやあなたは原因に目覚めることがあるまいということだけだ。そういう原因はマントラによって、より深い無意識の中に押し込まれてしまった。そして変容の可能性は先に延びてしまったのだ。私はあなたによりよい眠りを与えることはできない。私はよりよい目覚めを、よりよい覚醒を与えたいのだ」と。

政治家というのは絶えず欲望し、闘い、競争し、嫉妬し、ヒエラルキーの上へ上へと昇ろうとしているものだ。が、結局のところ何も達成されはしない。

ムラ・ナスルディンは彼の全生涯を政治にかけ、そして可能な限り最も高いポストについた。そのとき私は彼に尋ねた。「何を手に入れたね？」　彼の言うには、「正直なところ、ぼくは世界一のはしご昇りだ。それがぼくの成し遂げたものだよ」

最も偉大なるはしご昇り――。しかし、たとえもしはしごのてっぺんまで昇ったところで、それがどうしたというのだ？　あなた方の首相や総理大臣たちはそこにたどり着いた。彼らはその最も偉大なるはしご昇りたちだ。だが、はしご昇りは人生じゃない。それに、ただどんどん高いはしごに昇り続けたところで、それに何の意味がある？

野望がそわそわ落ち着きのない状態をつくる。私はあなた方に自分の野望を認識してほしい。欲望がそわそわ落ち着かない状態をつくる。私はあなた方に自分の欲望に目覚めてほしい。これがタントラの道だ。そして原因が消え失せれば。病も消え失せる。そしてもし原因が消え失せたら、そのときあなたは〈変容〉する。

病《やまい》というのは徴候にすぎない。徴候を隠そうなどとしては駄目だ。それはそこにいさせなさい。それはいいものなんだよ。その徴候があなたを突っつき、あなたを叩き続けて、何かがおかしいことを知らせてくれるんだから。もしあなたが眠れないとしても、それはいいことだ。それはあなたのライフスタイルそのものに、どこかおかしいところがあるのを示しているのだから。

私はあなた方が、よりよい眠りを達成するのに手を貸したりはしない。私は言う。「理解しようとしてごらん。これはひとつの徴候だ。この徴候は友だちだ、敵じゃない。それはただ奥深いあなたの無意識の中に、あなたが眠るのを許さない、ある底流があることを示しているだけだ」と。

そういう底流を理解してごらん。それを吸収してごらん。それを通り抜けてごらん。それを超越してごらん。そうすれば、そこには徴候を地下に押し込んだからではなく、病いが消え失せたことから来る深い眠りが訪れることだろう。

そしてその眠りの中で、完全に異質の意識が存在を現わす。そのときあなたは深く眠り込んでいて、なおかつ気を配っていられる。そうなればそれは催眠術じゃない。それは泥酔境みたいなものじゃない。それは薬《ドラッグ》を通じて出てきたものじゃない。そしてすべてのマントラはみんな薬だ。とても微妙ではある。が、薬には変わりがない。薬物《ドラッグ》中毒にはならないこと。

ティロパは言う

真言《マントラ》、波羅蜜多《パラミタ》の行
経文、訓戒の示すところ
宗門、聖典の教えも
甚深の真理の実現をもたらすことなし

パラミタというのは仏教用語だ。それは慈悲を、人々に尽くすことを意味する。[*5] キリスト教の宣教師たちが世界中でやっていること、あれがパラミタだ。奉仕せよ、手を貸せ、同情せよ、慈悲を持て――。しかしティロパは、それも役には立つまいと言う。

私も同じ観察を持っている。私は社会改革にたずさわる人々を大勢知っている。偉大なる社会の下僕たちだ。その全生涯を、彼らは人々の向上のために捧げ、犠牲にする。だが、彼らには何の変化も起こっちゃいない。起こり得ないのだ。というのも、人々に奉仕すること、社会に奉仕することが〈職務〉になってしまうからだ。彼らはそれで手いっぱいになってしまう。実際のところ、もし神の奇跡か何かで社会が突然変わってしまい、奉仕すべき乞食も、奉仕すべき貧乏人も、病人も、病《やまい》も、狂人もいなくなってしまったら、もし突然これが起こったら、あなた方の偉大なる〈社会の下僕〉たちがどうなるかわかるかな？

彼らは自殺してしまうだろう。奉仕する人も見つからないんじゃ、彼らはどうする？ただただ途方に暮れてしまうに違いない。

キリスト教の宣教師たちはどうなるだろう？　もし改宗させられ、強要され、導かれ、彼らの道にいざなわれる人が誰もいなかったら。もしあらゆる人がクリスチャンになってしまったら、彼らはどうするだろう？　彼らはその〈偉大なる使命〉を帯びてどこへ行くだろう？　彼らは自殺を計らねばなるまい。もし革命が本当に起こってしまったら、あなた方の革命家連中の運命やいかに？　彼らはどうするだろう？　突然職にあぶれ、失業し――（笑）　彼らは神に祈りだすことだろう。「古い社会を返してください。私たちには奉仕すべきハンセン病の人たちが必要です。私たちには手をさしのべるべき乞食たちが必要です」

あなたは自分の〈職務〉に没頭することもできるし、でなければ、他人のことで頭をいっぱいにすることもできる。しかしどちらにしても、心はそれを占領するものを必要とする。心は、あなたが自分のことを忘れて、何かほかのことでいっぱいになることを必要とする。これは甚深の真理からの逃避だ。

そこでティロパは言う。そんなものは道じゃない、と。タントラにはひとつ、あなたに語りかけるべきとてもとても素敵なことがある。それは、まずほかの誰に奉仕しはじめるより先に、完全に利己的になれということだ。

どうしてほかの人に奉仕することなんかできる？　あなたがまず自分の内なる実存に達することなしに？——完全に利己的になるのだ。もしあなた自身の内なる光が燃えていれば、ほかの人たちに手を貸すこともできるかもしれない。そうでなかったら、あなたの奉仕など災いの種でしかない。世界がこうも災いだらけなのは、大変な数の革命家たちや、大変な数の社会改革者や、大変な数の自分勝手な〈下僕〉たちのせいなのだ。

彼らが災いを生む。彼らが混沌をつくり出す。無理もない。彼らは自分自身の真理にも達していないのに、他人に手を貸しはじめているんだから。もしあなたの内に光があるんだったら、その光を誰かほかの人と分かち合うこともできよう。しかし、それがないのに、どうしてそれを分かち合うことができる？　どうして自分にないものを分かち合うことなんかできる？

ひとりの男が仏陀のもとにやって来た。彼はとてもとても偉大な革命家であったに違いない。マルクスとかその手の人たちみたいなものだ。そして彼は仏陀に尋ねた。「教えてください。どうしたら他人に奉仕することができるんですか？　そして私はあらゆる人を幸せにしたいのです」。私は内面に深い慈悲の心を持っています。そして私はあらゆる人を幸せにしたいのです」。仏陀はしみじみと彼を見て、悲しげな顔をしたと言われている。

自分を見て悲しそうにしている仏陀——。その男は尋ねた。「なぜあなたは悲しそうになさるんですか？」仏陀は言った。「それは難しい。あなたはあなた自身幸せそうじゃないのにあらゆる人を幸せにしようという使命に燃えているんだから。どうして、自分が持ってもいないものを分かち合うことができるだろう？　まず在るのだ」

そしてひとたびあなたが在れば、そのときそれは使命なんかじゃなくなる。ひとたびあなたが至福に満たされたら、他人に手を貸すのに、わざわざしゃしゃり出ていくことなんかない。あなたがどこにいようと、まさにあなたの実存そのものがひとつの救いなのだ。

それを〈職〉にすることなんかない。あなたの在りざまが、どこにいても救いとなる。たとえば、もし一本の木のそばに坐ったら、あなたはその木を救う。意識的にではなく、あなたの側のどんな努力もなく、ただあなたがその木のそばに在るということだけ――それでその木が感応する。そして、あなたの内なる実存がその木の中に流れ込む。そして、その木があなたの中に流れ込む。そして、あなたは一本の木を目覚ますのだ。

いつかこの木もブッダになるだろう。そうしたら、あなたもその一部だ。あなたはそれに参加したのだから。この木がブッダとなって、全宇宙がそれを祝福するとき、あなたもまたそれを祝福するだろう。自分の一部分を、あなたはこの木に分かち与えた。分かち合ったのだ。

川のほとりに坐って、あなたは分かち合う。あなたが動く。まさにその動きそのものがあなたの慈悲になる。それは全く為されるようなことじゃない。もしするとしたら、どこかがおかしい。どうして愛をすることができる？　それは行ないじゃない。それはひとつの実存状態だ。あなたは愛の中に在るのだ。

あなたに光がある。そして、あなたの扉が開いている。そして、あなたの実存の内なる社《やしろ》にはいって来たい者は誰でも、ひとり残らず招かれる。誰でも、あなたの光源から光をともしたい者がいれば、あなたのほうはその用意がある。決してしゃしゃり出て行って、手を貸す人を求めることなんかない。それをやろうものならひとつ確かなことがある。あなたはお呼びでないということだ。

あなたが何かをやりはじめるときには、ひとつ必ずはっきりしていることがある。あなたは災いをつくり出しているということだ。あなたはただ他人事に鼻を突っ込むだけだろう。他人のことは他人にまかせておきなさい。あなたの側の慈悲は、彼らに手出しをしないということだけで充分というものだ。

人を変えようとなんかしないこと。あなたは自分が何をやっているかも知らないのだ。手を貸せるのは覚者だけだ。その救いは自然に流れ出す。それはちょうど花が咲き、風がその香りをのせて、地の果てまでまき散らすようなものだ。それはとても繊細で婉曲だ。

決して人を直接打ったりしない。本当のマスターというものは、決して直接的に人を変えようとなんかしない。彼はかすかな芳香のようなものだ。

彼はあなたを包む。もしあなたが開いていれば、ほんのかすかな香りがあなたの中にはいり込むだろう。もしあなたが開いていなければ、彼は扉のところで待つだろう。彼はノックさえすまい。なぜなら、それだってあなたの眠りを妨げかねないからだ。あなたの眠りだ。あなたは自分の好きなだけ眠る全権を持っている。そのあなたを目覚ますなんて誰の商売でもない。

私は目覚めたかもしれない。私はあなたも目覚めさせたいかもしれない。だが、それは私事《わたくしごと》だ。あなたの事じゃない。もしあなたが眠り込んでいて、きれいな夢を見ているとしたら、なんで私がそれを邪魔することがある? 私は待とう。芳香のようにあなたを包もう。それでもしその香りがあなたをとらえ、その香りがあなたを眠りから誘い出すのなら、それはいい。でもそれは直接的な努力じゃない。それはごくごく非直接的なものだ。

そして、いつも覚えておきなさい。なんらかの力になれるのは、ただ完全に非直接的な人たちだけだ。直接的な援助は政治家のやることだ。非直接的な援助は賢者からくる。

経文、訓戒の示すところ
宗門、聖典の教えも
甚深の真理の実現をもたらすことなし

なぜか？　それはその真理がすでにそこにあるからだ。それは持ち込まれなくてはならないものじゃない。あなたは、すでに自分の内側に、その全面的な美と完成のうちに備えている、そんな何かを追い求めているのだ。為されるべきことなど何もない。するなどということは全く筋違いだ。あなたはただ家に戻って来ればいいだけのこと。

お客はもうそこにいるのに、〈家〉のあるじが留守なのだ。あなたが内にいないのだ。欲望を通じて、あなたは外へ外へと出て行く。大きな家が欲しい。大きな車が欲しい。あれが欲しい、これが欲しい。で、あなたは外へ外へと動いて行く。〈家〉に帰って来る時間などありやしない。

瞑想とは、〝家に帰って来ること〟以外の何ものでもない。ただちょっとした休憩を内側で取ること——。それはマントラを唱えることじゃない。それは祈りでさえもない。それは〈家〉に戻って来て、ちょっと休息するだけのことなのだ。どこへも行かないこと——それが瞑想だ。ただあなたのいるところに在ること。ほかの場所なんかない。ただあなたのいるそこにいること。ただあなたのいるその空間《スペース》を占めること。

欲望はあなたを、時間と空間の中の長い旅へと連れ出すものだ。そして欲望は、絶対にあなたをあなたの〈家〉へは導かない。それはいつもあなたをどこかほかへ連れて行く。

欲望に満たされし心の
目標を追わざるを得ざれば
そはただ光を隠すのみなるがゆえに

そうやってあなたは逃しているのだ。外へ出て行くことによって逃している。追い求めることによって逃している。探し求めることによって逃している。それを得ようとすることによって、あなたは逃しているのだ。

あなたのほうで必要なものなんか何もない。天はあなたに、あなたに与えられ得るすべてを与えているのだ。あなた方はこの世に、乞食として送り込まれているんじゃない。あなた方は帝王として送り込まれているのだ。

ちょっと内側を覗いてごらん。ちょっと何かの瞬間に、どこにも行かず、無欲望で未来のことも考えず、過去のことも思わず、ただいまここにとどまっているだけ――で、突然それはそこにある。それはずっとそこにあったのだ。そしてあなたは笑い出す。

臨済が、彼が悟りを得たときいったい何をしたか、まず最初に何をしたかと問われたのに対し、彼は言ったものだ。「何ができる？　私は笑って茶を一杯頼んだよ（笑）。私は笑ったよ。いったい何をやっていたんだろう。すでにそこにある何かを追い求めていたんじゃないか」とね。

すべてのブッダたちはみんな笑ってきた。そしてすべてのブッダたちは、みんなお茶を一杯所望してきた。だって、ほかに何ができる？　それはすでにそこにあるのだ。あなたは不必要にあちこち走りまわっていた。疲れ果てて――あなたは〈家〉に帰って来た。一服のお茶はまったくどんぴしゃりだ。

欲望に満たされし心の
目標を追わざるを得ざれば
そはただ光を隠すのみなるがゆえに

あなたの探求が〈炎〉のまわりに煙をつくる。あなたはぐるぐるぐるぐる走りまわる。あなたはほこりを巻き上げて煙を出す。しかもほこりを巻き上げ煙を出すそれは、あなたが自分で奮闘しているのだ。そうして〈炎〉が隠れてしまう。

少し休んで、ほこりを地面におさまらせなさい。もしそんなに早く走って大急ぎしたりしなければ、あなたは煙を立てずにすむだろう。だんだんとものごとがおさまり、そして内なる光が現われる。

あなたはすでに完璧なのだという。このことこそタントラにおける最も基本的なことだ。ほかにそんなことを言うヴィジョンはない。みんな、あなたはそれを達成しなくてはいけないと言う。出て行って、闘い、いろいろなことをしなければならず、道は苦しいものだと言う。そして、誰かがたどり着くなどというのはごくごくまれだ。それというのも、目的地はとてもとても遠くにあって、何百万という生にわたって人はがんばらねばならず、それでようやくたどり着くからだ。完成は成し遂げられなくてはならないものなのだ、と。

タントラはそれが、それこそが、あなた方の成し遂げられない理由だと言う。完成なんて成し遂げられなくちゃならないもんじゃない。それはただ、それがそこにあるということに気づかれなくてはならないだけのものだ。タントラはあなたに、ずばりいまここで悟りを差しのべる。時はいらない。延期もなし。

タントラは言う。もしあなたが休むのなら、ただ休むことでいい、と。なぜなら、あなたはその落ち着きのなさによって、あたり一面煙を張りめぐらしているのだから。それにあなたはあまりにも急いでいて、耳を貸すこともできない有様だ。もし誰かが「休め」などと言おうものなら、あなたはつっぱねるだろう。「休んでる暇なんかありゃしない。ぼくは目標を達成しなくちゃならないんだ。ましてその目的地はものすごく遠い。もし休んだりしたら取り逃してしまうよ」

タントラは、あなたが逃しているのは、あなたが走っているからだと言う。タントラは、あなたが逃しているのは、そんなに急いでいるからだと言う。

いまだ識別を離れずしてタントラ教理を持する者
三摩耶《サマヤ》の精神にそむくなり
すべての行動を止《や》め、すべての欲望を避けよ
あらしめよ、思考の
大海の波のごとく浮き沈むがままに
たえて無安住と
並びに無差別の原理をそこなわざる者
タントラ教理をささげ持つなり

ごくごくシンプルだ。しかしあなたがあまりにも複雑すぎる。あなたは内側であまりにも惑いすぎている。そうでなければ。すべてはごくごく簡単なものだ。

すべての行動を止《や》め、すべての欲望を避けよ
あらしめよ、思考の
大海の波のごとく浮き沈むがままに

どうするかな？　もし海に行ったら、ただ岸に坐ればいい。浜辺の土手に坐って、そして見守る。波が起こり、沈む。そして引き潮があり、上げ潮がある。海はいろいろなムードを通過してゆく。あなたはどうする？　ただ坐って見守るだけでいい。まったく同じことが心《マインド》について言える！　それもまた海みたいなものだ。

波が起こる。そして沈む。ときには上げ潮があり、多くの混乱がある。そしてときには引き潮で、あなたは少し静かになる。そして実際のところそのとおりなのだ。全意識はひとつの大海のようなものだ。その上、あなたの心《マインド》というのはあなただけのものじゃない。あなたの心《マインド》は集合的な心の一部分なのだ。あなたのまわりには意識の大洋が取り巻いている。

ちょうど海の中の魚たちと同じように。あなた方は意識の中の魚たちだ。内も外もこちら側もあちら側も、上も下も。海――そしてその海の波。なんでそれをあなたが妨げたりするのか？　なんでそれをあなたが、鎮めたり沈黙させたりするのか？　それにいったいどうやって？

だからある人が、あまりにも一生懸命になって心《マインド》を鎮めようなどとしようものなら、必ずその人は、自分でたくさんのトラブルをつくり出してしまうことになる。それはできる相談じゃない。そして、何か不可能なことをやろうとすれば、欲求不満に陥るのはあたり前だ。そうしておいてあなたは、どうしてそうならないのか、一千一個の原因をひねり出す。単純な事実――それは起こり得ないのだ。

タントラは言う。「考えてもごらん。想念が行き来するなんてことはお前さんの知ったこっちゃない。彼らは自分でやって来て、自分で去って行く。なぜお前さんがそれにかかわり合いになるのか？　どうしてお前さんがそれを鎮めようとなんかするのか？　彼らはお前さんのものじゃない。彼らはお前さんを取り囲んでいる広大な海に属する。お前さんがいなかったとき、彼らはそこにあった。ある日、お前さんはいなくなるだろうが、彼らはそのままだ」

今日、科学もこれを認めている。あらゆる想念は波だ。ラジオが想念を放送できるのはそのためだ。想念は壁を抜け、丘を越え、あなた方のからだを通り抜け、何ひとつとしてそれを妨げるものはない。何かニューヨークで放送されたものを、あなたはここで聞く。

いまや科学はある可能性に感づいている。近い将来、我々は過去の想念をキャッチできるのではないか、と。なぜなら、想念は決して死なないからだ。間もなくある日、ティロパがナロパに〝汝のために、語られ得ざることを、汝の信頼のゆえに私は言おう〟と語っているのをキャッチすることが可能になるかもしれない。想念というものは決して死なないのだから。

それは可能だ。ティロパのこの想いは、もし我々がキャッチできるとすれば、どこか遠くの星に近いあるところにあるに違いない。科学はいつかやり遂げるかもしれない。というのは、ある想念がニューヨークから放送されてプーナ（現プネー）[*6]に着くには時間がかかる。ほんの数秒だが時間はかかる。それは旅をする。それは旅をし続ける。それはこの地球を離れられるだろう。なおも旅を続けるだろう。数百万年のうちにはそれはどこかの星に届くだろう。もしそこでキャッチできれば、我々はそれをもう一度聞くことができる。

想念というのはあなたのまわりを取り囲む大洋だ。それはあなたなしに存在する。あなたはただ、ひとりの〈観照者〉でいればいい。

だからタントラは言う。〝それを受け容れよ〟と。上げ潮が来る――ビューティフルだ。引き潮になる――それも素敵だ。天まで届かんばかりの大きな強い波――途方もないエネルギーだ。見ていてごらん。そしたら今度は穏やかな海がくる。すべてが鎮まり、月がその影を落とす。ビューティフルだ。

それを見守ること。もしそれを見守れれば、あなたは完全に静寂になるだろう。想念は続くかもしれない。浜に打ち寄せ、岩に砕ける。が、あなたは穏やかで静かなままだ。波はあなたに影響すまい。だから本当の問題は想念ではなく、影響されるということにある。想念と闘うことなんかない。ただ〈観照者〉になるだけでいい。そうすればあなたは影響を受けずに済む。そして、それはより豊かな静寂だ。覚えておきなさい。タントラはつねにより豊かな経験のほうにつく。

死んだ静寂をつくり出す可能性だって充分ある。墓場にあるような静寂だ。あなたは自分の心《マインド》を力づくにして、全神経組織が麻痺してしまうくらいにすることだってできる。そうすれば、なんの想念もなくなりはするだろう。なぜなら、それを受信するにはごくデリケートな神経組織が必要だからだ。〈海〉はそこにあるだろう。が、あなたのほうは受信できないのだ。あなたの感受性が失われてしまう。ん？　多くのヨーギたち、いわゆるヨーギたちに起きているのがそれだ。彼らは一生懸命自分の神経組織を鈍らせてゆく。彼らは食物を減らし、なんのエネルギーも脳に行かないようにする。

断食の最中、エネルギーは脳に行くことができない。からだのほうが第一にそれを必要とする。彼らは、だんだんと全頭脳組織が麻痺し、しびれてしまうような生き方をする。ひとつの決まった姿勢で坐る――単調だ。ひとつのマントラをくり返す――単調だ。もし何年間か、絶えずひとつのマントラを繰り返し続けていれば、組織が鈍感になってしまうのは言うまでもない。何ひとつ新しい感覚がはいって来ないのだから――。ヴァイタリティーは失くなってしまう。

実際にはその人は静かになったんじゃない。その人は前より愚かになったのだ。ヨーギたちの多くにはその愚鈍な顔つきが見えるだろう。知性の輝きは見られまい。見えるのは何か曇った、死んだものだ。石みたいなものがそこにはある。彼らは静寂に達しているんじゃない。彼らは頭脳を失くしてしまったのだ。彼らはその感受性を失ってしまったのだ。彼らは自分自身を完全に鈍らせてしまったのだ。彼らは死んでいる。

内面的には何も起こらない。なぜなら、何が起こるにしても、それにはごくデリケートな神経組織が必要だからだ。とても繊細で、とても感受性に富んだ敏感な神経組織が――。だから規準はこうあるべきだ。もし、あるヨーギの顔に輝きが、知性が、覚醒が、感受性が、あたかも何かが内に花開いたかのように見られるなら、彼が満ち足りているなら、そのときは本当に静寂が起こっている。さもなければ、人は沈黙していることぐらいいくらでもできる。

知恵遅れの人たち、重い知的障害のある人たちは完全に静かだ。彼らは考えることができないんだから――。しかしそれはなんという静寂だろう?。それに知的障害者はヨーギじゃない。知的障害者というのは、ただ単に、その脳細胞が機能しないように生まれついただけだ。あなただって自分の脳組織にそれをすることはできる。断食によって、ヨーガのポーズによって――。

あなたは何時間もの間逆立ちしていることだってできる。それでいいだろう。シルシアサナ(逆立ちポーズ)は完璧だ。何時間も頭を下にして立つ。それはあなたの神経組織を殺してしまう。それというのも、脳というものは、ごくごく僅かなエネルギーと僅かな血液が、そこに到達してこそ存在するようにできているからだ。

その神経たるや本当にデリケートで、細く、こわれやすい。まったく想像もつかないくらいだ。裸眼じゃ見えないんだから――。髪の毛というのはとても細く見えるが、そんなのは問題にならない。脳の中の神経はちょうどそれを一万本束にして、やっと髪の毛の太さになる繊毛みたいなものだ。だから、もし血液がすごいスピードで流れ込んだりしたら、それはまったく破壊的だ。まるで洪水みたいなものだ。ヒトはこういう脳にたどり着いたが、ほかにたどり着いた動物はいない。それはヒトが足で立ったからだ。血液が頭に行くことができないのはそのせいだ。

それは重力に反する。重力は絶えず血液を下へ下へと引っぱっている。そして血液のうち本当にわずかな一部が脳にたどり着く。あの繊細な組織が存在できるのはそのためだ。動物にはそれが持てない。彼らは四つ足で動くからだ。そのため彼らの脳はいつもからだと同じ高さにある。

一分間、逆立ちを、つまりシルシアサナをやるぶんにはいいかもしれない。あるいは一秒くらいでもよかろう。それは一種の水浴びだからだ。血液が脳まで達したら、そのときには普通の姿勢に戻る。それは掃除だ。だがもしシルシアサナを何分間も、あるいは何時間もしたりすれば、それはあなたの脳組織全体の息の根を止めてしまうだろう。洪水がひどすぎる。脳は生きのびられない。

それをヨーギたちは、いかにして脳を破壊するかという方法をたくさん発見してきた。一度それが壊れてしまったら、あなたは〈海〉を見ることなんかできない。しかし〈海〉はちゃんとそこにある。想念はちゃんとそこにある。それはちょうどラジオが故障してしまったようなものだ。電波がその部屋を通っていないなどと考えてはいけない。電波は来ている。ただあなたの受信メカニズムが機能していないのだ。ラジオをつけてごらん。スイッチを入れてごらん。たちまち電波をキャッチしはじめる。

脳というのはちょうど受信センターのようなものだ。もしそれを破壊すれば、あなたはおとなしくなるだろう。しかしその静寂はタントラの目指すところじゃない。そして私もそんな静寂は教えない。それは死だ。墓場でならよかろう。それを通っても、あなたはどこにも行き着くまい。自分の人生を無駄にしているだけだ。そして、あなたを完璧なまでに知性的にできるそのとても精密な装置を、あなたが存在の全き祝福を楽しむことのできるほどに、感度の高まるその装置を、あなたは破壊しているのだ。

もっと高い感性が必要とされる。もっと詩が必要とされる。もっと多くのいのちが、もっと多くの美が、すべてもっと多くが必要とされる。じゃあ、どうする？

タントラの静寂に達しなさい。波を見守ってごらん。すると、見守れば見守るほど、想念のより微妙なニュアンスがあなたの前に開示される。そして、それはビューティフルなものだ。ただし、あなたは〈観照者〉のままでいる。あなたは岸にとどまる。ただ岸に坐って、あるいは太陽の下にからだを横たえて、ただ〈海〉がその働きをなすのにまかせていればいい。

邪魔をすることはない。もし邪魔をしなければ、だんだん、だんだんと、〈海〉はあなたに影響を及ぼさなくなってゆく。まわり中でうなり続けているのは変わらない。が、あなたの中にははいり込まない。〈海〉それ自体は素晴らしいものだ。だが、それはあくまでも別なものだ。ある距離が存在する。その距離こそが真の瞑想だ。真の静寂だ。

世界は休みなく進んでゆく。あなたは影響されない。あなたは世界の中にとどまり、しかも世界の中にいない。あなたは世界の中にとどまるが、しかし世界はあなたの中にない。あなたは世界を通り抜ける。触れられもせず、傷つけられもせず——。

あなたは純潔のままだ。あなたが何をしようと、あなたに何か起ころうと、それはなんの変化も生み出さない。あなたの純潔は完全なままだ。あなたの無垢は絶対のままだ。あなたの純粋は揺るがない。

いまだ識別を離れずしてタントラ教理を持する者
三摩耶《サマヤ》の精神にそむくなり

そしてティロパは言う。もしあなたがタントラの道を、タントラ教理を守ろうとするのなら、覚えておきなさい。識別は無用だ、と。もし識別するのなら、あなたはタントラ哲学者かもしれない。が、タントラの門人じゃない。識別しないこと。これは良い、あれは悪いと言わないこと。一切の識別を落としなさい。あらゆるものをすべてあるがままに受け容れるのだ。

すべての行動を止《や》め、すべての欲望を避けよ

あなた自身の内にくつろいでごらん。〈家〉に帰っておいで。

あらしめよ、思考の
大海の波のごとく浮き沈むがままに
たえて無安住と
並びに無差別の原理をそこなわざる者
タントラ教理をささげ持つなり

決して無差別の原理を損なわない者。決して識別をしない者。彼は正しい道をたどる。そして、決して無安住の原理をそこなわない者――。これはタントラの最もビューティフルなことのひとつだ。タントラは家なしでいろと言う。どこにも安住せず。どんなものにも同化せず、どんなものにも執着するな、と。

家なしでいるのだ。なぜなら、家なしのもとでこそ、あなたは自分の本当の家にたどり着くだろうからだ。もしあれこれに安住しはじめようものなら、あなたは家を逃してしまうだろう。誰にも執着しないこと。どんなものにも、どんな関係にも――。

楽しむのはいい。だが、執着しないこと。楽しみは構わない。が、一度執着しはじめたら、いったん執着心がはいり込んだら、もうあなたは流れていない。ん？　そうしたら障害物がはいり込んでいることになる。

どこにも安住しないこと、そうしたらあなたは自分自身の中に安住できるだろう。どんなものにも執着しないこと。それではじめて、あなたは自分自身の内にくつろぐことができるだろう。だから、このふたつの原理はとても根本的なものだ。無安住の原理をそこなわないこと――　そして、無差別の原理をそこなわないこと。

切望を避け
かれこれに執着せざる者
聖典の真意を知るなり

聖典を通じて真理に至ることはできない。だが、もし真理に到達したら、あなたは聖典がわかるだろう。聖典というものは〈証人〉以外の何ものでもない。それらが太鼓判を押してくれるのだ。そういうものから真理を学ぶことはできない。ただ、いったんあなたが真理を知ったら、それらが証人になってくれるのだ。

世界中のすべての聖典が、「よし、お前はたどり着いた」と言ってくれるだろう。これが真理というものだ。聖典というのは到達した人間たちから出てきている。彼らの言語やシンボロジーが何であれ、彼らのメタファーが何であれ、ひとたび到達すれば、あなたはすべてのメタファーとシンボロジーを、すべての言語を射抜く。

人々は私にこう聞く。「あなたは何をやってるんですか？　あるときはタントラやティロパを語り、あるときはヨーガやパタンジャリを語り、またあるときは老子や荘子、道家や道（ＴＡＯ）について話し。またあるときはヘラクレイトス[*7]やイエスに飛躍します。あなたはここでいったい何をやっているんですか？」とね。

私は同じことをしゃべっているだけだ。私はほかの何をしゃべっているのでもない。へラクレイトスでもティロパでも、あるいは仏陀でもイエスでも、私にはなんの違いもない。私は私自身を語っているのだ。

彼らはただの口実だ。なぜなら、いったんたどり着けば、あなたは世界のすべての聖典にかなうのだ。そうしたらもうヒンドゥー教典もなければ、ユダヤ教典もキリスト教典もない。そうしたら突如として、あなたはすべての経典の絶頂となる。私はクリスチャンであり、ヒンドゥー教徒であり、ユダヤ教徒であり、回教徒だ。なぜなら、私はそのどれでもないからだ。

それに真理というものはひとたび知られたら、あらゆる聖典を超えたものだ。すべての聖典はそれを指し示す。聖典というものは月を指す指以外の何ものでもない。指は何百万とあるかもしれない。月は同じだ。一度それがわかったら、あなたはすべてを知ったことになる。

聖典を通ってはセクト主義に陥るのがせいぜいだ。バイブルに執着するからクリスチャンで、コーランにしがみつければ回教徒。ギータに固執すればヒンドゥー教徒になる。しかし、あなたは宗教的にはなるまい。宗教性というものは、〈真理〉があなたに起こったときはじめてあなたに起こる。そのときあなたは何ものにも執着なんかしない。

反対にあらゆる聖典があなたのほうに執着しはじめる。そのときあなたは誰にも従わない。すべての聖典があなたに従う。それらがあなたの影みたいになる。それに、あらゆる聖典はみな同じだ。それはすべて同じことについて語っているんだから——。そのメタファーはもちろん異なる。その言語も違う。しかし、その体験は同じだ。

仏陀曰く、「どこから味わおうと、海は塩からいものだ」。それをコーランから味わおうと、あるいはバイブルから味わおうと、あるいはトラーから、またタルムード[*8]から味わおうと、その味はいつも同じなのだ。

聖典にはあなたを導くことなんかできない。実際には、それらはあなたなしには死んだものだ。あなたが〈真理〉に達したとき、突如としてあらゆる聖典に生命が宿る。あなたを通してそれらはふたたび生き返る。あなたを通してそれらは蘇る。それが私のやっていることだ。

ティロパを蘇らせること——。彼は何百年もの間死んでいた。だれも彼について語らなかった。だれひとりとして彼にもう一度生命を与えてあげていなかった。私は彼を再生させているのだ。私がここにいる間、彼はもう一度生き返るだろう。もしその力があれば、あなたは彼に出会うことができる。彼はふたたびこの近くにいる。もし感受性があれば、あなたは彼の足音を感じることもできる。彼はもう一度物質化しているのだ。私を通して。

私はすべての聖典を再生させてゆくだろう。私を通じて、それらはふたたびこの世界にやって来ることができる。私はその錨《いかり》になることができる。それが私のやっていることだ。そしてそれが私があなた方に、それぞれの人生でやってほしいことでもある。いつの日か——。

あなたが気づいたら。知るに至ったら。そのときは過去の素晴らしかったすべてを呼び戻し、それにふたたび生命を与えなさい。それを復活させるのだ。知・っ・た人々のすべてがふたたびこの地上に立って、旅をし、そして人々に手を貸すことのできるように——。

Enough for today ?
（今日はこのぐらいでいいかな？）

＊1　完全に世間を捨てて無一物で自由に放浪する行者。

＊2　新約聖書マタイ伝第21章12節、マルコ伝第11章15節。寺院の中で悪どい商売をする商人たちにイエスが制裁を加える話が見える。

＊3　ふつうサムサーラ（輪廻世界）とニルヴァーナ（涅槃）とは対立したものとしてとらえられるが、タントラはその二つをひとつに融合する。これは本書の理解においてきわめて重要なポイント。

＊4　第4話に登場したＴＭ（超越瞑想）の主唱者。

＊5　ここでは六波羅蜜多のうち、とくに最初の布施波羅蜜多 (dana paramita) を取り上げているようである。

＊6　現在、ＯＳＨＯ国際瞑想センターのあるデカン高原の小都市。

＊7　古代ギリシャの哲学者、賢者。やや遅れて現われるアリストテレスとは対照的に、老子に近いような自然なあるがままの行き方を説いた

＊8　ユダヤ教の聖典。トラーはすべての根幹をなす律法の書。タルムードはそこから発展して解説的な役割を持つ百科全書。

第六話　意志の道、ヨーガ　愛と降参の道、タントラ

詩《うた》はまた続きます……

マハムドラーに於いて、人の持つ一切の罪は焼かれ
マハムドラーに於いて
人はこの世の獄より解き放たれん
これぞダルマ*の至高の灯なり
そを疑う者
とこしえに不幸と悲しみにのたうつ愚者なり

解脱を目ざすにあたり
人はグルに依るべし
汝の心がその祝福を受くるとき
解放は間近なり

ああ、この世のすべては無意味にして
ただ悲しみの種子なるばかりなり
小さき教えは行ないへといざなえば
人はただ大いなる教えにのみ従うべし

＊ 仏陀の説いた覚醒の道、あるいは宇宙の根源の法。

タントラは段階的な魂の発達ではなく、不意の悟りを信じる。ヨーガは段階的な発達を信じる。一寸また一寸、一歩また一歩、あなたは終着に向かって進歩する。ヨーガはとても数学的だ。犯した罪のそれぞれについて、あなたはそれを徳行によって埋め合わせなければならない。この世の〈勘定〉を清算することなくしては、あなたは悟ることができない。これは数学的な概念だ。科学的だ。

心《マインド》は言うだろう。「もちろん、それは当然だ。君が罪を犯したんだろう。だれがその報いを受ける？　罪を犯したのは君だ。君が報いを受けなくちゃならない。報いを受けることを通じてはじめて、君は解放され得る。君の行ないは邪悪なものだった。君はそれを償わなくちゃいけない。

君はその分の支払いをしなくちゃいけない。君は善行のほうに身を染めなくちゃいけない。その釣り合いが完璧になってはじめて、解脱が可能なんだ。さもなければ君は、何度も何度も地上におっぽり出されるほかない。生まれ、前進し、成長するために――」

これが生まれ変わり＝転生の哲学のすべてだ。タントラはちょうどその反対を説く。タントラはとてもとても詩的なアプローチだ。数学的じゃない。そしてタントラは、数学ではなく愛を信じる。

タントラは不意の悟りを信じ、そして言う。小さな教えは行ないについて教えるが、大いなる教えはいかに行ないすますかなど教えない、と。それはあなたに、何で在るべきか、いかに在るべきかを教える。

行ないは何百万とある。それを、もしその行ないのすべてに支払いをしなければならないとしたら、あなたが解放されるなんていうことはほとんど不可能に見える。何百万という生をあなたは生きてきた。そのひとつひとつの生で何百万という行ないをあなたはしてきた。もし、そういう行ないに支払いをし、報いを受け、ひとつひとつの悪い行ないを善行で埋め合わせなければならないとしたら、それにはまた何百万という生が要ることだろう。その上、その間に、人生の複雑な関係の中で、あなたはもっとたくさんの行ないをしていることだろう。

そうしたら、この鎖はいったいどこで終わる？　それは不可能に思われる。解説などほとんど不可能になってしまう。起こり得ない。もしこういうふうに、一寸また一寸と成長しなければならないとしたら、成長などかなわぬ夢に見えてくる。

もしヨーガの態度がわかったら、あなたはとてもとても絶望的になってしまうだろう。タントラは大いなる希望だ。タントラは砂漠のような世界にあって、ひとつのオアシスみたいなものだ。

タントラは、そんなことは全然問題じゃないと言う。行ないなど問題外だ。あなたがそれをしでかしたのはあなたが無知だったからだ。それはあなたの無知から出てきていたのだ。「実際のところ」タントラは言う、「あなたはそれに関して責任がない」と。もしだれかに責任があるとしたら〈全体〉――それを神と呼んだっていい、その神には責任があるかもしれないが、あなたに責任などあり得ない。

タントラは、この責任を取ろうとすることですら、とてもエゴイスティックなことだと言う。「私は埋め合わせをしなくちゃならない」、「私は善い行いをしなくちゃならない」、「私は自分を一寸また一寸、一歩また一歩と解放してゆかなくちゃならない」などと言うこと——。それもまたとてもエゴイスティックな自己中心的な態度だ。どうしてあなたは自分に責任があるなどと考えるのか？　たとえもし責任がどこかにあるとしても、それは神自身、〈全体〉になければなるまい。

あなたは自分で自分を創ったんじゃない。自分で自分に生を与えたんじゃない。あなたは生を与えられたのだ。あなたは創造されたのだ。そうしたら責任は創造者にあるべきであって、あなたじゃない。

それにあなたは、あらゆる行為を無知の中でしでかしてきたのだ。あなたは自分が何をしているのかご存知なかった。あなたは完全に無知に酔いしれていた。暗闇の中を手探りし、暗闇の中で他人と相争うことになった。暗闇の中でものごとに行きあたり、そこでいろいろなことが起こった。

タントラは、ただひとつ必要なものは光だと言う。覚醒だ、と。何百万もの行ないが埋め合わされる必要なんかない。なされるべきはただひとつ。それは無知の中にとどまらないことだ。目を覚ましなさい。

ひとたびあなたが目を覚ませば、闇の世界に属するすべては消え失せる。それは夢のように、ひとつの悪夢のように見えることだろう。現実《リアリティ》みたいじゃない。そして、確かにそれは現実じゃなかったのだ。というのも、あなたが奥深く無意識であったら、存在し得るのは夢だけであって現実じゃない。

あなたは自分が愛していると夢見てきた。あなたには愛することなどできやしない。愛そうにもあなたはそこにいないのだ。あなたはまだ存在していないのだ。あなたにはなんの〈中心《センター》〉もない。どうして愛することなんかできる？

あなたはただ愛していると信じ込んでいるだけだ。その上にあなたの「愛の生活」と、それにまつわるさまざまな行ないがある。それは夢だ。この夢見から目を覚ましたとき、あなたはこう言うしかあるまい。「どうして私に愛することなんかできただろう？　不可能だ。第一に私はそこにいやしなかった。私は非実在だったんだ、実際——」

覚醒なくしては、あなたがいると言ったところでなんの意味があるだろう？　ナンセンスだ。

あなたは眠り込んでいる。まるでそこにいないかのごとくに深く眠り込んでいる。家の中で深い昏睡状態で眠り込んでいるひとりの人間——彼は本当にそこにいると言えるだろうか？

そこには区別のつけようがない。彼がそこにいるかどうかは区別にならない。彼は昏睡しているのだ。もし泥棒がはいって家中荒らしまわったとしても、あなたはその男に責任があるといえるだろうか？　昏睡状態で横たわっている無意識のその男に？——　その男に責任があるだろうか？　彼は引き立てられて裁かれるだろうか？「泥棒がはいったのにお前はそこで何をしていた」と？——

どうして昏睡している無意識の人間に責任を取らせられよう？　タントラは、すべての生にわたってあなたは昏睡し続けてきたのだと言う。あなたに責任はない。これぞタントラがあなた方に与える第一の解放だ。そしてこの基盤の上に、たくさんのことがたちまち可能になる。

まず、そうしたらあなたは何百万生も待つ必要はない。まさにこの瞬間、扉は開き得る。それは段階的なプロセスじゃない。それは不意の目覚めなのだ。そして、それはそうあってしかるべきだ。

あなたが眠り込んでいて、誰かがあなたを起こそうとするとき、それは段階的なプロセスだろうか？　それとも突然のことだろうか？　普通の眠りの中でさえ、それは段階的なプロセスなのだろうか？

それは、あなたはまず少し目を覚まして、それからもう少し、またもう少し、一〇パーセント、二〇パーセント、三〇パーセント、五〇パーセント──とこんなふうだろうか？

そんなふうにそれは起こるのだろうか？

そうじゃない。目を覚ましているか眠っているかのどちらかだ。そこに段階的なステップなんかない。もしあなたが、自分の名前を呼んでいるその人の声を聞いたら、あなたは目覚めているのだ。一〇パーセント目覚めているんじゃない。

目は閉じているかもしれない。しかし、もし誰かが呼んでいるというのに気づいたら、あなたはもう目覚めているのだ。それは段階的なプロセスじゃない。それは突然の急転なのだ。

百度の熱――水は急転して蒸気になる。そのどこかに段階的な変化があるだろうか？最初に水が一〇パーセント、二〇パーセント、三〇パーセント水蒸気であるというようなな？――違う。それは水であるか蒸気であるかのどちらかだ。それを分ける中間地点なんかどこにもない。

ひとりの人間が死ぬとき――彼はだんだんと、段階的なプロセスを踏んで死んで行くのかな？　その人は半分生きていて半分死んでいる、などということが言えるだろうか？　それはどういうことだろう？　どうして人が半分生きていることなんかできる？　死んでいるか死んでいないかのどちらかだ。半生ということは死んでいないという意味だ。

人を愛するとき――あなたは一〇パーセント、二〇パーセント、三〇パーセントというふうに愛するだろうか？　あるいは愛しているか愛していないかのどちらかだろうか？　愛を分割する可能性なんてあるだろうか？　不可能だ。愛、生、死――それらはみな不意に起こる。

子供が生まれるとき――生まれているか生まれていないかのどちらかだ。そして同じことが悟りについても真なのだ。なぜなら、それは究極の誕生にほかならないのだから。究極の死。究極の生。究極の愛。悟りにおいて、あらゆるものがその究極の絶頂に至る。それは不意のものだ。

タントラは、行ないに注意を向けるな、その行ないをやってきたその人に焦点を合わせよ、と言う。ヨーガは行ないに注目する。タントラはその人に、その意識に、あなたに注意を向ける。もしあなたが無知だったら、タントラは言う。あなたはいやでも罪を犯さずにはいられまい、と。

たとえ高徳の士でいようとしたところで、あなたの徳など一種の罪にしかすぎない。だって、眠りこけた無知な人間に、どうして高潔であることができる？　どうして無知から徳が現われ出ることができる？　無意識から？——不可能だ。そんなものがあるとすればば、それはただの仮面に違いない。その裏には本当の顔があるだろう。罪という本当の顔が。

愛についてしゃべりはするかもしれないが、あなたには愛することなんかできっこない。その代わりに憎むだろう。あなたは慈悲についてしゃべることはできる。だがその慈悲は、あなたの怒りや、強欲や、嫉妬の覆いでしかあるまい。

あなた方の愛は有毒だ。その愛の奥深くには憎しみという虫が巣喰っていて、絶え間なくそれをむしばんでいるのだ。あなた方の愛は傷口みたいなものだ。それは痛む。それは花みたいじゃない。そうあり得ないのだ。そういうあなた方に愛を期待するほうこそ馬鹿者だ。それはできない相談だ。

あなた方の道徳など一種の不道徳であらざるを得ない。あなた方の言う道徳家の先生方や、いわゆる聖人様たちを見てごらん。偽善と欺瞞の顔以外の何ものでもないのがわかるだろう。彼らは何かあることを言うかと思うと、何かそれとは違うことをする。彼らは何かしでかすと、それをあなた方の目から隠すばかりか悪達者なことに、それを自分自身からも隠してしまう。

無知の中では罪は自然な成り行きだ。悟りにあっては、徳が自然なものとなる。ブッダ[*1]には罪を犯すことができない。あなたときたらほかにどうしようもない。罪を犯すことしかできないのだ。罪だの徳だのはあなたの決めることじゃない。そういうのはあなたの行ないのことじゃない。それはあなたの実存の影なのだ。

もしあなたが目覚めたら、そのときにはその影は落ちる。そして、その影はめくるめく光にあふれる。そして、その影は誰ひとりとして害を与えない。与えようがないのだ。

それは〈知られざるもの〉、〈不滅なるもの〉の香りを持つ。それはただ祝福のように、あなたの上に降り注ぐことができるばかり。そうでしかあり得ないのだ。たとえもしひとりのブッダがあなたに腹を立てることがあっても、それは慈悲にほかならない。そうでしかあり得ないのだ。あなたの慈悲は本物ではあり得ない。ブッダの怒りは本物ではあり得ない。

あなたの罪悪――あなたの自然な影――何をしようが同じこと。あなたはそれを飾り立てることもできよう。その上に寺院を建立することもできよう。それを美化することはできよう。だが、そんなことは通用しない。奥深いところに、あなたはそれを見出すだろう。なぜなら、それはあなたが何をするかという問題ではないからだ。それはあなたが何で在るかという問題だ。重点の置き方に注意してごらん。もしこの重点の変化がわかったら――この重点の変化は大きなポイントだ――そのときはじめて、あなたはタントラを理解することができるだろう。

タントラは偉大な教えだ。それは行ないについて教えたりはしない。それはただあなたの〈実存（Being）〉について教えるだけだ。あなたが誰であるかというのがポイントだ。眠りこけていびきをかいているか、それとも目覚めているか。あなたは何者か？　ゆるみのない意識か、それとも催眠状態でさまよっているのか？　あなたは夢遊病者か、それとも目を覚まして気を張りめぐらせているか？　何をするのでもいい。あなたはそれを自己留意[*2]のもとにやっているか？

そうじゃない。それは起こってしまう。あなたにはなぜかわからない。それがいったいどこからくるのか？　無意識のどの地点からその衝動がやって来てあなたをとらえ、そして、あなたが行動しなければいけなくなるのか？　この行ないというもの――たとえそれを社会がなんと言おうと、それが道徳的だとか不道徳だとか、罪悪だとか徳だとか……タントラはそんなものに構いはしない。タントラはあなたを見る。あなたの実存の芯《センター》を。それがどこから来るのか――

あなたの無知という毒からは生は現われ出ることができない。出てくるものは死ばかり。あなたの暗闇の中からは暗闇しか生まれてこない。そして、それは完全に自然な成り行きのように思われる。それならどうするか？　我々は行ないを改めようとするべきなのだろうか？　我々はもっと道徳的に、徳高い、責任ある人間になろうとするべきなのだろうか？　あるいは我々は〈実存〉を変えようとするべきなのだろうか？

〈実存〉は変えられ得る。それは無限の生の間待つ必要なんかない。もしあなたに強烈な理解があれば、もしあなたが自分の全面的な努力を、エネルギーを、実存を、それを理解することに注ぎ込めば、まさにその強烈さにおいて、突然あなたの中に光がともる。ひとつの炎が稲妻のようにあなたの〈実存〉から湧き上がる。そしてあなたの過去と未来の一切が、突如として視野のもとにひろがる。

あなたは何が起こったのかを理解し、何が起こっているのかを理解し、何が起ころうとしているのかを理解する。突然、すべてがクリアになる。ちょうどそれまでが暗闇で、そこに誰かが明かりを持って来て、突然あらゆるものがはっきりしたように――。

タントラは、あなたの内なる光をともすことにすべてを賭ける。そしてタントラは言う。その光のもとに過去はまったく無縁のものと化す、と。それは決してあなたのものじゃない。確かにそれは起こった。だが、それは夢の中で起こったようなものだ。あなたは眠りこけていた。確かにそれは起こった。善いも悪いもあなたはたくさんのことをしでかした。だが、それらはすべて無意識の中で起こったのだ。あなたには責任がない。

そうして突然、過去の一切が焼き落とされ、新鮮で清らかな〈実存〉が現われ出る。これが不意の悟りだ。

ヨーガは人々に受ける。なぜなら、それはとてもビジネスライクに見えるからだ。パタンジャリ[*3]ならごく簡単に理解できる。それはあなた方自身の心《マインド》、その論理的な心、数学的思考とよく合うからだ。

ティロパは難しい。ただし、ティロパは稀有の存在だ。パタンジャリの理解はありふれている。歴史の全面にわたって、これだけパタンジャリの影響が及んでいるのはそのためだ。ティロパのような人々は、人間精神になんの痕跡も残さずきれいに消え失せてしまった。なぜなら、あなた方はそこになんの相性も見出せなかったからだ。

パタンジャリはとてもとても偉大かもしれない。しかし、それでもなおかつ、彼は同じ次元に属している。あなたがとてもとても小物の思想家であるとすれば、パタンジャリは偉大中の偉大な思想家であるかもしれない。しかし、あなた方は同じ次元に属している。ちょっと努力すれば、あなたはパタンジャリを理解することができる。ちょっと努力すれば、あなたはパタンジャリを実行することもできる。ほんのちょっとした努力が必要なだけだ。それ以上どれほどのものでもない。

しかし、ティロパを理解するには、あなたは完全に未知の次元にはいり込んでゆかなくてはならない。ティロパを理解するには、あなたはカオスの中を進まなくてはならない。彼はあなたの概念のすべてを、あなたの数学のすべてを、あなたの論理のすべてを、あなたの哲学のすべてをぶち壊すだろう。彼はただ、あなたを徹底的に破壊し去るだろう。あなたが完膚なきまでに破壊され、ひとつの新しい実存が湧き起こらない限り、彼は満足すまい。

パタンジャリでは、あなたは〈修正〉されるだろう。あなたはより良く、より良く、より良くなるだろう。そのプロセスには果てしがない。そして、あなたは幾多の生にわたって、より良く、より良く、よく良くなり続けることだってできる。

ティロパでは、瞬時にしてあなたは究極に達することもできる。「より良く」などというのは問題にならない。彼は段階などというものを考えないからだ。

それはちょうど丘の頂上に立っているようなものだ。あなたは階段のついた小径をつたって、一歩一歩谷へ降りて行くこともできる。——あるいは谷間から丘へでもいい、とにかく一段一段だ。ティロパでは、あなたはただ奈落の底へと跳び込む。階段なんかない。さもなければ、パッと翼をひろげて舞い上がる。

パタンジャリでは、あなたは牛車に乗って進む。とてもゆっくり、安全に、心配なく——事故の怖れなど何もない。牛車はいつもコントロールのもとにある。あなたはいつなんどきでも止めることができる。あなたを超えたものは何もない。あなたは親分のままだ。そしてその次元は水平だ。牛車はAからBへ、BからCへ、CからDへと動く。しかし次元は同じ、同じ地平だ。

ティロパでは、その次元が変わり垂直になる。それはAからB、BからCじゃない。違う。それはちょうど飛行機みたいだ。牛車みたいじゃない。前に動くのではなく、上に向かう。ティロパでは、あなたは時を超越することができる。パタンジャリでは、あなたは時の中を動く。ティロパでは〈永遠〉がその次元だ。

あなた方は気づいていないかもしれないが、ここ十年余りの間にひとつの奇跡が起こった。それは新式の宇宙船が、古い時間の概念を完全にぶち壊してしまったことだ。というのも、宇宙船というのが地球のまわりをまわれるからだ。数秒の間に、それは地球を一周することができる。と言っても、あなた方は、理論的な問題点に気づかないかもしれない。それはこういうことだ――。宇宙船がプネーから離陸する――日曜日だ。そしてそれが地球をひとめぐりすると、あるところは月曜日に違いないし、あるところはまだ土曜日かもしれない。だからその宇宙船は、日曜日から出発して土曜日に戻り、月曜日へと跳び、プネーには日曜日に帰って来る。時間概念全体が失われた。

それは馬鹿みたいにも見える。一六日に出発して一七日にはいり込み、その同じ一六日に戻って来る。それもいまや、これが二四時間のうちに何度でも行なわれ得るのだ。それはどういう意味だろう？　それは時間を逆行することができるということだ。日曜日から土曜日に一六日から一五日に――一七日の月曜日へと先まわりして、また同じ日に帰って来ることも可能なのだ。スピードと〈垂直〉という異質な次元の介入によって、時間は無意味なものになる。時間は牛車にとっては大問題だ。それは牛車の時間だ。

ティロパは垂直の心、垂直の意識だ。それがタントラとヨーガの違いだ。タントラは垂直だ。ヨーガは水平、タントラは垂直だ。ヨーガはたどり着くのに何百万という生をかける。タントラは一秒でいいと言う。タントラは時間など関係ないのだと言う。時間に構うことなんかない、と。タントラは、それを通じてあなたが不意にすべてを明け渡し、奈落へと身を投げることのできるテクニックやメソッドを持ち、しかもそれを非テクニックであり、非メソッドだと言う。

ヨーガは努力、タントラは無努力だ。努力によって、あなたのちっぽけなエネルギーによって、あなたのちっぽけな自我《エゴ》によって、あなたは〈全体〉と闘う。それには何百万生も要ることだろう。それでもまだ、悟りなどということはありそうに思えない。〈全体〉と闘うなんて馬鹿げている。あなたはただの一部分に過ぎないのだ。それはまるで波のひとつが海と闘っているみたいなものだ。一枚の葉っぱが木と闘っているようなものだ。あるいは、自分の手がからだと闘っているようなものだ。いったい誰とあなたは闘っているのか？

ヨーガは努力だ。強烈な努力だ。そしてヨーガは流れと闘う道であり、流れに逆らって進もうとする道だ。だから、自然なものがあったらことごとく、ヨーガはそれをはらい落とさないと気が済まない。そしてなんでもいい、不自然なものをヨーガは飢え求める。ヨーガは不自然な道だ。川と闘い、流れに逆らう。

なるほどそこには挑戦《チャレンジ》があるし、挑戦というのは楽しいものかもしれない。だが、それを楽しむのは誰か？　あなたの自我《エゴ》だ。ヨーギの中に、エゴイストでない人を見つけ出すのがとても難しいのはそこだ。とても難しい。稀なことだ。もしあなたがエゴイストでないヨーギを見つけられたら、それは奇跡だ。それは大変なことだ。

それは、その〈努力〉というもの自体が自我《エゴ》を、戦いを作り出すからだ。謙遜なヨーギが見つかることはあるかもしれない。しかし少し深く見つめてみれば、彼らのその謙遜さの中に、あなたは最も微妙な自我《エゴ》が隠されているのを見出すことだろう。最も微妙な自我《エゴ》だ。彼らは、「私たちなんて地上の塵にすぎません」などと言うかもしれない。だが、その目を見つめてごらん。彼らは謙遜さをひけらかしている。彼らは、「俺たちより謙遜な人間はほかにいない。俺たちこそ一番謙遜な人間だ」と言っているのだ。しかし、これぞ自我《エゴ》の何たるかだ。

もし自然に逆らったら、あなたの自我《エゴ》は強まるだろう。それがチャレンジというものだ。人々が挑戦を好むのはそのせいだ。挑戦のない人生は退屈なものになってしまう。自我《エゴ》が空腹を感じるからだ。自我《エゴ》は食べ物を必要とする。挑戦がその食べ物を供給する。そこで人々は挑戦を求める。もしなんの挑戦もなかったら、彼らはそれをつくり出す。障害物をつくり出すのだ。その障害物と戦いを交えられるように——。

タントラは自然な道だ。ゆったりと自然であることがゴールだ。流れと闘う必要はない。ただそれに従い、それとともに浮き漂えばいい。〈川〉は海に向かっている。それを、なぜ闘うのか？　〈川〉に身を任せてごらん。〈川〉とひとつになるのだ。降服しなさい。

〈降服《サレンダー》〉というのがタントラのキーワードだ。〈意志〉がヨーガのキーワードだ。ヨーガは意志の道だ。タントラは降服《サレンダー》の道だ。タントラが愛の道であるのもそこだ。愛とは降服することだ。

これが第一に理解すべきこと。そうすればティロパの言葉は、ごくごくはっきりと透明になってくる。タントラの異質な次元が理解されなくてはならない。垂直の次元。闘うのではなく、ゆったりと自然であるという降服の次元が――リラックスだ。荘子が「楽なれば正なり」というところのもの――ヨーガでは「苦なれば正なり」だ。タントラでは楽なれば正なりだ。

リラックスし、気を楽にしてごらん。急ぐことなんか何もない。〈全体〉それ自身がひとりでにあなたを導いてゆく。あなたが個人的に奮闘する必要はない。誰もあなたに、あなたの時期がくる前にたどり着くことなど求めてはいない。機が熟したときにはたどり着くだろう。ただ待つだけでいい。〈全体〉が動いているのだ。なんで急ぐ？　なぜ人より先にたどり着こうとするのか？

ひとつ仏陀について素晴らしい話がある。彼が天国の門に着いた。もちろんそこの人々はそれを待っていた。彼らは門を開け、彼を歓迎した。ところが彼は門に背を向けてサムサーラ、つまり娑婆《しゃば》世界のほうを見やった。何百万という魂たちが、同じ道の上にいて不幸と悲しみの中にあがき、この天国の至福の門にたどり着こうと求めているではないか。

門番が、「どうかおはいりください。私たちはあなたをお待ちしておりました」と言うと、仏陀は答えて言った。「ほかの者たちが着いていないのにどうしてはいれよう？　まだその時ではないようだ。全体がまだはいっていないのに、どうして私にはいることができよう？　私は待たなくてはなるまい。これはちょうど私の手が扉に届いて、足はまだ届いていないようなものだ。私は待たなくてはなるまい。手だけがひとりで入ることはできない」

これこそタントラの最も深い洞察のひとつだ。タントラは、実際のところ、だれもひとりで悟ることなんかできないと言う。我々は互いに互いの一部だ。我々は互いに互いのメンバーだ。我々はひとつの全体なのだ。ひとりの人間が頂きとなることはあるかもしれない。ひとつのとても大きな波になることはあるかもしれない。だが、それはまわりを取り巻く小さな波とつながったままだ。

それはひとりぼっちじゃない。それは海やそこにある全部の波とひとつのままなのだ。どうしてひとつの波だけがひとりで悟ることができよう？　このビューティフルな話には、仏陀はいまなお待っているのだと言われている。彼は待たないわけにはいかない。だれも孤島なんかじゃない。我々はひとつの大陸だ。我々はいっしょなのだ。

私はあなた方よりも一歩先に踏み出したかもしれない。でも、私は別々ではあり得ない。そしていま、私はそれを心底知っている。いまやこれは、私にとってはただのお話じゃない。私はあなた方を待っている。もうこれはただのたとえ話じゃない。

いまや私は、個的な悟りなどというものがないことを知っている。少し先に足を踏み出すことができる個たちはいる。それだけのことだ。だが、彼らとて全体とひとつに結ばれたままだ。それに、もし悟った人間が、自分が他の一部であり、他とひとつなのだということに気づかないとしたら、誰がそれを知るだろう？

我々はひとつの実存（Being）として進む。それに、タントラは急ぐことはないと言う。人を押しのけて列の先頭に立とうとなどするんじゃない、と。ゆったりと自然でいなさい。あらゆるものは悟りへと向かっている。それはいずれ起こる。あなたがそれについて苦悶することなんかない。

もしこれがわかれば、もうあなたはその近くにいる。そういう人はリラックスできる。そうでないと、宗教的な人たちというのはとてもとても緊張してしまうものだ。あたり前の世間的な人たちでさえ、宗教的な人たちがなるほど堅苦しくはならない。

あたり前の世間的な人たちは世間的なゴールを目指している。もちろん彼らも緊張している。が、宗教的な人たちほどじゃない。宗教的な人たちというのは別世界を求めて緊張しているからだ。その上、その別世界はとても遠く離れていて目に見えない。そして彼らはつねに、それが本当にあるのかないのか疑っている。するとひとつ新しい不幸が生じてくる。もしかすると彼らはこの世界を失った上、その別世界の方は存在しないかもしれないのだ。彼らはつねに、心理的にとてもひどく混乱して苦しんでいる。

その手の宗教的人間にはならないこと。私にとって宗教的人間とは、ゆったりと自然な人間のことだ。この世のこともあの世のことも思い煩わない。まるで思い煩うなどということをしないのだ。彼はただ生き、そして楽しむ。

この瞬間こそ彼にとっては唯一の瞬間だ。次の瞬間は次の瞬間が自分で面倒を見る。次の瞬間が来たときには、彼はそれをもまた受け容れる。楽しみ、至福に満ちて――。

宗教的人間は目標指向じゃない。目標指向であるということこそ世間的であることだ。あなたの目標は神であるかもしれないが、それでもどこも違わない。

タントラは本当にビューティフルだ。タントラは至高の理解であり、最も偉大な原理だ。もしあなたにタントラがわからなければヨーガがいい。が、もしあなたにタントラが理解できれば、そのときは小さな教えに構うことはない。壮大な乗り物がそこにあるとき、なんで小さなボートに構うことがある？

仏教にはふたつの宗派がある。その宗派の名前はとてもとても意味深い。ひとつはヒナヤーナ（小乗）として知られている。それはヨーガの道だ。小さなボート——あなたひとりしかその中には坐れない。ほかには誰も乗れない。本当に小さいものだ。

ヨーギはひとりで行く。ヒナヤーナとはとても小さな舟のことだ。そしてもうひとつ、マハヤーナ（大乗）、偉大な舟と呼ばれる仏教の一派がある。何百万という人々がその中にはいれる。全世界がその中に飲み込まれ得る。

マハヤーナはタントラの道だ。ヒナヤーナはヨーガの道だ。ティロパは大いなる乗り物、大いなる原理を奉ずるマハヤーナ者だ。小さなボートは、そのボートにほかの誰も乗せられないエゴイストたちのものだ。ひとりでしかいられない者。偉大な不平家たち。つねに他人を非難の目で見ている人。「お前さんが？——あそこにたどり着こうというのかい？そりゃ無理だ、とても難しい。たどり着くのは稀有な人物だけだよ」。彼らはあなたをボートに乗せようとしない。

マハヤーナにはすべてに対する深い愛がある。誰でも乗り込める。実際のところ、条件などというものからして存在しない。人々は私のところにやって来て言う。「あなたは誰かれ構わずサニヤス[*4]を授けてますけど……？」

サニヤスはいままで、一度としてこんなふうに与えられたためしはなかった。私がなんの条件もなしにサニヤスを与えている、これは歴史上はじめてのことだ。サニヤスはいつも、とてもエゴイスティックな人たちのものだった。あらゆるものが間違っていて、この生のすべてが罪悪だ、と言うあの世的な非難屋たち、害毒者たち。いつも「俺の方が神聖だ」という目をしている者たち。あなた方はつねに非難される。あなた方には地獄があてがわれる。彼らは偉大なるサニヤシン様だ。彼らは世間を捨てた。塵と罪悪と毒の世間を――そしてあなたはまだそこにいる！

偉大なるエゴイストたちがサニヤシンだった。はじめて私はあらゆる人を許した。私は扉を開けた。実際には私は扉を完全に放り投げてしまった。もうそれは閉じられない(笑)。もう誰でもかれでも大歓迎だ。

なぜか？　それは私の姿勢がタントラのそれだからだ。ヨーガの姿勢じゃない。私はパタンジャリについても話をする。タントラを理解できない人たちのために――。さもなければ私の姿勢はタントラのそれだ。すべての人が歓迎される。神があなたを歓迎しているのに、どうして私がそうしないでいられる？　全世界があなたを支え、存在があなたを認める。認めるばかりかエネルギーといのちを与えているというのに――。

たとえもしあなたが罪を犯したとしても、存在は決して「駄目、もうお前にはエネルギーをやらない。もうこれ以上お前はガソリンをもらえない、おしまいだ。お前はあまりにもナンセンスなことをやりすぎた」などとは言わない。違う。エネルギーは与えられ続ける。燃料危機なんか絶対にない。存在はあなたを支え続ける。

あるとき回教徒の神秘家ジュネイド[*5]が神に、彼の隣人のひとりについて、「あの男は実に邪悪で、村全体に大変ひどい悪戯をはたらいています。みんなが私のところにやってきては、神にあの男を追い払えるかどうかお願いしてください、祈ってくださいと頼むのですが……」と尋ねた。するとジュネイドはその祈りの中で、「私が彼を受け容れているのに、どうしてお前が彼を拒絶するのか？」という声を聞いた。

そしてジュネイドは自伝に書いている。「私は二度とふたたび、そのようなことを神に尋ねはしなかった。あれは本当に私の愚だった。もし〈彼〉があの男に生を授け、もし〈彼〉が依然としてその男を生かしめ、生かしめているばかりか栄え、花咲かしめているというのなら、どうして私ごときにそれをうんぬんできよう？」

存在はあなた方に無条件で生を与える。私はあなた方に無条件でサニヤスを与える。もし存在があなたに、あなたがその望みをぶち壊せないほど、こうも無限に望みをかけているとしたら、それを私がどうする？

タントラは万人のものだ。選ばれた少数のものではない。それが選ばれた少数の道になってしまったのは、すべての人がそれを理解するというわけではないからにすぎない。しかし、それは選ばれた少数のためのものじゃない。それは万人のものだ。それは跳ぶ用意のできたあらゆる人のものなのだ。

さあ、理解しようとしてごらん。

マハムドラーに於いて、人の持つ一切の罪は焼かれ

それは善行で埋め合わせるものじゃない。〝マハムドラーに於いて、人の持つ一切の罪は焼かれ〟。この何度も何度も出て来るマハムドラーとはいったい何だろう？ 何が起こるのだろう？ マハムドラーとは、そこにおいてあなたが〈全体〉と分離していない実存の一状態だ。マハムドラーとは、〈全体〉との奥深い性的オーガズムのようなものだ。

ふたりの恋人が深い性的オーガズムの中にあるとき、彼らは互いに溶け合う。そのとき

女はもう女でなく、男はもう男でない。彼らはちょうど陰陽の環のようになって、互いの中にはいり込み、それぞれのアイデンティティー（自己主体）を忘れて、互いの中に出会い、溶け去る。愛がかくもビューティフルなのはそのためだ。

この状態が「ムドラー」と呼ばれる。オーガズミックな交合のこの状態が「ムドラー」と呼ばれる。そして〈全体〉との最終的なオーガズムの状態が、「マハムドラー」と呼ばれるのだ。大いなるオーガズム――。

オーガズムの中では、性的なオーガズムの中では、いったい何か起こるのだろうか？それを理解しなくてはならない。なぜなら、あなたに、最終的なオーガズムへの鍵を与えてくれるのはそれだけだからだ。何が起こるのか？

ふたりの恋人がそこにいるとき――それも、忘れてはいけない、ふたりの恋人だ。夫婦じゃない。なぜなら夫婦では、それはほとんど全くと言っていいほど起こらないからだ。夫婦というのは、どんどん固定的な役割になってしまうからだ。彼らは溶けて漂うことがない。夫は固定された役割になり、妻は固まった役割になってしまっている。彼らはその役を演ずる。妻は、好むと好まざるとにかかわらず妻として行動しなくてはならない。夫は夫として行動しなくてはならない。それは法的なものになってしまっている。

あるとき私はムラ・ナスルディンに尋ねた。「結婚してどのくらいたつんだい、ナスルディン?」「なんと二〇年だ」と彼。そこで私が、「どうしてなんとつくんだい?」と聞くと、彼曰く、「妻の顔を見ればわかるよ」(笑)

夫婦というのは社会的な現象だ。それは人間関係じゃない。ひとつの制度だ。強制された現象なのだ。愛のためではなく、ほかの理由によって——経済、安全、安定、社会、文化、宗教。愛以外のすべて——。

オーガズムは夫婦の間にはほとんど決して起こらない。彼らがまた恋人でもない限り——それは可能だよ。あなた方は夫婦であって、同時に恋人であることもできる。あなたは自分の奥さんを愛することもできる。そうなれば話は全然別だ。そのときそれはまるで結婚なんかじゃない。それはもう制度じゃない。

東洋では何千年もの間、結婚というものが存在していたために、人々は完全にオーガズムの何たるかを忘れ去ってしまった。オーガズムの何たるかを知っているインド人の女性に、私はひとりとしてお目にかかったことがない。

何人かの西洋の女性たちが、ほんのここ数年の間に――まあ二五年というところだろう、オーガズムというものが何か達するに値するものだということに気づいた。それ以外の女性たちは、彼女らがそのからだの中に、オーガズムという何らかの可能性を備えていることを全く忘れ去ってしまった。これは人類に起こり得ただろう中でも最も不幸なことのひとつだ。

そして女がオーガズムを持てないとき、男もまた本当にはそれを持つことはできない。オーガズムとはふたりの出会いだからだ。ふたりでこそ、彼らがお互いの中に溶け合ったときそれを持つことができる。それはひとりが持てて、もうひとりが持てないかもしれないようなものじゃないのだ。それはあり得ない。

放出はあるだろう。射精は可能だ。慰めは可能だ。ただしオーガズムじゃない。オーガズムとは何だろうか？　オーガズムとは、あなたのからだが、もう物質としては感じられないような状態のことだ。それはエネルギーのように、電気のように震動する。それがまさに根底からあまりにも深く波打つために、あなたはそれが物質的なものだということを完全に忘れてしまう。それは電気的な現象と化す。そして、それは電気現象なのだ。

今や物理学者たちは、物質というものはないと言っている。一切の物質はただの見かけにすぎない。奥深いところでは、〈存在しているもの〉は電気なのだ。物質じゃない。

オーガズムにおいて、あなたはもう物質というものが存在していない、肉体のこの最も深い領域へと降りてくる。ただのエネルギーの波。あなたは舞い踊るエネルギーとなる。波打ち――もうなんの境界もない。脈動する――が、もう実体を持っていない。そして相手の恋人もまた脈動する。で、だんだんと、彼らがお互いに愛し合い、お互いに降服し合い、脈動の、波動の、エネルギーであることの、その瞬間に降服し、そしてそれを怖がらせなければ――というのは、それは死のようなものだから――。からだが境界を失い、からだが蒸気のようなものになり、からだが実体としては蒸発してしまい、ただエネルギーだけが残るとき――ひとつのごく微妙なリズムだ。ただし、それはまるで自分がいないかのようだ。ただ深い愛の中でしか人はそこに入り込めない。愛は死のようなものだ。あなたはあなたの物質的イメージに関する限り死んでしまう。自分を肉体だと思っている限りにおいて、あなたは死ぬ。からだとしてのあなたは死ぬのだ。そしてあなたはエネルギーとして、力強いエネルギーとして昇華する。

そして妻と夫が、あるいは恋人同志が、あるいはふたりのパートナーが、ひとつのリズムの中に波打ちはじめるとき、彼らの心臓の鼓動も、彼らのからだもひとつになり、それがひとつのハーモニーをかもし出す。そのとき——オーガズムが起こる。そのとき、彼らはもはやふたりではない。それが陰陽のシンボルだ。

陰が陽の中にはいり込み、陽は陰の中へとはいり込み、男が女の中にはいり込み、女が男の中へとはいり込む。いまや彼らは環《わ》だ。そして彼らはいっしょに鼓動する。いっしょに脈打つ。彼らのハートはもう別々じゃない。彼らの鼓動はもう別々じゃない。彼らはひとつのメロディー、ひとつのハーモニーとなる。それは世に存在し得る最も偉大な音楽だ。ほかの一切の音楽などこれに比べたら影が薄れてしまう。これに比べたら顔色なしだ。

ふたつのものがひとつになって波打つこの振動を、オーガズムという。同じことがほかの人間とではなく、存在全体との間で起こるとき、それがマハムドラーだ。それが大いなるオーガズムだ。それは起こり得る。

私はあなた方に、そのマハムドラーが、大いなるオーガズムが可能となるように、どうやってそれを試みることができるかを話してあげたいと思う。

インドネシアにババパク・スブドというとても稀有な男がいる。彼は知らず知らずに、ラティハン（latihan）として知られるひとつのメソッドに行きあたった。彼はそれに出く・・わした。だが、ラティハンは最も古いタントラのテクニックのひとつだ。それは別に新しい現象じゃない。ラティハンはマハムドラーへの第一歩だとも言える。

それは、からだを波動に任せること、からだがエネルギーに、非実体的に、非物質的になるのを許すということだ。からだが溶けて、境界が消滅するのを許すということだ。バパク・スブドは回教徒だ。ただし、彼の活動はスブド教として知られている。その言葉は仏教のものだ。

郵　便　は　が　き

2 4 8 - 0 0 1 4

恐れ入りますが、
切手をお貼りください

（受取人）

神奈川県鎌倉市由比ガ浜 3-3-21

OEJ Books 行

ふりがな お名前	（　　　）歳
ご職業	
性別	□男性　　□女性
ご住所	（〒　　－　　）
TEL:	
E-mail:	

● 新刊情報はここでチェック!

http://oejbooks.com/

ホームページから書籍を検索いただけます。
またご意見やご希望もお気軽にお寄せください。

OEJ Books

OEJ Books

● お買い上げの本の書名

● この本をどこでご購入いただきましたか？
□ 書店（　　　　　　　　）□ WEBサイト（　　　　　　）
□ その他（　　　　　　　　　　　　）

● この本の中で、どこに興味をひかれましたか？
a. タイトル　b. 著者　c. 目次・内容を見て　d. 装幀
e. 帯の文章　f. その他（　　　　　　　　　　）

● 本書についてのご感想、ご意見などをお聞かせください。

● これまでOSHOの本を購入したことがありますか？ □ ある □ ない

● 今、とても興味のあるテーマは？（複数回答可）

● 最近読んでおもしろかった本は？
書名　著者
出版社

● これから、どんな本の出版をご希望ですか。

● ご感想をホームページなどでご紹介させていただく場合があります。（諾・否）

スブドはス、ブ、ダ、という三つの言葉から来ている。スはスシラ（Sushila）を意味し、ブはブッダ（Buddha）を意味し、ダはダルマ（Dharma）を意味する。つまりスブドとはスシラ—ブッダ—ダルマという意味になる。その意味は、仏陀より来たる大いなる功徳の法、仏の大功徳法となる。ん？　これはティロパが、大いなる教えと呼ぶところのものだ。

ラティハンは簡単だ。それは第一歩だ。それをやる人はまずリラックスして、ゆったりと自然に立つ。もしひとりで立てて、まわりに邪魔をする人がなければそのほうがいい。部屋を閉める。ひとりで立つ。

もし誰か、すでにラティハンに足を踏み入れている人が見つかれば、そういう人の立ち会いは役に立ち得る。彼がそこにいるというまさにそのこと自体、ひとつの触媒として作用する。彼がオープナーになる。その人はとても楽にあなたを開くことができる。また、そういう人がいなくても、あなたは自分で自分を開くことができる。少しよけいに時間がかかるだろう。それだけのことだ。それがいやならオープナーを探すといい。

その人にあなたのすぐ脇に立ってもらい、彼から先にラティハンを始める。あなたはただ立っているだけでいい。すると彼のエネルギーがあなたと振動しはじめる。彼のエネルギーがあなたのまわりをまわりはじめる。芳香のように彼があなたを包む。突然、あなたは音楽を感じる。ちょうどそこにうまい歌い手がいるかのように、あるいは誰かが楽器を奏でているかのように、あなたは足でリズムを取りはじめる。あるいは椅子を軽く叩きはじめる。あるいはそれといっしょに脈打ちはじめる。そんな感じだ。

彼の中にある深いエネルギーが動き、そして部屋全体の雰囲気がたちまち変わってしまう。あなたは何もしなくていい。ただそこにいればいい。ゆったりと自然に――ただ何かが起こるのを待つ。

そしてもしからだが動きはじめたら、それを許さなくてはいけない。あなたはただ協調して、それを許せばいいだけだ。その協調もあまり直接的になってはいけない。押しつけになっては駄目だ。それはただ許すということであるべきだ。

あなたのからだが突然動き出す。まるで何かに取り憑かれたかのように。まるで天上からの偉大なエネルギーが、あなたの上に降臨したかのように。まるで雲がやって来てあなたを取り巻いたかのように——。

そして、いまあなたはその雲に乗り移られた。その雲があなたのからだにはいり込む。からだが動きを始める。腕が上がる。微妙な動き。あなたはちょっとした舞いを舞う。やわらかいしぐさ——からだが持ち上がる。

もしあなたが、自動書記のことを少しでも知っていたら、ラティハンにおいてどんなことが起こるかわかりやすいだろう。自動書記ではあなたはペンを手に取り、目を閉じて、待つ。

突然あなたは腕にけいれんを感じる。あなたの手は、まるで何かがはいり込んだかのように支配される。あなたは何もしなくていい。もし何かしたら、それはもうむこうのものではなくなるからだ。それはあなたの仕業になってしまうだろう。あなたはただ任せなければならないだけだ。ゆったりと自然に——。

ティロパの言葉は素晴らしい。改善の余地はない。「ゆったりと自然に」——あなたは鉛筆を持ち、目を閉じて待つ。けいれんが来て手が動きはじめたら、あなたはそれを許さなくてはいけない。それだけのことだ。抵抗しては駄目だ。抵抗しようとすればできるのだから、そのエネルギーはとても微妙なものだ。

そして最初のうちはあまり強くもない。あなたが止めてしまえばそれは止まる。それに、そのエネルギーは侵略的なものじゃない。

もしあなたが許さなければそれはやって来ない。もし疑えばそれは起こらない。疑いがあったら、あなたの手は抵抗してしまうからだ。疑いがあったらあなたは任せまい。闘うだろう。信頼というものが本当に意味深いのはそこだ。シュラッダ (Shraddha) ——。

あなたはただ信頼しきって、手を放り出して置く。だんだんとその手が動き出す。そうして、その手が紙の上をのたうちはじめる。

それを許すのだ。そこに誰かが質問をする。あるいはあなたが自分で質問してもいい。

その質問を心の中にゆったりと置く。あまり頑固にでなく無理強いせず。ただ質問を出して、それを待つ。

すると突然、答えが書かれる。もし十人がやってみれば、少なくとも三人は絶対に自動書記の能力があるだろう。人々の三〇パーセントは、自分がそれほどに受容的になれることに気づいていない。しかも、これは人生において大きな力になり得るものだ。

何が起こるのか、説明はいろいろある。それは重要なことじゃない。が、それについて私が真理と見なした中で最も深い説明は、あなた自身の最高中枢《センター》が、下位の中枢《センター》をとらえるというものだ。あなた自身の意識の最も高い頂きが、最も低次の無意識の心をわしづかみにする。あなたが尋ね、あなた自身の内なる実存が答える。ほかに誰がいるのでもない。

ただし、あなたの知らないあなたの内なる実存というものは、あなたよりもずっと優れている。あなた自身の内奥無比の実存は、あなた自身の究極の開花の可能性だ。それは、あたかも花が種に乗り移り、そして答えるようなものだ。種は知らない。けれども花は知っている。

あたかもあなたの〈可能性〉が、あなたの〈現実性〉に乗り移り、そして答えるように――。あたかもあなたの究極の〈潜在性〉が、それがいかにあれ、今あるあなたをとらえ、そして答えるように――。

あるいは〈未来〉が過去をとらえるがごとく、〈未知なるもの〉が〈既知なるもの〉をとらえるがごとく、〈無形なるもの〉が〈形〉をとらえるがごとく――メタファーは無限だ。が、とにかく、なんとかその意味はわかってもらえるだろうと思う。

あたかも、あなたの老年期があなたの幼年期に乗り移り、そして答えるように――。それと同じことがラティハンにおいて起こる、からだ全体で――。

自動書記では、手だけゆったり自然にさせておけばよかった。ラティハンでは全身をゆったりさせて待つ。そして協調する。すると突然、あなたはある衝動を感じる。手がひとりでに持ち上がる。まるで誰かがそれを見えない糸で引っ張っているかのように。

それを許しなさい。足が動く。ターンをする。あなたはちょっとしたダンスを始める。

とても混沌としたものだ。ん？　なんのリズムもない。なんの計算もない。

しかし、だんだんとあなたが深まってゆくにしたがって、それはそれなりのリズムを持つようになる。そうなれば、それはもう混沌じゃない。それはそれなりの秩序を持つ。それはひとつの統制になる。ただし強いられたものじゃない。これはあなたの最高の可能性が最低位の肉体をとらえて、それを動かしているのだ。

ラティハンは第一歩だ。そして、だんだんとあなたはそれをやっていて、本当に素晴らしい感覚を味わうようになるだろう。自分と宇宙との間に、出会いが起きているのを感じるようになるだろう。

だが、これは第一歩でしかない。スブド教に何かが欠けているのはそのためだ。その第一歩はそれ自体とても素晴らしいものだ。しかし、それは最後の一歩じゃない。私はあなた方にそれを全うして欲しい。

少なくとも三〇分。六〇分やれたら素晴らしいものだ。が、だんだんと三〇分から六〇分のラティハン・ダンスへと進んでゆけばいい。六〇分の間に、あなたのからだは毛穴から毛穴まで、細胞から細胞まできれいになる。それはカタルシス（発散・浄化）だ。あなたは完全に生まれ変わる。一切の垢《あか》が焼き尽くされる。それがティロパの言う、「マハムドラーに於いて、人の持つ一切の罪は焼かれ」だ。過去は火の中に投じられる。

それは新生だ、再生だ。そしてあなたは、全面降り注ぐエネルギーを感じるだろう。内も外も――。それに、そのダンスは外側だけのものじゃない。やがて調子をつかんだときには、あなたは内なるダンスをも感じるようになるだろう。

からだが踊っているだけでなく、内側でもエネルギーが踊っている。そしてその両方が互いに協調し合う。するとひとつの脈動が起こる。あなたは宇宙と脈打つのを感じる。宇宙のリズムを発見する。

三〇分から六〇分ぐらいが所要時間だ。三〇分から始めて六〇分まで――。その間のどこかに適正タイムがあるだろう。それは自分でわかる。もし四〇分ぐらいで調子が出るとしたら、それがあなたの適正タイムだ。二〇分ぐらいで調子が出れば、それがあなたの適正タイムだ。そうしたら、瞑想はそれを越えなくてはいけない。

もしあなたが一〇分で調子に乗るとしたら二〇分がいい。もし一五分で乗って来るなら三〇分がいい。倍にする。はしょっては駄目だ。そうして本当に完全にきれいになる。そして祈り[*6]で締めくくること。

あなたが完全にきれいになって、生まれ変わったように感じられたら……あなたはエネルギーのシャワーをくぐったのだ。そして全身がバラバラでなくひとつに感じられる。そしてからだの実体性がなくなる。あなたはそれがむしろひとつのエネルギーであり、ひとつの運動であり、ひとつのプロセスであって、物質的なものでないのを感じる。

さあ、用意はできた。そうしたら地面にひざまずく。ひざまずくというのは素晴らしいことだ。ちょうどスーフィたちがひざまずくように。[*7]あるいは回教徒の人たちが、モスクで彼らの祈りを捧げるように。そんなふうにひざまずく。

なぜなら、それがラティハンには一番いい姿勢だからだ。そうして目を閉じ、両手を空に向かって伸ばす。そして自分を空の器、中空の竹のように感じる。内側が中空。ちょうど壺のように。頭は壺の口だ。

するとエネルギーが、すさまじい勢いであなたの頭上から降り注ぐ。まるで滝の下に立っているみたいだ。そして事実そのとおりなのだ。ラティハンの後ならあなたはそれを感ずるだろう。それは滝のようだ。シャワーどころじゃない。

あなたに用意ができたとき、それは大変な勢いで降り注ぐ。強烈だ。そして、あなたのからだはブルブルと震えだすだろう。強い風に吹かれる一枚の木の葉のように──あるいは、もしあなたが滝に打たれたことがあればわかるだろう。もし打たれたことがなかったら、滝に行ってその下に立ってごらん。どんな感じのするものか──。その同じ感じがラティハンの後でやって来る。

自分自身、内側が空っぽだと感じてごらん。中には何もない。ただの虚空──。するとエネルギーがあなたを満たす。完全に満たす。それがあなたに降り注ぐのを、できる限り深く許すこと。

それがあなたのからだと心と魂のすみずみにまでゆきわたるように――。で、それを感じ、自分が本当にいっぱいに満たされて、からだが震えるぐらいまでいったら――ひざまずいて、頭を地面につける。そしてそのエネルギーを大地に注ぐ。エネルギーがあふれ出すのを感じたら、大地に注ぎ込む。空から取り入れて大地に返す。そして、あなたはその中間の中空の竹になる。

これは七回繰り返されなくてはいけない。空から取って大地に注ぎ込む。大地に口づけをして、注ぎ込む。完全に空っぽになるのだ。満たしたのと同じだけ完全に注ぎ込むのだ。完全に空っぽになる。

そうしてまた手を上げて、また満たして、また注ぎ込む。これを七回繰り返す。なぜならこれは一回に、体内のチャクラ、体内の中枢《センター》をひとつずつ貫くからだ。それは一回ごとにどんどん深くあなたの中にはいってゆく。もし五回以下しかやらなかったら。あなたはその後落ち着かない感じがするだろう。エネルギーがどこかで中途半端にひっかかっているからだ。

それはまずい。これは全身の七つの全部のチャクラを貫いて、あなたを完全に空っぽの回路にしてしまわなくてはならない。エネルギーが空から降り注ぎ、大地へと流れ込む。あなたはアースされている。あなたはただそのエネルギーを大地に流すだけだ。ちょうど電気にもアース線をつけなくてはならないように――エネルギーが空からやって来て大地に流れ込む。あなたはアースされている。エネルギーを流すただの器。一本の中空の竹――

七回以上ならいくらでもいい。が、それ以下はまずい。そうしたら、これは完全なマハムドラーになるだろう。もし毎日やれば、やがて三ヶ月もしないうちに、ある日あなたは自分がいないのを感じるだろう。ただエネルギーが宇宙と振動しているだけだ。そこにはだれもいない。さしもの自我《エゴ》も完全に失くなってしまう。やり手はいない。宇宙があり、あなたがいる。海といっしょに脈動する波――。

それがマハムドラーだ。それは最終的なオーガズムであり、可能な限り最も至福に満ちた意識の状態だ。

それはちょうど、ふたりの恋人が愛し合っているのと同じだ。ただ何億という層にわたって——。ん？　同じ現象が何百万倍にも増幅されているのだ。いまやあなたは全宇宙と愛し合っているのだから——。タントラがセックスのヨーガとして知られているのはそのせいだ。タントラは愛の道として知られている。

マハムドラーに於いて、人の持つ一切の罪は焼かれ
マハムドラーに於いて
人はこの世の獄より解き放たれん
これぞダルマの至高の灯なり
そを疑う者
とこしえに不幸と悲しみにのたうつ愚者なり

ティロパは完璧なまでにクリアだ。彼は完全にフランクだ。彼は言う、「これを信じない者は愚かだ」と。なぜ彼らを愚か者と呼ぶのだろう？　彼はその人たちを罪人とは言わない。ただ愚か者と呼ぶ。なぜならそれを信じないことによって、生の与え得る最大の至福を逃しているからだ。彼らは全く愚か者だ。

それに、それはあなたに信頼がない限り起こり得ない。あなたが完全に降服できるほどまで信頼しきらない限り、それは起こり得ない。一切の至福の瞬間は、あなたが降服してはじめて起こる。それに降服することができたら、死でさえもビューティフルなものになる。いわんや生をや？

もしあなたが自分を明け渡したら、言うまでもなく、生は最大の祝福だ。それは恩寵だ。あなたは究極の贈り物を逃しているのだ。信頼ができないために。

もし何かを学びたいと思うなら、ほかには何もいらない。信頼を学ぶことだ。もしあなたがみじめなら、ほかに救いは何もない。信頼を学ぶことだ。もしあなたが人生に何の意味も見出せず、虚無感を抱いているとしたら、ほかに救いは何もない、信頼を学ぶことだ。信頼が意味を与えてくれる。なぜなら信頼はあなたをして、〈全体〉があなたに降臨することを可能にしてくれるからだ。

そを疑う者
とこしえに不幸と悲しみにのたうつ愚者なり

解脱を目ざすにあたり
人はグルに依るべし
汝の心がその祝福を受くるとき
解放は間近なり

なぜグルを信じるのだろうか？　なぜマスターを信じるのだろうか？　それは〈知られざるもの〉が、あなたからはとても遠く離れているからだ。それはただの夢でしかない。良くて一抹の希望だ。ひとつの達成願望だ。あなたは私の話に耳を傾けている。と、私は至福について話をするかもしれない。だが、その至福はただの言葉にしかすぎない。あなたはそれを欲しがるかもしれない。しかし、あなたはそれが何であるか知らない。

あなたはその味を知らないのだ。それはあなたからはとてもとても遠く離れている。あなたは痛みと苦しみにはまり込んでいる。その痛みと苦しみの中で至福を望み、期待し、欲しがりはじめるかもしれない。だが、それは通用すまい。あなたはその本当の味を必要とする。それは誰が与えてくれるだろう？　それを味わった者だけだ。

　その人なら「口開け（オープナー）」になれる。彼は触媒のような役割を果たすことができる。彼は何をするわけでもあるまい。ただ彼がそこにいるということだけで、〈知られざるもの〉が彼からあなたに流れてくる。彼はちょうど窓みたいなものだ。あなたの扉は閉じている。彼の扉は閉じていない。あなたの窓は閉じていて、おまけにあなたはその開け方を忘れてしまっている。彼の窓は閉じていない。彼の窓を通して、あなたは空をのぞくことができる。彼を通じて、あなたは垣間見ることができる。

　マスターとは、グルとは、ひとつの窓にほかならない。人は彼を通り抜けなくてはならない。人はちょっぴり味見をしなくてはならない。そうしたら今度は、あなたは自分の窓も開けることができる。さもなければ、すべては言葉のお遊びに終わってしまう。ティロパを読むことは誰にでもできる。しかし、実際にティロパを見つけ出さない限り、あなたには何も起こりはすまい。

あなたの心《マインド》は言い張るだろう。「たぶんこの男は気が狂っているんだ。何か幻覚を見ているんだ。夢を見てるんだ。哲学者かもしれない。思想家だ。詩人だ。でも、どうしてそんなことが起こり得るものか？　どうして自分に、至福に満たされるなんてことが可能なものか？」と。

あなたが知っているのは苦しみと受難だ。あなたが知っているのは毒ばかりだ。あなたはエリクサ[*8]の存在を信じることなんかできない。あなたはそれを味わったことがないのに、どうしてそれを信じることができる？

マスターとは、全面的な至福の具現した現象にほかならない。彼の中に、それは波打っている。もしあなたが彼を信頼すれば、彼のヴァイブレーションはあなたにも及ぶことができる。マスターは〈教師〉じゃない。彼はあなたに教えるんじゃない。マスターは教理や原理なんかに構いはしない。マスターは一つの〈現存〉だ。もしあなたが彼を信頼すれば、彼は効く。マスターとは〈有効性〉だ。彼を通してあなたは、〈聖なるもの〉の最初の一瞥を得るだろう。そうしたら自分でも進める。

解脱を目ざすにあたり
人はマスター、グルに依るべし
汝の心がその祝福を受くるとき
解脱は間近なり

マスターがあなたに解放を与えることはできない。だが、彼はあなたを、まさにその崖っぷちまで連れて行くことはできる。彼はあなたに解放を与えられはしない。それはあなたの手で達せられなくてはならないのだ。なぜなら、誰かによって与えられたものは、誰かほかの人によって奪われ得るからだ。あなたのものであるものだけがあなたのものであり得る。マスターには何もあげられない。彼はあなたを祝福することができるだけだ。ただし、その祝福というのは強力な現象だ。

彼を通じて、あなたは自分自身の未来を垣間見ることができる。彼を通じて、自分自身の〈天命（Destiny）〉を知ることができる。彼を通じて、かなたの峰がすぐ近くにせまる。彼を通じてあなたは、ひとつぶの種が空に向かって芽吹こうとするように伸び始める。彼の祝福はあなたという種に水を注ぐことができる。

東洋では、マスターの祝福はとてもとても重要なものだ。西洋はその現象に全く気づかないできた。西洋は〈教師〉なら知っている、マスターじゃない。教師とは真理について教えてくれる人のことだ。マスターとはそれを味わわせてくれる人のことだ。教師なら、誰か自分でも知らない人間にも務まる。彼はほかの教師からそれを習ったのかもしれない。求めるならマスターだ。教師はごまんといる。マスターは少ない。

で、どうやってマスターを求めるか？　ただ動くだけ。誰かが悟りを開いたという噂を聞いたら、すかさず飛んで行くこと。そして用意をととのえて待つのだ。あまり思考屋にならないこと。もっと恋人になるのだ。マスターはフィーリングを通して見つかるのだから――。教師は思考を通じて見つかる。

教師は話を聞くものだ。論理的な魅力はあるだろう。論議――。マスターは食べるものだ。マスターは飲むものだ。聞くことなど役に立たない。彼は生きた現象なのだから。そこにはエネルギーがある。もしあなたが彼を喰らい、飲んだならば、そのときはじめて実存的な別の質を知ることができるだろう。

偉大な感受性が必要だ。マスターを見つけるには、偉大な女性的感受性がいる。そして、あなたに用意ができていて、そこに生きたマスターがいれば、突然、何かがカチリといく。それはあなたの側で仕組むものじゃない。あなたはただそこにいるだけでいい。それは実に強烈なエネルギー現象で、あなたがととのってさえいれば、それだけで何かがカチリといくのだ。

あなたはつかまる。それは愛の現象だ。「私はマスターを見つけた」などということは、ほかの誰にも証明してみせることはできない。証拠なんか何もない。そんなことはやろうとしないこと。なぜなら、その反対を証明することくらい誰にでもできるのだから。あなたが見つけて、あなたが知っているのだ。あなたが味わって、あなたが知っているのだ。この〈知〉はハートの、フィーリングのものだ。

ティロパは言う

解脱を目ざすにあたり
人はグルに依るべし
汝の心がその祝福を受くるとき
解放は間近なり

〈グル（Guru）〉という言葉そのものがとても意味深い。〈マスター〉ではその意味は表わしきれない。マスターと言ったら誰かが何かをマスターしたみたいに聞こえる。長い訓練に耐えて熟練の域に達した人が〈マスター〉となる。グルは全然違う。グルという言葉は、とてもとてもヘヴィーな人間のことだ。あなたの渇きを癒やそうと待ち構えている重い雲。あなたの鼻の穴を待ち構えている芳香に重い花。そして、その香りがあなたを貫く。グルという言葉は重いという意味だ。とても重い。エネルギーと〈知られざるもの〉に重い。〈聖なるもの〉に重い。身籠もった女のように重い。

グルは神を妊《はら》んでいる。東洋でグルを神そのものと呼ぶのはそのためだ。西洋にはそれがわからない。彼らは、神とは世界の創造主だと思っているのだから。我々は創造主なんかにあまり構わない。我々はグルを神と呼ぶ。なぜか？　それは彼が〈聖なるもの〉を妊んでいるからだ。彼は〈聖なるもの〉で重たいのだ。彼はいつでもそれを注ぐ用意がある。ただあなたの渇きが、渇いた大地が必要なだけだ。

実際のところ、彼は別に何をマスターしているわけでもない。彼はどんなトレーニングに励んだわけでもない。彼は自分自身を鍛練したわけじゃない。それはマスターするような技法ではないのだ。そうじゃない。彼は生をその全体性において生きたのだ。鍛錬としてではなく、自然にゆったりと――。

彼は自分を力づくにしなかった。彼は風とともに動いてきた。彼は自然がその針路を取るにまかせたのだ。そして何百万という苦しみや痛みや悦びや幸福の経験を通じ、彼は成熟した。彼は熟れたのだ。

グルとは、落ちるのを待つばかりの熟れた果実だ。重い――。もしあなたに受け容れる用意があれば、彼はあなたの中に落ちてゆくことができる。

グルというのは全く東洋的な現象だ。西洋はまだそれを知らない。西洋ではそれを感ずることが難しい。なぜグルを礼拝するのか？　なぜ頭をその足に置くのか？　恥かしいことのように見える。だが、もし受け取りたければ、あなたは頭を下げねばならない。彼は重たい。彼は注ぐことができる。しかし、それにはあなたはひれ伏さなくてはならない。

ひとりの弟子が、全面的な信頼のもとにマスターの足もとにひれ伏すとき、そこでは何か目に見えないことが起こっている。ひとつのエネルギーがマスターから流れ出して、その弟子の中にはいってゆく。何か目には見えないことがそこで起こっている。

もし醒めたなら、あなたにもそれを見ることかできる。マスターのオーラ、[*9]彼の虹が、それ自身を弟子の中に注ぎ込む。あなたはそれが実際に起こっているのがわかるだろう。マスターは聖なるエネルギーで重たい。それに、彼にはいまや無限のエネルギーがある。彼は無限の弟子たちにそれを注ぎ込むことができる。一人で何百万という弟子を相手にすることができるのだ。

彼は決して消耗してしまったりしない。いまや彼は〈全体〉と結びついているからだ。彼は一切の源を見つけ出した。彼を通じて、あなたもあの奈落に飛び込むことができる。

神への帰依というのは難しい。あなたは神がどこにいるのか知らないのだから。〈彼〉は自分の住所をいままで誰にも教えたことがない。だが、グルなら見つかる。グルとは何かと問うならば…… 教えてあげよう。グルとは神の住所なり。

汝の心がその祝福を受くるとき
解放は間近なり

そうしたらあなたは、自分が受け容れられたということを確信できる。グルの祝福が自分に降り注ぐのを感じられるとき、花のシャワーのように降り注ぐのを感じられるとき、あなたは確信することができる。解放は間近だ。

仏陀の弟子のひとりシャーリプッタ[*10]が、ある日仏陀の足にひれ伏すと、突然、エネルギーがに自分に流れ込むのを感じた。あたかも自分が破壊され、そしてふたたび創造されているかのような突然の変身を、心の丸ごとの変容を感じた。彼は叫んだ、「駄目です！ちょっと待ってください！」

仏陀の弟子の一座は全員、何が起こっているのか理解できなかった。彼の言い草はどうだ。「ちょっと待ってください！　そんなに急がないで！」とは。

仏陀は言った、「だが、どうしてだね？」。「そうしたらこの御足は、私から失くなってしまうじゃありませんか。ちょっと待ってください、解脱は間近です。でももうしばらくあなたとごいっしょさせてほしいのです。そんなに急いで私を追いやらないでください」とシャーリプッタ。

こういうことだ。つまりいったんマスターが祝福し、解放が間近になったなら、それはもう最終的なことなのだ。人はマスターにさよならを言わなければならない。シャーリプッタは言う、「待ってください」と。後にシャーリプッタが大悟したとき、仏陀は彼にこう言った。「さあ行きなさい。私は充分待った。いまこそお前は行って教えを広めるのだ。私がお前に与えたすべてを、行ってほかの者たちに与えるのだ」

シャーリプッタは行かねばならなかった。涙を流し、泣き叫びながら——。ある人が尋ねた。「あなたは悟りを開いたのに、涙を流して泣き叫ぶんですか?」。彼は言った。「さよう、私は悟りを得ました。けれども、もし仏陀が私に、あの方の足元で生きることをお許しくだされば、私は悟りの悦びなど放り出してもいいのです」

なんという深い感謝。そうしてシャーリプッタが暮らしたあらゆるところ、毎日朝になると彼は、仏陀がいると思われる方向に向かって礼拝するのが常だった。すると人々はくり返しくり返し彼に尋ねた。「なぜあなたはこんなことをするのですか? 誰をあなたは礼拝しているのですか?」

「仏陀が南を旅されているのですよ」とシャーリプッタ。彼の最後の日が訪れたときでさえシャーリプッタは、「いま仏陀はどこにいらっしゃるか? 私はその方角を礼拝しながら死にたい」と聞いたものだ。そしてそのとおり彼は、仏陀のいた方角を拝しながら死んだのだった。

エネルギーが受け取られたとき、マスターから最終的な恩寵があったとき、解放は間近だ。人はさようならを言わなければならない。

日本の禅宗では、弟子はマスターのところへやって来るとき、一枚の敷物を持って来る。彼はマスターの前にその敷物をひろげ、その上に坐り、その上でマスターの話を聞く。日々が過ぎ去り、彼はマスターの言いつけになんでも従う。その敷物はそこに置かれたまま何年もがたつ。そして彼が最後の祝福を受ける日、彼はふたたびその敷物を巻き、それを持って礼拝し、マスターを後にする。

その敷物は象徴だ。ある弟子が自分の敷物を巻くと、必ずほかの者たちにも彼が祝福を受けたのがわかる。もうそれは最後のさよならだ。

ああ、この世のすべては無意味にして
ただ悲しみの種子なるばかりなり
小さき教えは行ないへといざなえば
人はただ大いなる教えにのみ従うべし

タントラは大いなる教えだ。小さな教えはあなたに、何をし、何をすべきでないかを教える。彼らはあなたに「十戒」を与える。「これをしろ、あれをするな」。小さな教えだ。大いなる教えはどんな掟《おきて》も与えたりしない。それはあなたが何をするかなどに構いはしない。それはあなたが何で在るかに関わる。あなたの実存（Being）、あなたの中心《センター》、あなたの意識。大事なことはそれだけだ。

ティロパは言う

ああ、この世のすべては無意味にして
ただ悲しみの種子なるばかりなり
小さな教えは行ないへといざなえば
人はただ大いなる教えにのみ従うべし

この世界においては、あらゆるものが悲しみの種子だ。しかし、ひとりの人間が悟ったときには必ず、この世界にも天上から一条の光線が差し込んでくる。この光線に従って行ってごらん。そうしたら、あなたはその光のまさに源、太陽にたどり着くだろう。

「そして覚えておくこと」ティロパは言う。小さな教えの餌食になるな、と。大勢がそれだ。人々は私のところにやって来て言う。「私たちは菜食主義なんですが、それは私たちを悟りへ導いてくれるでしょうか?」。実に小さな教えだ。曰く、「私たちは夜食事をしないことにしているのですが[*11]、それは私たちを悟りへ導いてくれるでしょうか?」。実に小さな教えだ。曰く、「私たちは禁欲を信じています」。実に小さな教えだ。

彼らはさまざまなことをする。しかしひとつだけ彼らが決して触れないものがある。それは彼らの〈実存（Being）〉だ。彼らは自分の人品をいじくる。彼らはできる限り聖人らしくしようとする。だが、すべてはお飾りのままだ。外からの訓練は装飾だ。それは内面から出てこなくてはいけない。それは中心から周辺へとひろがっていくべきものだ。外縁から中心へと強要されるべきじゃない

大いなる教えとは、あなたはすでにあなたがなり得るところのものである。これだ。これをつかみなさい。あなたはすでに目的地《ゴール》であるのだ。これに気づきなさい。まさにこの

瞬間、あなたの〈天命（Destiny）〉は成就され得る。

何をあなたは待っているのか？　段階的なステップなど信じないこと。跳んでごらん！　勇気を出しなさい。勇気を持った者だけが、タントラの大いなる教えに従うことができる。怖がり、びくびくし、死を恐れ、自分を失うことにおびえ、降服することを怖がる――あなたは小さな教えの餌食にならざるを得まい。

小さな教えなら、あなたにもうまく操作することができるからだ。「これを食べるな、これをするな」ならあなたにも操作できる。あなたはコントロールを保ったままだ。大いなる教えとは降服することだ。自分のコントロールを放棄してしまうことだ。そして〈全体〉に自分を連れ去らしめるのだ。それが連れて行きたいところどこへでも――。

流れに逆らって泳がないこと。自分を川の中に突き放すのだ。川になるのだ。そうしたら、〈川〉はすでに〈海〉に向かっている。これが大いなる教えだ。

Enough for today ?
（今日はこのぐらいでいいかな？）

＊1　ＯＳＨＯが〈ブッダ〉と言う場合、固有名詞の仏陀釈迦牟尼であるよりも、〈目覚めたる者〉という一般名詞であることのほうが多い。訳もそれぞれ〈仏陀〉と〈ブッダ〉というように表記で区別した。

＊2　self-remembrance。グルジェフの用語。第三話１５６ページ参照。

＊3　ヨーガスートラ（ヨーガ根本経典）を著わし、ヨーガの体系を現在まで続いているような形に集大成した人物。

＊4　第二話の注でも少し触れたように、ＯＳＨＯはインド古来の遊行聖（サニヤシン）の伝統を現代によみがえらせるかのごとく、彼の門人にサニヤス（サニヤシンとしての資格）を授け、イニシエーション（グルと弟子の相互認知）にあたって新しい名前（男ならスワミ・○○○、女ならマー・○○○）と、絆として彼の写真のはいったペンダントをくれ、オレンジ系統の色の服を着るようすすめる。

＊5　九〜十世紀のスーフィ（イスラムの密教派）の聖者。

＊6　後段でくわしく語られる〈祈りの瞑想（Prayer Meditation）〉を指す。ＯＳＨＯは、時に応じ人に応じて、こうした新しい瞑想法を次々に編み出す。

＊7　スーフィには禅と相通じるものがあり、ＯＳＨＯが道として好んで取り上げるものの一つ。

＊8　Elixir。　錬金術で言う魔法の妙薬。

＊9　物質や肉体を取り巻いている通常は不可視の霊光。

＊10　漢音訳で舎利弗と表わされ、般若心経など多くの仏典でおなじみの代表的な仏弟子。

＊11　ジャイナ教の戒律の一つ。ジャイナ教は倫理的要素が強く、苦行を重んずる。

第七話　あのね　それ両方もらうよ！

詩《うた》はまた続きます……

二元性を超ゆるは王の見地
散乱を征服するは王者の行《ぎょう》
行《ぎょう》なき道こそすべてのブッダたちの道なり
その道を踏む者、ブッダフッドに至らん

はかなきかなこの世
幻や夢のごと、そは実体を持たず
そを捨てて血縁を断てよ
欲望と憎しみの糸を切り
山林に入りて瞑想せよ
労なくして
ゆったりと「自然なる境地」にとどまるならば
間もなく汝はマハムドラーにたどり着き
無達成なるものを達成せん

世の中にはふたつの道がある。ひとつは戦士の、兵隊の道。もうひとつは王者の道だ。王道――。ヨーガはひとつめの道、タントラはふたつめの道だ。そこでまずあなた方は、兵隊の、戦士の道とは何かを理解しなければなるまい。そうしてはじめて、ティロパが王者の道という言葉で何を言おうとしているかがわかるだろう。

兵隊は一寸また一寸と戦わなくてはいけない。兵隊は侵略的でなくてはいけない。兵隊は暴力的でなくてはいけない。敵がやっつけられなくてはならない。あるいは征服されなくてはならない。

ヨーガはあなたの内に闘いを作り出そうとする。ヨーガは、何が正しくて何が間違っているかというはっきりとした区別を与える。何が良くて何が悪いか。何が神に属し、何が悪魔に属するか――。そして、タントラ以外のほとんどすべての宗教は、ヨーガの道に従っていると言っていい。彼らは現実《リアリティ》を分割し、そして内なる闘争をつくり出す。闘争を通じて、彼らは前進する。

たとえば、あなたは自分の中に憎しみというものを持っている。戦士の道とは、その内なる憎しみを打ち壊す道だ。あなたは怒りや、強欲や、性欲や、そういう何百万というものを持っている。戦士の道とは間違った否定的なものを全部打ち壊し、すべての肯定的で正しいものを伸ばす道だ。憎しみは打ち壊され、愛が発達させられなくてはいけない。怒りは徹底的に破壊され、慈悲がつくり出されなくてはいけない。セックスは姿を消してブラーフマチャリヤ、つまり純粋な禁欲に場所を譲らなくてはいけない。

ヨーガはたちどころに、あなたを刀でふたつに切り裂く。正と誤――正しいものが間違ったものに勝利しなくてはいけない。どうしたらいい？　怒りはそこにあるのに？――ヨーガはどうしろと言うだろう？　ヨーガは慈悲の癖をつけろと言う。反対をつくり出せ、と。あなたがロボットのように機能しだすくらいまで、それを習慣化しろ、と。だからそれが兵隊の道と呼ばれるのだ。

世界中、歴史のどこを取っても、兵隊というのはロボットまがいの存在に仕込まれてきた。兵隊は習慣をつくらなくてはならない。習慣は意識なしで機能する。習慣にはどんな覚醒も必要ない。それはあなたなしで作用する。

もしあなたが癖を持っていたら……いや、誰でも癖はある。それをよく見てごらん。ひとりの男がポケットからたばこの箱を取り出す。見ててごらん。彼は自分が何をしているか全然気づいてもいないかもしれない。まるでロボットみたいに彼はポケットに手を伸ばす。もし何か内面的に落ち着かないことがあると、たちまち彼の手はポケットに伸びる。彼はたばこを取って吸いはじめる。彼はその動作を全部、自分が何をしているのかということさえ気づかずにやっていたのかもしれないのだ。一種のロボットまがいの存在を、我々は兵隊に教える。

兵隊は言われたとおりのことをしなくてはならない。彼は醒めていなくてもいい。右を向けと言われれば彼は向かなくてはいけない。彼は向くか向かないかなど考えなくてもいい。だって、もし考えたりしたら何もできなくなってしまう。そんなことをしたら、世の中に戦争などというものは存続できない。考えることなんか必要ない。覚醒などというものは必要ない。彼は命令を理解できる程度に醒めていればいい。それだけのこと。最小限の覚醒――。

命令が与えられると、さっとたちどころに、機械のごとく彼はそれに従いだす。それは、左を向けと命令されたから左を向くということでさえもない。聞いたときにはもう向いている。彼がまわっているんじゃない。彼は習慣をつけたのだ。それはちょうど電気をつけたり消したりするのとそっくりだ。電球はつこうかつくまいかなどと考えたりしない。ボタンを押せば電球はつく。あなたが左向け左と言えば、ボタンが押され、その人間は左を向いている。

ウィリアム・ジェイムズ[*1]はこんなことを記している。あるとき彼が喫茶店に座っていると、ひとりの退役した老兵士、それも退役してから二〇年余りもたった人が、卵のたくさんはいったバケツを持って通りかかった。突然、ウィリアム・ジェイムズはひとついたずらをやった。大声で「気をつけ！」と叫んだのだ。するとかわいそうな老人は、気をつけの姿勢で直立し、卵は彼の手から落ちてしまった。こなごなだ。

彼はひどく腹を立てた。彼は駆け寄ると、「なんという悪戯をするんだ！」と噛みついた。しかしウィリアム・ジェイムズは、「別にあなたがそれに従う必要はないんですよ。誰だって『気をつけ』と言う自由ぐらいあります。あなたはそれに従えと強制されているわけじゃありません。誰が従えと言いましたか？そのまま歩き続ければよかったんです」とすましている。と、その男は言った。「それは無理だ。自動的なんだから。なるほど軍隊をやめてからかれこれ二〇年になる。だが、習慣は根深い。長年にわたる訓練で条件反射ができてしまっているんだ」

この条件反射という言葉はいい。その言葉はロシアの心理学者パブロフによってつくられた。それは、あなた方はただ反射しているにすぎないということだ。誰かがあなたの目に何かを投げつけたら、あなたは目ばたきするか、目をつぶるかなどと考えたりはしない。目は自然に閉じる。ハエが飛んできたら、あなたは目を閉じる。考える必要はない。そんな必要なんかない、それは条件反射だ。それはただ起こる。それはあなたの体癖に組み込まれているのだ。それはあなたの血肉となっているのだ。それはただ単に起こる。それはどうしようもない。

兵隊は完全にロボットまがいになるように仕組まれている。彼は条件反射の中に存在しなくてはならない。同じことがヨーガによってなされる。あなたが怒ると、ヨーガは怒るなと言う。それよりも反対のもの――慈悲を培え、と。だんだんとあなたのエネルギーは、慈悲という習慣のほうに流れ込みはじめる。もしあなたが長いことしまい込んでおけば、怒りは完全に消え失せるだろう。あなたは慈悲を感ずるようになるだろう。ただし、あなたは死んでしまう、生きていない。あなたは人間でなくロボットになってしまうだろう。

あなたが慈悲を持つのは、あなたに慈悲があるからでなく、ただその習慣をつけたからにすぎない。あなたは悪い習慣をつけることができるのだから、いい習慣だってつけられる。ある人が喫煙の習慣をつけられれば、ある人は禁煙の習慣をつけることができる。ある人は菜食主義的な食事の習慣をつけることができるし、ある人はそうでない食事の習慣をつけることができる。だが、両方とも習慣をつけているのに変わりはない。そして〈最後の審判〉においては両方とも同じことだ。両方とも習慣の中で生きているにすぎないのだから――。

この点はごく深く熟慮されなくてはならない。なぜなら、良い習慣をつけるというのはとてもたやすいことだからだ。良くなるのはとても難しい。そして「良い習慣」というその代用品はとても安上がりだ。それはごく簡単にできる。

現在、特にロシアである療法を開発しつつある。条件反射療法だ。彼らは、人々はその習慣から抜けきれやしないのだと言う。ある人が二〇年間たばこを吸い続けてきたとする。どうして彼にそれを捨てることなど期待できる?

それが悪いということを説明することはできるかもしれない。医師たちは、彼が危険な状況に陥りかねないのだと忠告もしよう。ガンが進んでいるかもしれない、と。だが、二〇年という習慣――もうそれは根深い。もうそれは骨の髄《ずい》まで浸み込んでいる。もうそれは代謝機構の一部だ。たとえもし彼がそのつもりになって、そう望んでも、たとえもし真剣に欲してもそれは難しい。それは「真剣な望み」という問題じゃないからだ。二〇年間の持続的な実践――禁煙なんてほとんど不可能だ。さて、どうするか?

ロシアの科学者たちは、何をする必要もないし、何の説明もいらないと言う。彼らはある療法を開発した。その人がたばこを吸いはじめると、彼らはその人に電気ショックを与える。そのショック、その苦痛——それと喫煙が結びついて連動したものとなる。七日間その人は病院に入れられ、彼がたばこを吸いはじめるやいなや、たちまち自動的に電気ショックが与えられる。七日後、その習慣は壊されてしまっている。たとえもし、たばこを吸わせようと説得しても彼は身震いするだろう。たばこを手にした瞬間、彼の全身はショックの怖さにブルブルと震えるだろう。

学者たちは、そうなれば彼はもう絶対たばこなど吸うまいと言う。彼らはその習慣を、なんとも鋭いショック療法で破壊してしまったわけだ。しかし、どうか——古い習慣を持っていないからといって、ショック療法で彼がブッダになれるわけでもない。あらゆる習慣はショック療法によって変えられ得る。で、その人はブッダになるだろうか？　もうどんな悪い習慣も持っていないからといって？——

駄目だ。彼はいまや人間ですらない。彼はひとつの機械だ。彼はものごとを恐れはする。それらをすることはできない。恐怖という新しい習慣を与えられたからだ。それこそ地獄というものの意味するすべてだ。

あらゆる宗教がそれを一種のショック療法として使ってきた。地獄なんてどこにもない。同じように天国などというものもどこにもない。ふたつともトリックだ。古い精神療法的概念だ。絵に描かれたすさまじい地獄の光景は、ものごころついたばかりのときから、子供に恐怖を与えるのに充分だ。地獄という名前が出ただけで恐怖が湧き上がる。そして、その子は震え上がる。

これは悪い習慣を防ぐひとつのトリックにすぎない。そして、天国もまた良い習慣を助長するトリックだ。夢のような快楽や、幸福や、美や、永遠の生命が、あなたが良いパターンに従いさえすれば、天国に約束されている。社会が良いと言うことのことごとくに、あなたは必ず従わなければいけなくなる。天国というのはあなたが良い方向に向かうのを助ける。地獄というのは、あなたが悪い方向に向かうのを防ぐためのものだ。

そういう条件反射を使わなかった宗教はタントラだけだ。というのも、タントラはあなたがロボットまがいの機械ではなく、完全に目覚めた実存の中へと花開かなくてはならないと言うのだから――。だから、もしあなたにタントラがわかったら、悪いのは〈習慣〉だ。世の中に悪い習慣などひとつもないし、良い習慣などひとつもない。〈習慣〉そのものが悪いのだ。そうして人は、どんな〈習慣〉もないところまで醒めているのが本筋なのだ。ただ瞬間から瞬間へと、ギリギリいっぱいの覚醒の元に生きる。習慣によってではなく――。

もしあなたが習慣なしに生きられたら、それが王道だ。なぜそれが「王」の道なのだろう？それは、兵隊は服従しなくてはいけないけれども、王様にはその必要がないからだ。王様というのは上に立つ。彼は命令を与える立場だ。彼は誰からも命令なんかされない。王様は決して戦《いくさ》に行くこともない。行くのは兵隊だけだ。王様は闘士じゃない。王様は世の中で一番リラックスした生を送る。

ただし、これはただのたとえだよ。兵隊は服従しなくてはいけない。王様はただゆったりと自然に生きる。彼の上には誰もいない。タントラはあなたの上には誰もいやしないのだと言う。その人に従わなくてはならず、その人からあなたの生のパターンをいただき、その人を見て真似しなければいけない、そんな人などいやしない。あなたはゆったりと自然に、流れるように生きればいい。ただひとつ必要なのは醒めることだけだ。

闘うことによって習慣をつけることはできる。だがそれはあくまでも〈習慣〉だ。自然じゃない。世に習慣は第二の自然なりと言う。そうかもしれない。しかし、その「第二」という言葉を忘れてはいけない。それは自然ではないのだ。それはほとんど自然に見えるかもしれない。だが、違う。

本当の慈悲と培われた慈悲の違いはどこにあるだろう？　本当の慈悲というのは〈感応〉だ。状況があり、そして感応――。本当の慈悲はつねに新鮮だ。何かが起こり、あなたのハートがそれに向かって流れ込む。子供がころぶ。すると、あなたは駆け寄って助け起こす。だが、これはあくまでも感応だ。ニセの慈悲、培われた慈悲は〈反応〉だ。

このふたつの言葉はとてもとても意味深い。〈感応（Response）〉と〈反応（Reaction）〉。感応は状況に対して生きている。反応はただのしみついた習慣にすぎない。過去に、誰かがころんだら助けるという訓練をしてあるために、あなたは行って助けはする。が、その中にはなんのハートもこもっていない。

誰かが川で溺れていると、あなたは駆けつけてその人を助ける。ただそうするように教わっているだけのために――。あなたは人助けの習慣を培ってある。だが、そこにあなたはかかわっていない。あなたは依然としてその外にいる。ハートはそこにない。あなたは応えたんじゃない。あなたはこの男、川で溺れているこの男に応えたんじゃない。あなたはこの瞬間に応えたんじゃない。あなたはイデオロギーに従ったのだ。

イデオロギーに従うというのはいいものだ。万人を助けよ。人民の下僕となれ。慈悲を持て――。あなたはイデオロギーを持つ。そしてそのイデオロギーを通じてあなたは反応する。その行為は過去から出てくるものだ。それはすでに死んでいる。

状況が行為を生み、あなたが最大限の覚醒をもってそれに応えるとき、そのときはじめてあなたにある〈美〉が起こる。もしイデオロギーや古い習慣のパターンから反応しても、あなたはそこから何も得はすまい。せいぜいちょっぴり、得ることになどならないような自我《エゴ》の満足を得るだけだ。

あなたは自分が溺れた人を助けたというそのことを、自慢のタネにしはじめるかもしれない。市場に出かけて行って大きな声で叫び立てるかもしれない。「聞いてくれ、俺はひとりの人命を救ったんだ――」。あなたはちょっとした自我《エゴ》の満足を得るだろう。自分は何かいいことをやった。だが、そんなことは得にもならない。あなたは自発的であることの大きな機会をひとつ失ったのだ。慈悲において自発的であるということの機会を――。

もしその状況に感応していたとすれば、何かがあなたの中で花開いたことだろう。あなたはある種の静寂を、静けさを、祝福を感じただろう。そこに感応があるときには必ず、内面に一種の開花を感ずるものだ。反応のときは、あなたは死んだままだ。屍まがいにふるまう。ロボットまがいに行動する。

〈反応〉は醜いものだ。〈感応〉はビューティフルだ。反応はいつも部分的なもの。反応は決して〈全体〉のものじゃない。感応はつねに〈全体〉のものだ。あなたの全体性が丸ごと川に飛び込む。あなたはそれについて考えたりしない。状況がただそれを起こらしめる。

もしあなたの生が感応と自発性の生になったら、あなたはいつかひとりのブッダになるだろう。もしあなたの生が反応、死んだ習慣の生になってしまったら、あなたはブッダみたいには見えるかもしれないが、ブッダにはなるまい。あなたは絵に描いたブッダだ。内側ではただの屍にすぎない。

習慣は生の息の根を止めてしまう。習慣は生の敵だ。

毎日朝早く起きるのを習慣にする。五時起きだ。インドには大勢いる。というのは何世紀もの間、ブラーフマフルト＝日の出前が、最も縁起のいい、一番神聖な時間だと教えられてきたからだ。それは確かだ。でも、それを習慣にしてしまうことはできない。神聖さというものは生きた感応にこそあるからだ。

人々は五時に起きる。しかし、彼らの顔に、感応として早起きしたときに訪れる輝きは決して見られない。全生命がまわり中で目を覚ます。大地全体が太陽を待っている。星々が消え去って行く。あらゆるものがより意識的になる。大地は眠った。木々も眠った。小鳥たちは翼を広げるばかりだ。すべてがととのう。新しい一日が始まる。新しいお祝いだ。

もしそれが〈感応〉であったなら、あなたは小鳥たちのように起きる。ハミングし、歌をうたいながら――踊るような足どりだ。それは習慣じゃない。それは起きなければいけないというのじゃない。それは経典にそう書いてあって、あなたが信仰篤いヒンドゥー教徒だから、朝早く起きなければならないというのではないのだ。

それを習慣にしてしまったら、あなたは小鳥たちなんかに耳を貸すまい。小鳥は経典には書いてない。あなたは太陽の昇るのを見ることもあるまい。あなたにとってそれは大事なポイントじゃないからだ。あなたは死んだ規則に従っているだけだ。あなたはムカッ腹を立ててさえいかねない。あなたはそれに敵対心さえ持っていかねない。前の晩、床につくのが遅くて、どうも寝ざめがよくないからだ。もうちょっと眠っていたほうがよかったかもしれないくらいだ。とにかく起きる態勢じゃなかった。疲れていた。でなければ、前の晩良くないことがあって飲みすぎてしまい、からだ中だるくてもう少し眠りたい。ところが駄目だ。経典がそれを認めないし、あなたはほんの赤ん坊のときからそれを教え込まれてきた。

私の子供時分、祖父は朝に関しては大変なものだった。彼は明け方の三時ごろから私を眠りから引きずり出す。それからというもの――（笑）私は早起きができなくなってしまった。彼は私を引っぱり出す。私は心の中で彼を呪う。が、私にはどうすることもできなかった。で、彼が散歩に連れて行くまま、私は眠い目をこすりながらいっしょに歩かなくてはならなかった。彼はその美しさをそっくりぶち壊してしまった。

それからというもの、朝の散歩に行かなければならない羽目に陥るたびに、私は彼を許すことができなかった。これからもずっと覚えてはいるだろう。彼はぶち壊しにした。何年もの間ずっと彼は私を引きずって歩いた。それも自分では何かいいことをしているつもりで。彼としてはライフスタイルを仕込む役に立っていると思っていたのだ。こんなやり方はない。

眠い私を、彼は無理やり引っぱって行く。それも小径は素晴らしかったし、朝はビューティフルだったのに、彼はその麗わしさをそっくりぶち壊しにしてしまった。彼は私にいや気を起こさせてしまったのだ。何年も後になってようやく私は回復して、彼を思い出さずに朝を迎えることができるようになった。それまでというもの、祖父の思い出はつきまとって離れなかった。彼が死んでしまっても、その思い出は影のように朝につきまとっていた。

もしあなたが習慣をつけたりしたら、強制的なものをつくり出すようなことをしたら、朝は醜いものになってしまう。そんなことなら眠ったほうがましなくらいだ。ただし、あくまでも内発的でいること。

ときには起きられない日もあるだろう。どこにも悪いことなんかない。罪を犯しているわけでもあるまいし――。もし眠たいのならば眠ることはビューティフルだ。どんな朝にも劣らずビューティフルだし、どんな日の出にも劣らずビューティフルだ。眠りは太陽が神聖なのと同じだけ神聖なものなのだから――。もし一日中休んでいたかったらそれもよし。これがタントラが「王道」と言うところのものだ。王様のように振舞いなさい。兵隊でなく――。

あなたの上に立って、強制したり命令したりする人など誰もいやしない。世の中に、本当の意味で、「ライフスタイル」などというものはあるべきじゃない。それが王道だ。あなたは瞬間から瞬間へと生きるべきなのだ。瞬間から瞬間へと楽しんで——自然な内発性こそ本筋だ。それに、なぜ明日のことなんかに構う？　この瞬間で充分だ。それを生きる。それを全体性において生きるのだ。感応するのだ。反応じゃない。

どんな習慣も形式になってしまってはいけない。私は混沌の中に生きろと言っているわけじゃないよ。だが習慣で生きては駄目だ。たぶん、内発的に生きるということによって、あなたのまわりに、ある生き方ができてくることはあるかもしれない。しかし、それは強制されたものじゃない。

もしあなたが毎日朝を楽しみ、習慣としてでなく楽しみを通して早起きをし、それを毎日続け、ことによっては一生続けようとも、それは習慣じゃない。あなたは自分に起きることを強制しているんじゃない。それは起こるのだ。それはビューティフルだ。あなたはそれを楽しむ。あなたはそれを愛す。

もしそれが愛から起こるものだったら、それは様式《スタイル》じゃない。それは習慣でもなく、条件づけでもなく、つくられた死んだものでもない。習慣が少なければ少ないほど、あなたはより生き生きとしているものだ。何も習慣がなかったら、あなたは完璧に生きているだろう。習慣というものはあなたを死んだかさぶたで覆ってしまう。そしてあなたは、ひとつぶの種子のように閉ざされ、封じ込まれてしまう。殻があなたを固く包む。

柔軟でいなさい。ヨーガはあなたに、悪しきすべての反対を培えと教える。邪と戦い、善を達成しろ、と。暴力というものがある。あなたの内にある暴力を抹殺し、非暴力になれ、非暴力を培え。つねに反対を行ない、その反対を強引に自分のパターンにしろ。これが兵隊の道——小さき教えだ。タントラは大いなる教え、至高のものだ。

タントラは何と言うだろう？　タントラは、自分の中にどんな戦いも作り出すな、と言う。両方を受け容れるのだ。すると、その受容を通してひとつの超越が起こる。勝利ではなく超越だ。ヨーガには勝利がある。タントラにそんなものはない。タントラにあるのは超越だけだ。あなたは暴力に対して非暴力になるのじゃない。ただその両方を超えるのだ。あなたはただ、第三の現象——観照者となる。

あるとき私が肉屋の店先に坐っていた。そのあるじはとてもいい男で、私はよく彼を訪ねて行ったものだ。もう夕方で、彼がちょうど店を閉めようとしていたところへ、ひとりの男がやって来てめんどりを一羽欲しいと言う。私はその数分前、あるじが今日は全部売り切れて、あとにはめんどりが一羽残っているだけだと話していたのを知っていた。

そこであるじは喜びいさんで店の奥へはいって行くと、めんどりを持ってきて、はかりの上に放り出し、「五ルピーでさあ」と言った。すると男は「それはいい。でも私はこれからパーティーを開くんで、友だちが大勢来るもんだから、このめんどりじゃあ小さ過ぎると思うんだ。もうちょっと大きいやつが欲しいな」と言う。

さあ、私は、もう一羽も残っていなくて、それがただ一羽きりだというのを知っていた。肉屋は少し考え込むと、そのめんどりを持ってはいり、しばらくあっちへ行ったりこっちへ行ったりして、またその同じめんどりを持って戻って来るなり、それをはかりに放り上げて「七ルピーでさあ」と言ったものだ。男は言った。「あのねえ、それ両方もらうよ」(笑)。今度はさすがの肉屋も本当に進退きわまった(笑)。

そしてタントラは、その同じ苦境を〈全体〉に、〈存在〉それ自体につきつける。タントラも言う、「それ両方もらうよ」――。憎しみとは愛のもうひとつの側面にほかならず、怒りとは慈悲のもうひとつ別な側面にほかならず、そして暴力とは非暴力のもうひとつの顔にほかならない。タントラは言う、「あのね、それ両方もらうよ。両方とも受け容れるよ」

すると突然、この受容を通してひとつの超越がある。そこにはふたつのものがあるわけじゃないからだ。暴力と非暴力はふたつの別々なものじゃない。怒りと慈悲はふたつの別々なものじゃない。愛と憎しみはふたつの別々なものじゃない。だからこそ……

あなたもちゃんとそれを知っているし、それを観察しているのに、ただその事実を認めないほど無意識なのだ。あなたの愛は一瞬の間に憎しみに変わってしまう。もしそれがふたつのものだとしたら、どうしてそんなことがあり得る？　一秒もいらない。この瞬間愛していると思えば、次の瞬間あなたはその同じ人間を憎んでいる。朝、愛していたその同じ人を、昼までには憎み、夜にならないうちにまた愛す。その愛と憎しみのゲームにはとめどがない。

実際のところ、愛と憎しみというのは正しい言葉じゃない。愛-憎。怒-慈悲。それはひとつの現象なのだ。ふたつの別々なものじゃない。愛が憎しみとなり、憎しみが愛となり、慈悲が怒りとなり得るのはそのためだ。

タントラは、区別というものはあなたの心によって持ち込まれ、そうしておいてあなたは戦いを始めるのだと言う。あなたが最初に区別をつくり出すのだ。あなたは一方の側面を非難し、もう一方を褒めそやす。あなたが最初に区別をつくり出し、それから今度は戦いをつくり出して、結局自分で難儀をする。あたり前だ。ヨーギというのは絶えず厄介事をかかえている。なぜなら、何をやったところで、その勝利は最終的なものではあり得ないからだ。せいぜいが一時的だ。

怒りを押し殺して慈悲深く行動することはできる。しかし、あなたは自分でそれを無意識の中へ押し込め、それは依然としてそこにあることをよくご存知だ。いつなんどきにでも、ちょっと気を抜けば、それは湧き上がって来るだろう。それは表面に出て来るだろう。するとと人は絶えずそれを押し殺していなければならなくなる。

もしも「良くないこと」を絶えず押し殺していなければならないとしたら、それはなんとも醜悪な現象だ。そんなことをしたら一生棒に振ってしまう。いつあなたは〈聖なるもの〉を楽しむ？　ゆとりもなければ時間もない。あなたは怒りや強欲や性欲や嫉妬や、そういう何千というものと戦っていて、それら幾千の敵はまぎれもなくそこにいる。だとしたら、絶えずそれを見張っていなくてはいけない。リラックスなんてできるわけがない。どうして「ゆったりと自然に」などなれる？

あなたはいつも緊張し、張りつめ、いつも戦闘態勢で、びくびくしていることだろう。ヨーギたちは眠りさえも恐れるようになる。ん？　だって、眠りの中では見張っていることができないからだ。眠りの中では、彼らの押し殺したものが全部表面に出てくる。起きている間は禁欲をなし遂げているかもしれない。が、夢の中ではそれが不可能になる。世にも美しい女たちが内側に漂って来て、そのヨーギにはどうすることもできない。そういう美しい女たちはヒンドゥー教の説話に書いてあるような、どこかの天国からやって来る、神が送り込んだものなんかじゃない。なぜ神様があなたなんかに興味を持つ必要がある？

誰に何の害を与えるわけでもなく、ただ目を閉じてヒマラヤに坐り、彼自身の問題と戦っているかわいそうなヨーギ。なんで神様が彼に興味を持たなくちゃいけない？　その上なぜ神様がウプサラ（天女）を送り込んで、彼を道からそらさなくちゃいけない？　どうして？——

誰もいやしない。誰が誰を送る必要もない。そのヨーギが自分で自分の夢をつくり出しているだけだ。何であれあなたが抑圧したものは、必ず夢の中で浮かび上がって来る。そういう夢はヨーギが否定したその部分だ。それに夢見の時間も、起きている時間と変わらずあなたのものだ。だから、起きているときに女の人を愛そうと、夢の中で愛そうとどこにも違いはない。あり得ないのだ。それは女の人がそこにいるかどうかという問題ではなく、問題はあなただからだ。

写真を愛そうが夢の映像を愛そうが、あるいは本当の女を愛そうが、実際のところ、そこには何の違いもない。あり得ないのだ。なぜなら、本当の女性だって、内側ではやはり映像にすぎないのだから——。あなたには本当の女性などわからない。映像がわかるだけだ。

ここに私がいる。あなたはどうして私が本当にここにいるとわかる？　もしかするとただの夢かもしれないよ。あなたはここに私がいるのを夢見ているのだ。どこに違いがある？　私がここにいるのを夢見ているのと、現実に私がここにいるのを見るのと――どうやって区別をつける？　何が規準になる？　というのは私がここにいようといまいと、どこも違わないからだ。あなたは私を心の中で見ているのだ。

夢にしろ本当にしろ、そのどちらの場合でも、あなたの眼が光線を取り入れて、あなたの心が誰かがそこにいると解釈する。あなたは本当の人を見たことなんか一度もない。見られないのだ。ヒンドゥー教徒たちが、これはマーヤだと言うのはそのためだ。これは幻の世界なのだ。

ティロパは言う〝はかなきかなこの世〟――この世界は幽霊じみた、幻覚じみた、夢もどきのものだ、と。なぜだろう？　それは、夢でも現実でも何も変わりがないからだ。どちらの場合でも、あなたが自分の心の中に閉じ込められてしまっていることには変わりがない。あなたが目にするのは映像だけだ。あなたは現実《リアリティ》など見たことがない。見られないのだ。

なぜなら、あなたが現実《リアリティ》を見られるのは、あなたが現実《リアリティ》になったときだけだからだ。あなたは幽霊じみた現象だ。一種のかげろうだ。どうしてそのあなたに現実を見ることなんかできる？　影には影しか見えない。心《マインド》がはがれ落ちてはじめて、あなたは現実が見られる。心を通ったら、何もかも非現実的になってしまう。心が投影し、創造し、色づけし、注釈をつける。何もかも嘘になってしまう。

それだからこそ、どうやって無心《ノーマインド》になるかということが力説されるのだ。絶えず力説されて止まないのだ。タントラは言う、「闘うな」と。もし闘ったりしたら、あなたはその闘いを幾生にも渡って続けかねないし、そこからは何も出てはこないだろう。だって、まず第一にあなたは間違ってしまっているのだから――。あなたが〈ふたつ〉と見たものは、実は〈ひとつ〉にすぎなかったのだ。

そして第一歩が踏みたがえられたなら、あなたは目的地にたどり着くことなどできない。あなたの旅はそっくり「絶えざる脱線」になってしまうだろう。はじめの一歩は絶対的に正しく踏まれなくてはならない。さもなければ決してゴールには着くまい。

それならば、絶対的に正しいことというのは何だろうか？　タントラは、それは〈二〉の中に〈一〉を見ることだと言う。〈多〉の中に〈一〉を見ることだ、と。いちどあなたが二元対立の中に〈一〉を見られたなら、すでに超越は始まっている。これが王道だ。

さあ経文を見てみることにしよう。

二元性を超ゆるは王の見地

超えるのだ、勝つんじゃない。超える——。この言葉は実にビューティフルだ。超えるとはどういう意味だろうか？　それはちょうど、小さな子供がおもちゃで遊んでいるのに似ている。その子にそれを放せなどと言おうものなら、その子はご機嫌を損ねてしまう。眠るときでさえ彼はそのおもちゃといっしょだ。すると、お母さんは彼が眠り込んでしまった後で、そっとそれを片づけなくてはならない。朝、彼が要求する第一のことは、「おもちゃはどこへ行ったの？　誰がおもちゃを取ったの？」だ。夢の中でまで彼はそのおもちゃの夢を見る。

ところが、突然ある日、彼はそのおもちゃを忘れ去ってしまう。何日間か、それは部屋の隅に放りっぱなしになっていて、あげくのはてに、今度はしまわれるか捨てられるかする。二度とふたたび彼はそのことを聞いたりしない。

何が起こったのだろう？　彼は超えたのだ。彼は成熟したのだ。それは戦いでもないし勝利でもない。彼はおもちゃを持つという欲望と戦っていたわけじゃない。違う。突然ある日――。彼はそれが子供じみていて、自分はもう子供じゃないということがわかったのだ。

突然ある日――おもちゃはおもちゃであって、本当の人生じゃないということに気づいたのだ。そして彼は、実人生への用意ができている。彼はおもちゃに背を向けた。二度とふたたび夢にそれが現われることもない。二度とふたたびそのことを考えることもない。そしてもし、誰かほかの子供がおもちゃで遊んでいるのを見たら、彼は笑うだろう。彼は笑う、それも心得顔で――。知っている笑い、賢い笑いだ。彼は言うだろう。「あの子は子供なんだ。まだ子供っぽいからおもちゃで遊ぶんだ」

彼は超えた。超越というのはごく自然発生的な現象だ。それは培われるようなものじゃない。あなたはただもっと成熟するだけのことだ。あるものの馬鹿らしさ全体を見抜き、そして超越する。

ある若い男が私のところにやって来た。しかも彼はとても悩んでいた。彼には美人の奥さんがいたのだが、ただ鼻が少し長い。それで彼は悩んでいた。そして「どうしましょう、プラスチック整形までしてもらいました。鼻はまた少し醜くなっただけです」と言う。だって、どこも悪くなんかなかったのだから――。何かどこも悪くないものを改良しようとすれば、それはもっと見苦しくなるしかあるまい。もっとひどくするだけだ。

さあ、彼は前より一層困ってしまい、私にどうしたらいいかと聞く。私は彼にいまのおもちゃの話をし、いつか君は超越しなくてはなるまい、と言った。「これはまるで子供じみている。どうして鼻のことなんかでそんなにも頭を一杯にしているのか？　鼻はただほんの一部分じゃないか。それに君の奥さんは本当にきれいで、実に素晴らしい人だ。それを、なぜ君は鼻のことで彼女をそんなに悲しがらせるのか?」とね。

というのも、彼女までいっしょにひどく鼻にこだわるようになってしまったからだ。人生の問題のすべてであるかのごとき様相を呈してきた。問題なんて全部こんなものなのだ。自分の問題は何かもっと大層なものだなどと思わないこと。問題なんて全部こんなものなのだ。問題というものはすべて子供っぽさから出てきている。幼稚——それらは未熟さから生じるものだ。

その男は本当にひどく鼻にこだわっていて、奥さんの顔も見ようとしないほどだった。その鼻を見るたびに苦しくなるからだ。だが、ものごとからそんなに簡単に逃げることはできない。たとえ鼻のせいで顔を見ないにしても、それはまだその鼻を気にしているということだ。たとえもし問題を避けようとしたところで、その問題は頑としてそこにある。あなたは取り憑かれているのだ。

そこで私は、彼に奥さんの鼻に瞑想するように言った。「何ですって? 見ることもできないくらいなんですよ」（笑）と彼。私はそれが役に立つだろうと話した。「まあやってごらん。昔、人々は自分の鼻の頭に瞑想したものだ。それなら自分の奥さんの鼻の頭に瞑想してどこが悪い？　ビューティフルじゃないか。やってごらん」。彼は「それでどうなるんですか？」と言う。「まあやってごらん」。私は彼に言って聞かせた。「そして何か月かしたら結果を知らせにおいで。毎日彼女をあなたの前に置いて、その鼻に瞑想するんだよ」（笑）

ある日、彼は私のところに駆け込んでくると言った。「なんというナンセンスを私はやってきたのでしょう。突然、私は超越しました。その愚かしさが丸ごとはっきりしました。もうこんなこと問題じゃありません」

彼は勝利をおさめたわけじゃない。だって、実際のところ勝つべき〈敵〉などいはしないのだから——。あなたには〈敵〉なんかいない。これがタントラの言い分だ。全生命は深くあなたを愛している。破壊されるべき者など誰もいない。勝利する者など誰もいない。誰ひとりあなたの敵、かたきになるべき者もない。全生命があなたを愛す。あらゆるところから愛があふれている。まして、あなたの中にも敵などいやしない。

そんなものは坊主どもがつくり出したのだ。戦場をつくり出したのは彼らだ。彼らがあなたを戦場にしてしまったのだ。彼らは言う。「これと戦え、これは悪い。あれと戦え、あれは悪だ」。彼らのつくり出したあまりにも多くの敵に取り囲まれて、あなたは生の美しさ全体との接触を失ってしまった。

私は言おう。怒りはあなたの敵じゃない、強欲はあなたの敵じゃない。同じように慈悲はあなたの友でなく、非暴力などというものもあなたの友じゃない。なぜなら、友であれかたきであれ、あなたは二元対立にはまったままだからだ。ちょっとあなたの実存全体を眺めてごらん。それは〈ひとつ〉であるのに気づくだろう。かたきが友となり、友がかたきとなったとき、すべての二元対立は消え去る。突然、そこに超越がある。突然、目覚めがある。

念を押そう。それは突然だ。というのも、戦うとしたら、あなたは一寸また一寸と戦わなくてはいけない。だがこれは全く戦いなんかじゃない。これは王者の道だ、王道だ。

ティロパは言う〝二元性を超ゆるは王の見地〟――二元性を超える。ちょっと見つめてごらん！　二元対立などありはしないだろう！

ボーディダルマが中国に行った。世に生まれた最も希少な宝玉たちのひとりだ。王様が彼に会いにやってきて、そして言った。「ときどき私はとてもひどく悩みます。ときとして私の中には大変な緊張と苦悶があるのです」。ボーディダルマは王様をにらむと、「明日の朝早く四時においでなさい。そしてあなたの苦悩と不安と心配事を全部連れて来るのです。忘れてはいけません、ひとりで来るんじゃない。そういうものを全部引き連れて来るのです」と答えたものだ。王様はこのボーディダルマをしげしげと見た。彼はとても不気味な容貌の男だった。彼はどんな人でも死ぬほど怖がらせることができた。

で、王様は言った。「何をおっしゃる？　どういう意味ですか？」。ボーディダルマは言った。「もしあなたがそういうものを引き連れて来なかったら、どうして私にあなたを叩き直すことができます？　全部持っていらっしゃい。すべて叩き直して進ぜよう」

王様は行かない方がよかろうと思った（笑）。朝の四時はまだ暗い。それにこの男は少し狂っているように見える。手に大きな棒を持って、彼はなぐることだってできる。それに、すべてを叩き直すというのはどういうことだろう？（笑）王様は一晩中眠れなかった。ボーディダルマがつきまとって離れなかったからだ。

朝になると、彼は行ったほうがいいような気がした。それでも何かはありそうな予感がしたからだ。そこで彼は出かけて行った。いやいやながら、ためらいがちに――。しかし、とにかく彼はたどり着いた。するとボーディダルマは間髪を入れずに尋ねた。彼は寺院の前に棒を持って坐っていて、暗がりの中、いよいよもって物騒に見える。

開口一番、彼は言った。「ふむ、おいでになったわけだ。ほかの奴らはどこですか？（笑）あなたの話しておられたあれは？」王様が「あなたは謎めいたことをおっしゃる。あれは持って来られるような〈もの〉じゃありません。ああいうものは内側にあるのです」と言うと、ボーディダルマ曰く。「いいでしょう。内側でも外側でもものはものです。坐って目を閉じ、そういうものを内側に見つけようとしてごらんなさい。それをひっつかまえたら即座に私に教えるのです。この棒をごらんなさい。私がそやつらを叩き直して進ぜましょう」（笑）

王様は目を閉じた。ほかにはどうしようもなかった。彼はちょっとこわごわ目を閉じた。内側をあちこち見まわし、目を凝らしてみると、突然——見れば見るほどそこには何もないのに気づいた。なんの不安もない。なんの苦悶もない。なんの心配もない。彼は深い瞑想に落ちていった。何時間という時が過ぎた。日が昇り始める——そして彼の顔には計り知れない静寂があった。

やがてボーディダルマが口を開く。「さあ、目をあけてごらんなさい。もうそんなところで充分でしょう。奴らはどこですか？　ひっとらえることができましたかな？」王様は笑ってひれ伏すと、ボーディダルマの足を押しいただいて言った。「実に、あなたは奴らを叩き直してくださった。私はそれを見つけることができなかったのですから。もう私は何が問題であるかわかりました。そんなものは最初からありはしなかった。そういうものがあったのは、私が内側に現存していなかったからです。もうわかりました。あなたは奇跡を行なった」

事の次第はこんなものだった。これが超越だ。問題を解決するのではなく、第一に本当に問題があるのかどうかを見ること。あなたが最初に問題を作り出しておいて、そうして解決を求めはじめる。最初に質問を作っておいて、それから世界中歩き回って答えを求める。これは私の経験でもあるのだが、もしも質問を見つめたなら、その質問は消え失せていくものだ。どんな解答の必要もありはしない。もしあなたが質問を見つめたなら、その質問は消え失せる。そして、これが超越だ。それは解決じゃない。解決すべき問題なんてありはしないのだから——。あなたは病気など持ってはいない。

ちょっと内側を見つめてごらん！　病気などあるまい。そうしたらなんの解決がいる？　あらゆる人間はそのあるべき姿なのだ。あらゆる人間は生まれながらの王者だ。何ひとつ欠けてはいない。あなたに改善の必要なんかない。

　あなたを改善しようとする人たちは、あなたを破滅させる人だ。彼らこそ本当の災い人だ。それも、ネズミを狙う猫のように待ち構えているのがごまんといるのだからたまらない。近づいていくと彼らは飛びかかって、待ってましたとばかりにあなたを改善しだす。世の中にはたくさんの改善屋たちがいる。世界がかくも混沌としているのはそのためだ。世の中には、あなたを改善しようとしている人たちがあまりにも多すぎる。自分を改善することなんて誰にも許すことはない。

あなたはすでに最終句なのだ。あなたはアルファであるばかりでなく、同時にオメガでもある。あなたは完全だ、完璧だ。たとえもしあなたが不完全さを感じるとしても、タントラはその不完全さこそ完全なのだと言う。それを思い悩む必要はない。あなた方の不完全さもまた完全だというのは、とても奇妙に聞こえるだろう。しかし、そこには何ひとつとして欠けてはいない。実際のところ、あなたが不完全に見えるのは不完全だからではなく、成長しつつある完全だからだ。

これは馬鹿げていて理屈に合わないように見える。我々は、〈完全〉というものは成長なんかできないと思っているからだ。なぜなら、我々が〈完全〉と言うときには、成長の最後のところまで来たものを言うのだから——。だが、そんな〈完全〉は死んだものだ。もしそれが成長できなかったら、そんな〈完全〉は死んでいるのだ。

神は成長し続ける。神の完全さは、彼がもう成長しないというような完全さじゃない。彼は何ひとつ欠けていないがゆえに完全だ。が、彼はひとつの完成からさらなる完成へと進んでゆく。成長は持続する。神は進化だ。不完全から完全へではなく、完全からより完全へ、さらにもっと完全への進化だ。
完成が未来を持たなくなってしまったとき、それは死んでいる。いまだひとつの運動であるとしたら、いまだひとつの開幕であり、ひとつの成長であり、いまだひとつの運動であるとしたら、そのときそれは不完全のようにも見える。

で、私はあなた方に言いたい。不完全でいて、成長し続けなさい。なぜなら、それが生というものだからだ。完全であろうとなんかしないこと。さもなければあなたは成長を止めてしまうだろう。石ころだ。いくら仏像でもそれは死んでいる。

それが成長し続けるというこの現象のせいで、あなたは完全を不完全と感じる。それはそのままにしておきなさい。あるがままのそれを許しなさい。これが王者の道だ。

二元性を超ゆるは王の見地 散乱を征服するは王者の行《ぎょう》

散乱というものは、あなたがくり返しくり返し意識を失うからこそある。瞑想する。腰をおろして瞑想する——。ある想念がやって来る。たちまちあなたは自分自身を忘れ、その想念にくっついて行ってしまう。あなたはそれに巻き込まれてしまっているのだ。

タントラは、征服されなくてはいけないものはただひとつだと言う。それが散乱だ。どうする？　ただひとつ——想念がやって来ても観照者のままでいるのだ。それを見、観察し、それがあなたという実存を通り過ぎるのを許す。ただし、敵でも味方でも、どんな形であれそれにへばりついてしまわないこと。

それは悪い考えであるかもしれない。誰かを殺すという考えだ。それを押しやらないこと。これは悪い考えだなどと言わないこと。それについて何かを言った瞬間に、あなたはもうその考えにへばりついてしまっているのだ。あなたは撹乱される。さあ、その考えはあなたをいろいろなものへと連れて行く。ひとつの考えから、また別な考えへ——。

いい考えが来る。慈悲深い考えだ。こんなことを言わないこと。「ああ、なんて麗わしい。

私は偉大な聖者様だ。全世界に救いを与えたい。すべての人を解放したいなんて、こんなきれいな考えが浮かんで来るとはねえ」。そんなこと言いっこなし。良かろうが悪かろうが、あなたは観照者のままでいるのだ。それでもはじめのうちは何回もかき乱されるだろう。さあ、どうしたらいい？

もしかき乱されたら――かき乱されるがいい。あまりそれを気にしすぎないこと。さもなければ、その心配そのものが強迫観念になってしまう。かき乱されなさい。数分間、あなたはかき乱され、そして不意に、思い出すだろう。そうしたらＯＫ。戻ってくるのだ。がっかりすることはない。かき乱されていたのは良くないことだった、なんて言わなくてもいい。そんなことをしたらまたあなたは二元対立をつくり出してしまう。善と悪――かき乱される。それはいい。受け容れて、戻っておいで。

散乱というものに対してでさえ戦いを作り出すことはない。クリシュナムルティ[*2]が語り続けているのはこのことだ。彼はそれにとても逆説的な概念を使う。彼は言う。「あなたがもし注意散漫ならば、よく注意して注意散漫でありなさい」と。それはいいのだ。はっと、自分が注意散漫であったのに気づいたら、注意を起こし、そして〈わが家〉に戻る。

クリシュナムルティは決して理解されてきてはいない。そのわけは、彼が王道に就いているからだ。もしも彼がヨーギであったなら、彼はごく簡単に理解されていたことだろう。彼が口をすっぱくして、メソッドなどというものはないと言っているのは王道だからだ。王道にはメソッドなんかない。彼はテクニックなどないの一点ばりだ。王道にはそんなものはない。彼は経典など役に立たないと説いてやまない。王道には経典などというものもない。

かき乱されている——。それを思い出したその瞬間、自分はかき乱されていたという、その注意力が戻って来たその瞬間、帰っておいで。それだけだ。戦いをつくり出すことなんかない。これはまずかったなどと言うこともない。自分はまたかき乱されていたと、気を落とし、フラストレーションを起こさなくてもいい。散乱それ自体にはどこも悪いところなんかない。それもまた楽しみなさい。もしあなたが散乱を楽しむことができたら、だんだんとそれは少なくなるものだ。そして散乱のなくなるその日がやって来るだろう。しかし、これは勝利じゃない。あなたは、自分の心《マインド》の乱れがちな傾向を無意識深く押し込んだんじゃない。違う。あなたはそれもまた許した。それもいいのだ。

この、あらゆるものが良くて神聖だというのがタントラの心だ。たとえもし散乱というものがあるにしろ、なにかしらそれは必要なのだ。あなたにはどうしてかわからないかもしれないが、なにかしらそれは必要なのだ。もし内に起こることのすべてをよしとすることができたら、それではじめてあなたは王道に従っていると言える。もし、なんでもいい、とにかく何かと戦いを始めるとしたら、もうあなたは王道から堕ちて、ただの兵隊、戦士になってしまっているのだ。

二元性を超ゆるは王の見地
散乱を征服するは王者の行《ぎょう》
行《ぎょう》なき道こそすべてのブッダたちの道なり

稽古するべきものなど何もない。習慣をつくり出すのは〈稽古〉だからだ。人はもっと覚醒すべきなのであって、もっと腕を上げるべきなんじゃない。美しいものは自然な内発性から起こる。上達からじゃない。

あなたは愛を習い覚えることもできる。何らかのトレーニングを積むこともできる。アメリカではいくつか、愛のためのトレーニングコースをつくることが考えられている。人々がどうやって愛するかということすら忘れてしまったからだ。これは本当におかしい。鳥やけものたちや木々でさえ、聞きもせず、学校に行きもしないでちゃんと愛する。それなのに人間はといえば、大勢の人が私のところへやって来て……

つい数日前、ひとりの若者が手紙をよこした。彼はその中で、「あなたのおっしゃることはわかります。でもどうやって愛するのですか？　どうやって前に出るのですか？　どうやって女性に接近するのですか？」と言う。馬鹿ばかしいような話だ。だが、我々は自然でゆったりとしたやり方を完全に忘れてしまったのだ。愛ですらトレーニングなしでは不可能だとは——。

しかし、もし仕込まれたりしたら、あなたは全く醜悪になってしまうだろう。そうしたらあなたのやるあらゆることは、そのトレーニングの切れはしでしかないからだ。それは本物じゃあるまい。それは演技だ。真実の生じゃあるまい。それはちょうど俳優たちそっくりだろう。彼らは愛をでっちあげる。彼らは愛にあふれた動作をする。しかし、愛というものに関する限り、俳優たちこそ最大の失格者であるのをご存知だろうか？　彼らの愛情生活はほとんど常に破産だ。

これはあり得べからざる話だ。二四時間、彼らは大変な数の女性たちと、数えきれない筋書きで、いろいろ違った趣きの愛の稽古をしているのだから――彼らはプロの愛人だ。恋に落ちたら彼らは完璧でなくてはいけない。ところが、恋に落ちたら最後、彼らは常に破綻する。俳優たちの愛情生活は常に破産だ。どういうことだろう？

〈稽古〉だ。稽古しすぎたのだ。もうハートが働かない。彼らはただ中身のないジェスチャーをし続けるだけだ。キスをする――だがそこに本当のキスはない。ただ唇がくっつくだけだ。唇だけしか出会わない。内的なエネルギーの移動はそこにない。彼らの唇は閉ざされていて冷たい。もしも唇が冷たく閉じていて、そこからエネルギーが放出されていなかったら、キスほど醜いものはない。不衛生だ。それはただ何百万という細菌や黴菌《ばいきん》や病原菌の移動にすぎない。それだけだ。

キスも、もし内的なエネルギーが介在しなければ醜いものだ。女を、あるいは男を抱くことはできても、骨がぶつかり、からだがからまるばかりで、そこに内的なエネルギーの跳躍はない。エネルギーが存在しないのだ。ただ中身のないジェスチャーをしているだけのこと。交わることだってできないことじゃない。

あなたはあらゆる愛の動作をすることもできる。しかし、それは体操と言ったほうが似つかわしく、あまり愛とは言い難い。覚えておきなさい、稽古は生を殺す。生というものは、稽古されないほうがもっと生き生きしているものだ。それがどんなパターンも持たず、どんな強制された規律もなしに、あらゆる方向にあふれるほうが――。するとそれはそれなりの秩序と規律を持つ。

そして

行《ぎょう》なき道こそすべてのブッダたちの道なり
その道を踏む者、ブッダフッドに至らん

さあ、どうする？　もし修行なしが道ならば、そのときはどうする？　そしたら、ただ自然発生的に生きなさい。なんで恐れる⁉　なぜ自発的に生きることをそんなに怖がる？　もちろん危険はあるかもしれない。難儀もしなければなるまい。でも、それでいいじゃないか！　生というのは鉄道線路みたいなものじゃない。汽車なら入れかわり立ちかわり同じ線路の上を何回も何回も走る。生は川のようなものだ。それは自分で自分の道をつくっていく。それは水路じゃない。水路はうまくない。水路といえば習慣の人生のことだ。

危険はある。だが、生は危険なものだ。危険は生に含まれているものであって、それを知らなくていいのは死んだ人だけだ。人々が死んだみたいになってしまうのはそのせいだ。あなた方の家は墓場と言ったほうが似つかわしい。

あなた方はあまりにも安全性にこだわりすぎている。そして、安全への過剰なこだわりは死につながるものだ。生というのは安全じゃないのだから――それはそうなのだ。それについてどうすることもできない。誰もそれを安全にすることなんかできない。安全性などというのはすべて幻想だ。

一人の女性が今日あなたを愛する。明日は……　誰が知る？　どうして明日のことに安全でいることなんかできる？　あなたは法廷に行って登録し、彼女が明日もまた自分の妻でいるという法的な拘束をかけるかもしれない。もしかしたら彼女は、その法的な拘束によってあなたの妻でいるかもしれない。だが愛は消え去り得る。愛は法律なんか知らない。そして愛が消え失せていながら、妻が妻でい、夫が夫でい続けるとき、そのふたりの間にあるものは死だ。

安全のために、我々は結婚をつくる。安全のために、我々は社会をつくる。安全のために、我々はいつも決められた道の上を進む。生は野性だ。愛は野性だ。そして神は絶対的に野性だ。〈彼〉は決して、あなた方のつくった〈庭〉にはいって来はしない。〈彼〉は決して、あなた方の〈家〉になんかはいって来ない。そんなものは小さすぎる。あなた方のお決まりの道の上では、決して〈彼〉に出会うことなんかできない。〈彼〉は野性だ。

覚えておきなさい、タントラは生は野性だと言う、人はそれをすべての危険と困難を冒して生きなくてはならない。そしてそれは素晴らしいことだ。そのとき、そこに冒険があるのだから――。

自分の人生を決まり切ったパターンにはめ込もうとしないこと。それがそれ自身のコースを取るのを許すのだ。すべてを受け容れなさい。受容を通して二元性を超えなさい。そして、生がそれなりの進路を取るのを許すのだ。そうすればあなたはたどり着くだろう。必ずたどり着くだろう。この必ずというのは、あなた方を安心させようとして言っているわけじゃない。それが事実だからこそ言うのだ。これはあなた方の安全性の保証じゃない。野性の者は必ずたどり着くのだ。

はかなきかなこの世
幻や夢のごと、そは実体を持たず
そを捨てて血縁を断てよ
欲望と憎しみの糸を切り
山林にありて瞑想せよ
労なくして
ゆったりと「自然なる境地」にとどまるならば
間もなく汝はマハムドラーにたどり着き

無達成なるものを達成せん

この経文はとても深く理解されなくてはならない。なぜなら、誤解があり得るからだ。ティロパのこの経文に関しては、いままで多くの誤解があった。それどころか、私以前に注釈をした人たちは全部、肝腎なポイントを逸してきたと言ってもいい。それにはわけがある。

この経文は言う

はかなきかなこの世

この世界は、夢がつくられているのと同じ材質でできているにすぎない、と。夢とこの世と、そこにはなんの違いもない。起きていても眠っていても、あなたは自分だけの夢の世界に生きている。覚えておきなさい、世界はひとつだけじゃない。この世には人がいるのと同じ数だけたくさんの世界があるのだ。誰もがみな自分だけの世界に生きている。ときとして、我々の世界は出会いぶつかる。ときとして、それは溶け合う。ん？　でも、我々は自分の世界に閉じ込められたままなのだ。

はかなきかなこの世――心の創作――
幻や夢のごと、そは実体を持たず

これは物理学者たちの言うところでもある。それはなんの実体も持たない。ほんのここ三〇～四〇年の間に、「物質」という言葉は、物理学者のボキャブラリーから完全に消え失せてしまった。七五年前、ニーチェは神は死んだと宣言した。それも、彼がそれを言ったのは物質しか存在しないということを強調するためだ。ところが、それから一世紀もたたないうちに、いやニーチェの死後たった二五年で――彼は一九〇〇年に死んだ――一九二五年に物理学者たちはこういう理解に達した。我々は神のことは何も知らないが、ただひとつだけ確かなことがある。物質は死んだ、と。

あなた方のまわりには物質的なものなんか何もない。すべてはただの波動《ヴァイブレーション》だ。交錯するたくさんの波動《ヴァイブレーション》が〈もの〉という幻覚を生み出す。それは映画を見るのと同じことだ。スクリーンの上には何もない。あるのは交錯した電気光線だけだ。それがあれだけの幻覚をつくり出す。しかも、いまでは三次元映画というものまで現われた。それは完璧な三次元の幻覚をつくり出す。

全世界はスクリーンの上の映像と全く同じだ。なぜなら、それはすべて電気現象にすぎないのだから——ただあなただけが本物だ。ただその観照者だけが本物であり、あとはすべて夢なのだ。そしてブッダフッドとは、こうした一切の夢をあなたが超越し、そこに見られるべき何ものも残らない、ただ見る者だけが静かに坐る——そういう状態を言う。

何もない。見られるべきどんな対象もない。ただ見る者だけが残る。そのときこそ、あなたはブッダフッドに到達している。現実《リアリティ》に——。

はかなきかなこの世
幻や夢のごと、そは実体を持たず

そを捨てて血縁を断てよ

この言葉――〝そを捨てて血縁を断てよ〟。これが誤解されてきたところだ。それにはわけがある。ん？　というのはみんな世捨て屋ばかりだからだ。そして、彼らはティロパが、自分たちの信じていることを言ってくれていると思ったのだ。ティロパにそんなことを言えるはずがない。それではティロパの方向と全く逆だからだ。

もしそれが夢のようなものだったら、それを捨てる意味がどこにある？　現実《リアリティ》なら捨てることができるが、夢は捨てられない。それはあまりにも愚かしい。実体のある世界なら捨てることができるが、幻の世界は捨てられない。

朝、あなたは大々的に宣言するだろうか？　屋根のてっぺんに登って行って、まわり中のみんなに、「私は夢を捨てました！」と言うだろうか？　「ゆうべはいろいろな夢を見たけれど、私はそれを捨てました」と？　みんな笑うだろう。みんなあなたは気が狂ったと思うだろう。夢を捨てる人なんか誰もいない。ただ単に目を覚ませばそれで済む。夢を捨てる人なんか誰もいない。

ある禅のマスターがある朝起きると、その弟子のひとりに尋ねた。「わしはゆうべある夢を見たのだが、それが何を意味するものか、ひとつ解釈してはくれまいか？」と。その弟子は言った、「お待ちなさい。お茶を一杯持って来てあげましょう」。マスターはそれをいただいてしまうと聞いた。「さあ、夢の話はどうした？」。弟子曰く、「そんなことお忘れなさい。夢は夢――。解釈の必要なんかありません。お茶一服で十分です。目をお覚ましなさい」

マスターは言った。「よろしい。完全に正解だ。もし私の夢を解釈などしていたら、私はお前を寺から追い出すところだった。夢を解釈するなど愚か者しかやらないことだ。お前はよくやった。さもなければ、きれいさっぱりほっぽり出されて、二度とわしの顔など拝めないところだった」と。夢を見たらお茶を一服して、それでおしまいにすることだ。

フロイトやユングやアドラー[*3]は、この話を知っていたら大層肝を冷やすところだっただろう。彼らは他人の夢を解釈することに一生を費やしたのだから――。夢は超えられなくてはいけない。単にそれを夢と知りさえすれば、あなたはそれを超越する。これが本当の

〈放棄〉だ。

世の中にあまりにもたくさんの放棄屋や非難屋がいるために、ティロパはずっと誤解されてきた。みんなティロパが世を捨てろと言っていると思ったのだ。彼はそんなことを言っていたんじゃない。彼は「それをはかないものと知れ」と言っていたのだ。そして、これが本当の〈放棄〉だ。〝そを捨てて〟という言葉で彼は、それが夢だということを知れと言っているのだ。

血縁を断てよ

いままでそれは、家庭を去り、親族を後にすることだと考えられてきた。母親を、父親を、子供を――。そうじゃない。彼はそんなことを言っているんじゃない。言えるはずがない。

そんなことを言うのはティロパには不可能だ。彼が言っているのは、人々との内なる関係を放棄しろということだ。ある人を自分の妻だなどと考えるべきじゃない。「自分のもの」というそれが幻だ。それは夢だ。この子は私の息子だなどと言うべきじゃない。その「私の」というのが夢なのだ。

あなたのものである人なんか誰もいない。いるはずがない。誰かが自分のものであるというこういう態度を捨てること。夫、妻、友人、敵——こういう態度をすべて捨てるのだ。私のだとかあなたのだとか、そういう言葉をはさまないこと。そんなものは落としなさい。

突然、そういう言葉を落としたなら、あなたは血縁を捨てている。誰ひとりあなたのものなんかじゃない。だからといってそれは、逃避する——自分の奥さんから逃げ出すという意味じゃない。その逃亡自体、あなたが彼女を実体あるものと思っていることを表わしている。逃亡は、あなたがまだ彼女を自分のものだと考えていることを表わしている。そうでなければ、なんで逃げ出したりする？

あるとき、一人のヒンドゥー教徒のサニヤシン、スワミ・ラムティルタがアメリカから帰って来て、彼はヒマラヤにこもっていた。そこへ彼の奥さんが彼に会いにやって来た。彼は少しかき乱された。その弟子で、とても鋭い心の持主であるサッダル・ポン・シンが彼の脇に坐っていた。彼は見ていてラムが乱されているのを感じた。

奥さんが帰ってしまうと、突然、ラムティルタはそのオレンジ色の衣を投げ捨てた。ポン・シンは、「どうしたんです？　私はあなたが少しかき乱されているのを見ていました。私はあなたがいつものあなたじゃないのを感じていました」と聞いてみた。すると彼は言う。「だからこの衣を脱いでいるんだ。私は実に大勢の女に出会ってきたが、一度も乱されたことなどなかった。彼女が私の妻だったということ以外には、あの女に特別なところは何もない。その『私の』がいまだに残っているのだ。私はこういう衣を着る資格がない。私はまだ『私の』を捨てていない。私が捨てたのは『妻』でしかない。そして、『妻』は問題じゃない。ほかの女は一度だって私をかき乱したことなどなかった。私は地球をくまなく歩きまわった。だが、妻が来るとどうだ——。彼女はほかのどんな女とも変わるところのない普通の女だ。ところが突如として私は乱された。『私の』という橋がまだそこにあるのだ」

彼は死ぬまで普通の服のままだった。二度とオレンジ色を使わず、自分にはその資格がないと言っていた。

ティロパには、妻だの子供だのという血縁を切れなどと言えるはずがない。違う。彼が言っているのはその〈橋〉を捨てろということだ。それを落としなさい。それはあなたの仕事だ。奥さんには関係ない。もしも彼女が、あなたのことを自分の夫だと思い続けるとしても、それは彼女の問題であってあなたの問題じゃない。もし息子さんが、あなたを自分の父親だと思い続けるとしても、それは彼の問題だ。彼はまだ子供だ。彼には成熟が必要なのだ。

はっきり言っておこう。ティロパが言おうとしているのは、内なる〈夢〉や〈橋〉を放棄することだ。内なる世間を――。そして〝山林に入りて瞑想せよ〟、これもまたしかり。彼は山や森に逃げて行けと言っているんじゃない。これはそういうふうに注釈され、大勢の人が妻子を後にして山にはいってきた。それは完全な間違いだ。ティロパが言っていることはもっと深い。それはそんなに浅薄なことじゃない。それというのもあなたは山にはいって、しかも市場にい続けることだってできるからだ。問題なのはあなたの心《マインド》だ。あなたはヒマラヤに坐っていたって、市場のことを考えかねない。妻、子供、そして彼らに何が起こっているか――。

あるときひとりの男が、妻や子供や家族を捨てて、弟子としてイニシエーション[*4]を受けようと、ティロパのもとにやって来た。ティロパは町の外のとある寺院に立ち寄っていた。そこへくだんの男がやって来る。中にはいったとき彼はひとりきりだった。そしてティロパもひとりだった。と、ティロパは彼のまわりを見まわして言った。「あなたが来たのはそれでいいが、この人垣はどういうことだ？」。その男は思わず振り返った。誰もいないはずだったからだ。

「後ろなんか見るんじゃない。内を見るんだ。人垣はそこにある」とティロパ。そこで男が目を閉じると、人垣は本当にあった。妻はまだ泣き叫び続けている。子供たちは涙を流して悲しがっている。彼らはそこに立っていた。彼らは町のはずれまで見送りに来たのだった。友人、家族、そのほかの人たち——その彼らがみんないた。するとティロパは言い放った。「出てお行き。その人垣を置いてくるのだ。私が弟子入りさせるのは個人だ。人垣じゃない」

いや、そのティロパが、世間を捨てて山にはいれなどと言えるはずがない。彼はそんなに馬鹿じゃない。彼にはそんなことは言えない。彼は目覚めた人間だ。

彼が言おうとしているのはこういうことだ。もし〈夢〉を、〈橋〉を、血縁関係ではなく関係そのものを放棄したら、もし〈心《マインド》〉を放棄したら、突然、あなたは森や山の中にいる。あなたは市場の真ん中に坐っているかもしれない。が、その市場が消え失せてしまう。あなたは自分の家にいるかもしれない。が、その家が消え失せてしまう。突然――あなたは森の中に、山の中にいる。突然、あなたはひとりぼっちだ。そこにはあなただけ。ほかに誰もいない。人ごみの真ん中にいながらひとりでいることはできる。ひとりで、しかも人ごみの中にいることはできる。あなたは世間にいながらにして、世間のものでなくなる。あなたは世間にいながら、しかも山や森に属することもできる。

これは内的な現象だ。内なる山々や内なる森林というものがある。ティロパには、外の山や森についてとやかく言えるはずがない。それもまた夢なのだから――。ヒマラヤはプネーの市場と同じだけ夢なのだ。なぜなら、ヒマラヤも市場と同じだけ外なる現象なのだから――森林もまたひとつの夢だ。

あなたは内なるものへと足を踏み入れなくてはいけない。現実《リアリティ》はそこにある。もっともっと深く、あなたの実存の深みへと降りて行かなくてはならない。それでこそ、あなたは本当のヒマラヤに行き着くだろう。それでこそ、自分の実存の本当の森林に行きあたるだろう。あなたの実存の頂きと谷間に。あなたの実存の高みと深淵に――。ティロパの言おうとしているのはそれだ。

労なくして
ゆったりと「自然なる境地」にとどまるならば

それに、彼はそう言わないわけにはいかない。なぜなら彼は、ゆったりとした自然な境地につくからだ。妻や子供たちから逃げ出すことは自然じゃない。まして、全くゆったりなんかじゃない。妻や子や友や世間を後にする人間は、緊張するだけでゆったりとはできない。捨てようというまさにその努力の中に、緊張がしのび込む。自然であるということは、自分がそこにいるということだ。自然であるということは、どこであれ自分がいまいるとわかったそこにいるということだ。

もしあなたが夫であるのなら——それもいい。もしあなたが妻であるのなら——ビューティフルだ。もしあなたが母親であるのなら——結構だ。そうでなくちゃいけない。それがなんであれ自分が今いる場所を、今の自分を、そして自分に起こっていることのすべてを受け容れてごらん。それではじめて、あなたは「ゆったりと自然に」なれる。さもなければ、それは空念仏にしかすぎない。あなた方のいわゆる僧侶やサドゥー[*5]、つまり世間から逃れた人たち。あちこちの寺院におわす、実際には臆病者にしかすぎない人間たちには、ゆったりと自然であることなんかできない。彼らはつっぱっているほかない。彼らはある不自然なことをしでかした。自然な流れに逆らったのだ。

そう、何人かの人々にとってはそれが自然であり得る。私は別に自分を市場にしばりつけろと言っているわけじゃない。そんなことをしたら反対の極端をやることになるからだ。そうしたら、あなたはまたまた同じ愚を犯す。何人かの人たちにとっては、僧院にいるのは完全に自然なことであるかもしれない。そういう人たちは僧院にいなくてはいけない。何人かの人たちにとっては、山にこもるのが完全に自然なことであるかもしれない。そういう人は山にいなくちゃいけない。

判断のものさしとして心《マインド》にとめるべきは、「ゆったりと自然で」あることだ。もしあなたが市場にいて自然なら、ビューティフルだ。市場もまた神聖なり。もしあなたがヒマラヤにいてゆったりと自然に感じるのなら、ビューティフルだ。どこもおかしくない。ひとつだけ覚えておきなさい。〝ゆったりと自然であれ〟――。

無理をしたり、自分の実存の中に緊張をつくろうとしたりしないこと。リラックスだ。

間もなく汝はマハムドラーにたどり着き

ゆったりと自然にしていれば、間もなくあなたは、存在とのオーガズミックな絶頂に至るだろう。

無達成なるものを達成せん

そして、あなたは「達成され得ざるもの」を達成する。なぜだろう？　なぜそれが達成され得ないと言うのだろう？　なぜなら、それはゴールにはできないものだからだ。それは目標指向の心《マインド》では達せられない。それは達成心によっては達成され得ないのだ。

ここにも、達成心にはやる同様の輩がなんと多いことか。彼らはつっぱっている。目標にできるはずのないものを目標に据えたからだ。それはあなたに起こるのだ。達成できるものじゃない。それに手を伸ばすことはできない。それのほうがあなたのところへやって来るのだ。あなたはただ受け身で、ゆったりと自然にして、そして、しかるべきときを待つことができるだけだ。

なぜなら、なにごとにもその時機というものがあるからだ。それはその時機に起こるだろう。なんで急ぐ？　もしあせったら、あなたはつっぱってしまうだろう。そうしたら、あなたは絶えず期待してばかりいる。だからこそティロパは言う。〝無達成なるものを達成せん〟。

それはゴールじゃない。あなたはそれを、さあ行くぞとばかり標的にすることはできない。それは矢のように到達できるものじゃないのだ。違う。目標に向かって放たれた心は緊張の心だ。

それはあなたに用意のできたとき不意にやって来る。音さえ聞こえない。それは突然やって来るのだ。あなたにはそれが来ていることさえもわからない。それが花開くと、突然、あなたはその開花を見、その芳香に満たされる。

Enough for today ?
（今日はこのぐらいでいいかな？）

＊1　アメリカの心理学者・哲学者。プラグマティズムの基盤を築いた人。

＊2　日本でも講演録の訳出されている現代インドの生んだ哲人。

＊3　ユングと同じくフロイトの弟子のひとりとして精神分析にかかわり、後にフロイトの汎性欲論を離れて独自の理論を展開した。

＊4　入門式、あるいは仏教で言う得度。グル（導師）がその人を自分の弟子として認め、門下にはいるのを許すこと。

＊5　サニヤシンよりさらに奔放に無一物の放浪を続ける乞食（こつじき）行者。

第八話　鏡になる

詩《うた》はまた続きます……

木の根を断たば葉は枯れん
汝の心の根を断たばサムサーラは崩れん
いかなる灯《ともしび》の光も一瞬にして
長きカルパの闇を払う
心の強き光ただ一閃なれど
無知なるヴェールを焼かん

心に執着せる者の
心を越えたる真理を見ることなく
ダルマを行ぜんと求むる者の
行を越えたる真理を見出すことなし
心と行をふたつながら越えたるものを知らんには
人はきっぱりと心の根を断ち切りて
裸眼をもちて見つむべし
しかして人は一切の差別を打ち破り
くつろぎにとどまるべし

選択こそ束縛だ。無選択は自由だ。何かを選んだその瞬間、もうあなたは〈世間〉の罠にはまっている。もしあなたに選ぶという誘惑に耐えることができれば、もし無選択なまま醒めていることができれば、その罠はひとりでに消え失せる。なぜなら、選択しないということは、その罠がそこに存在するのに手を貸さないということだからだ。

その罠もやはり、あなたの選択によってつくり出されたものなのだ。そこで、この〈選択〉という言葉が深く理解されなくてはならない。その理解を通ってはじめて、あなたの中に〈無選択〉という花が開き得るからだ。

なぜあなたは選ぶということをしないままでいられないのだろうか？　なぜ、ある人間やある物を見た瞬間、自分で選んだということさえ知らぬ間に、〈選択〉の微妙な波があなたの中にはいり込んでしまうようなことが起こるのだろうか？

ひとりの女性が通る。と、あなたは「彼女はきれいだ」と言う。あなたは自分の選択について何も言ってはいない。が、選択ははいり込んでいる。というのも、ある人をきれいだと言うということは、自分は彼女を選びたいということだからだ。実際には奥深いところで選択しているのだ。あなたはすでに罠にはまっている。種子は畑に落ちた。やがて芽が出、苗となり、一本の木となるだろう。

あなたがこの車は素敵だと口に出したその瞬間、もう選択はしのび込んでいる。自分では、その車が欲しいという選択をしたことに、全然気づいていないかもしれない。しかし、心の中にはひとつの夢がしのび込んでいる。ひとつの欲望が湧き起こっている。あるものがきれいだと口に出すとき、あなたはそれを手に入れたいと言っているのであり、あるものが醜いと口に出すときは、それが欲しくないと言っているのだ。

選択は微妙だ。人はそれについてはごく厳密に醒めていなくてはならない。何かあることを口に出して言うときには、必ずこれを心にとめておきなさい。それを口に出すということは、ただ口に出すということ、単にしゃべるということではなく、無意識の中では何かが起こっている。

これはきれいであれは汚いだの。これは善くてあれは悪いだの、区別をしないこと。区別はいらない。離れているのだ。ものごとは善くも悪くもない。善だの悪だのという性質はあなたによって持ち込まれたものだ。ものにはきれいも汚いもない。それはただあるがままにそこにあるだけだ。きれいだの汚いだのという性質は、あなたによって持ち込まれたものだ。それはあなたの解釈だ。

あなたがある物を美しいと言うとき、それはどういう意味だろう？　何か美しさの規準になるようなものがあるだろうか？　あなたはそれが美しいということを証明できるだろうか？　あなたのすぐ脇では、誰かがそれを醜いと思っているかもしれない。つまり、それは全然客観的なものじゃない。誰も何ひとつ美しいと証明などできはしない。

美学というものについて何千何万という書物が書かれてきた。多くの知識人や思想家や哲学者にとって、何が美であるかを定義するのは長く骨の折れる道であった。しかし彼らはいまだにそれを成し得ていない。彼らは偉大な書物や偉大な論文の数々を著わし、そのテーマのまわりをめぐりめぐりめぐりめぐり続けているにもかかわらず、いまだ誰ひとりとして「美とは何か」を指摘し得たものはいない。駄目だ。どうもそれは不可能のようだ。世の中に美だの醜だのというものはないのだから。それはあなたの解釈だ。

最初にあなたがあるものを美しいと決めてかかった。これが私の言う、まず自分で罠をつくり、それから自分でそれにはまり込むということのわけだ。まずあなたが「この顔はきれいだ」と思い込む。これはあなたの創作だ。これはあなたのイマジネーションにすぎない。あなたの心が解釈しているにすぎない。これは実在的なものじゃない。ただの心理的なものにすぎないのだ。

そうしておいて、あなたは自分でその罠に落ちる。あなたは自分で穴を掘り、それからそれにはまり込む。それから今度は助けを求めて泣きわめく。みんなに助けに来てくれと泣いて叫ぶ。何もいらない、とタントラは言う。ただ、そのからくりの全体を見抜くだけのことだ。それはあなた自身の創作なのだ。

あるものが醜《みにく》いというのはどういうことだろう？　もし地上に人間がいなかったら、この世に美だの醜だのというものが存在するだろうか？　樹々はもちろんそこにあり、彼らは花を咲かせるだろう。もちろんだ。雨が降り、夏が訪れ、季節はめぐるだろう。だが、そこには美しいだの醜いだのは何もあるまい。それは人間とその心とともに消え失せる。

太陽が昇り、夜になれば空は星々に満たされるだろう。しかし何ひとつ美しいものはなく、何ひとつ醜いものもない。それは人間のつくり出す雑音にすぎなかったのだ。もう彼氏はいない。よけいな解釈は消え去った。何が善で何が悪だろう？　自然の中では何ひとつ善くもなく、何ひとつ悪くもない。そして思い出してごらん。タントラはゆったりとした自然な道だ。それはあなたを、生命の最も深く自然な現象に足を踏み入れさせようとする。

それはあなたが心《マインド》というものから脱落する手助けをしようと買って出る。それに、差別をつくり出すのは心だ。そして心はこれを選択しろ、あれは避けなくちゃいけないと言う。これにはしがみつき、あれは避けて逃げ出せ。その現象の全体を見てごらん。ただ見るだけでいい、ほかには何もいらない。どんな稽古も必要ない。ただ状況の全体を見ることだ。

月は美しい。なぜだろう？　それはあなた方が、何世紀にもわたって月は美しいものだと教え込まれてきたからだ。何世紀にもわたって、詩人たちは月について歌い続けてきた。何世紀にもわたって、人々はそれを信じてきた。もうそれは浸み込んでしまったのだ。

もちろん月にまつわって起こることはいくつかある。月はよく人の気持ちを鎮める。気分が落ち着く。それに月の光は自然全体にある神秘的な趣きを与える。それは一種の催眠術をかける。あなたは少し眠たくなってぼんやりとし、ものがいつもよりきれいに見える。月は世界に一種夢のような性質を与える。狂人を英語でルナティック（lunatic）と呼ぶのはそのためだ。ルナティックという言葉はルナ、つまり月から来ている。気が狂った人たち——月射病だ。

月は一種のルナ症、一種の狂気、ノイローゼを生む。おそらくそれは体内の水と関係しているのかもしれない。ん？　ちょうど海が月の影響を受けて、潮の満ち引きが起こるように——からだの九〇パーセントは海水だ。医学者に聞けばきっと、体内では月の影響で何かが起こっているに違いないと言うはずだ。我々のからだは依然として海の一部だからだ。

人間は海から陸に上がって来た。基本的に生命は海の中で発生したものだ。海全体が影響を受けたら、海にいる動物もみな月の影響を受けるのは言うまでもない。彼らは海の一部だ。そして、人間もまた海からやって来たものだ。とてもとても長い道のりを歩んできた。だが、それでも変わらない。からだはいまだに同じ反応の仕方をする。それに、からだの九〇パーセントは水だ。水であるばかりじゃない。同じ化合物を含み、同じ塩分を持った海水なのだ。

子宮の中で胎児は、十か月の間海水の中を泳ぎ漂う。母親の子宮は海水で満たされている。女性が妊娠すると、いつもより多くの塩分を摂り始めるのはそのせいだ。子宮に、より多くの塩が必要なのだ。同じ塩分を維持するために――。そうして、胎児は人類が通って来たすべての段階を通って行く。

最初それはまるで魚そっくりだ。母親の子宮という海にはいり込み、漂い浮かぶ。少しずつ、十か月の間に彼は何百万年という年月を通過する。医学者たちは、胎児は生命の全段階を十か月で通過するということを発見している。ということは、もしかすると月があなた方に影響を及ぼすことはあっても、そこに何ひとつ美などというものはないかもしれないのだ。それは化学的な現象なのだ。

ある種の目をあなたは美しいと感ずる。何が起こっているのだろう？　そういう目にはある種の特性が、ある化学的特性が、ある電気的特性があるに違いない。何らかのエネルギーを放出しているのだ。あなたはそれに影響を受ける。ある種の目には催眠術的な力があると言う。ん？　アドルフ・ヒットラーの目みたいに――。

彼に見つめられた瞬間、あなたの中で何かが起こり、あなたは「すごくきれいな目だ」と言う。そのきれいとはどういう意味だろう？　あなたは影響されているのだ。実際のところ、何かを美しいと言うとき、あなたはそれが美しいと言っているんじゃない。あなたが言っているのは、自分はそれに気持ちよく影響されているという、それだけのことだ。

何かを醜いと言うときは、自分はそれにいやな影響を受けていると言っているわけだ。はねつけられるか、あるいは魅《ひ》かれるか――。魅かれればそれは美になるし、はねつけられればそれは醜いものになる。けれども、それはあなたにかかっているのであって、その対象じゃない。なぜなら、その同じものが誰かほかの人を魅きつけることもあり得るのだから——。

それは日常茶飯事だ。みんな他人にはいつもびっくりさせられる。「あの男はあんな女に恋をした。驚いたもんだ」。誰ひとりそんなことが起こるなんて信じられない。その女の人は醜い。だが、その男にとっては彼女こそまさしく美の化身なのだ。どうする？ 世の中に客観的規準などというものはあり得ない。そんなものはないのだ。

タントラは言う。いつであれ何かを選ぶとき、これがいいだのこれはいやだの決めるときには必ず、それは自分の心《マインド》がトリックをしかけているのだということを覚えておきなさい、と。そのものが美しいなどと言わないこと。ただ自分は気持ちよく影響されていると言えばいい。とにかく基本は「自分」にある。

ひとたび現象の全体を対象のほうに転嫁してしまおうものなら、それは決して解決され得ない。なぜなら、あなたは第一歩から踏みはずしているのだから。あなたは根元を逸している。根はあなただ。つまりあなたが影響を受けるというのは、それはあなたの心がある方向の影響を受けるということなのだ。

そうしてその影響が、影響されたということが罠をつくり出し、あなたは動き出す。はじめに自分で美女や美男子をつくり出し、それからその尻を追いかける。必死になってあとを追う。だが、美女や美男子と何日か生活してみれば、幻想は全部地に落ちるものだ。突然、まるで狐につままれてでもいたかのように。あなたは気づく——この女はあたり前だ。

なのにあなたは彼女をライラ[*1]かジュリエットと、あるいは彼をマジュヌかロミオと思い込んでいた。それが突然、数日の後には、その夢は蒸発して、かの女性はあたり前の女と化し、かの男性はあたり前の男と化してしまっている。あなたはまるで誰かに騙されてでもいたかのようにうんざりする。

誰が騙しているわけでもないし、何がその男や女から取れてなくなったわけでもない。落ちたのはあなた自身の幻想だ。なぜなら、幻想というものは持続され得ないものなのだから。それを夢みることはできる。が、それを長く持続させることはできない。幻想は幻想だ。

だから、もしあなたが本当に自分の幻想の中にい続けたかったら、ある女性がきれいなのを見るやいなや、即座に彼女からできる限り遠くまで逃げ去るがいい。そうすれば、つねに彼女を世界で最も美しい女性として心にしまっておくことができるだろう。そうすれば、その幻想は決して現実《リアリティ》との接触を持たずに済むだろう。そうすればなんの幻滅もない。あなたはその美女のためにいつもため息をつき、歌い、涙を流し、哭《な》きながら、決して彼女の近くに行かずに済む。

近寄れば近寄るほどより多くの現実《リアリティ》が、より多くの客観的現実があらわになって来るものだ。そして客観的現実とあなたの幻想との間に衝突があったら、そのどちらが破れることになるかはわかるだろう？　あなたの幻想だ。客観的現実は打ち負かされ得ない。

これが情勢だ。だからタントラは言う。目を覚ませ。誰もあなたを騙してやしない。あなたを除いては、と。その女の人がものすごくきれいでいようとしていたわけじゃない。彼女が自分のまわりに、その幻想をつくり出そうとしていたわけじゃない。あなたがそれを彼女のまわりにつくりあげたのだ。あなたがそれを信じ込んだ。そして今度は途方に暮れている。どうする？　だって、幻想が現実《リアリティ》に反して生きながらえることなどできないのだから。

夢は破れなくちゃならない。そしてそれが判断の規準だ。東洋のヒンドゥー教徒たちは真理についてひとつのものさしをつくった。彼らは真理というのはいつまでもいつまでもいつまでも保《も》つものだと言う。そして非真理とはほんのつかの間しか保《も》たないものだ、と。そのほかに区別はない。

つかの間なるものは真理ではなく、永遠なるものが真理だ。そして、〈いのち〉は永遠だ。〈存在〉は永遠だ。心《マインド》はつかの間のものだ。だから何であれ心が生に与えるものは、つかの間のものでしかない。心が生にかぶせるのはただの色だ。それは解釈だ。その解釈が完了するまでには心はもう変わってしまっている。解釈は維持できないものだ。なぜなら、心というものは同じ状況と同じ状態にある連続した二瞬間の間も持続され得ないのだから。

心はころころと変わり続ける。心は流動だ。それはあっという間に変わってしまっている。この人は素敵だとあなたが気づいたときには、心はすでに変わってしまっている。さあ、あなたは何か自分の心の中にさえないものに恋をすることになる。

タントラは言う。心《マインド》のメカニズムを理解し、その根を断て、と。選択しないこと。選んだらあなたは同化してしまうからだ。何であれ自分が選んだものと、あなたはある意味でひとつになってしまうものだ。

もし一台の車を愛したら、ある意味であなたはそれとひとつになる。あなたはどんどんと親近感を増し、もしその車が盗まれでもしようものなら、自分の実存の何かが盗まれたような思いを味わう。その車がどこか故障を起こせば、あなたもどこか具合が悪くなる。もし一軒の家と恋に落ちたら、あなたはその家とひとつになる。愛とは同一化だ。

それ以上はないというくらいまで近寄ること――。ちょうど二本のろうそくを少しずつ少しずつ少しずつ近づけて行って、本当にすぐ近くまで近づけたら、そのふたつがひとつになるように――その熱は、その炎の燃焼は、だんだんとひとつになる。これが同一化だ。

ふたつの炎がどんどん、どんどん、どんどんと近寄って、そしてひとつになる。そして何かに同一化されたとき、あなたはあなたの魂を失ってしまっている。世間に巻かれて魂を失うというのはこのことだ。あなたは何百万というたくさんのものに同化され、そのひとつひとつについてあなたのある一部分がものと化す。

選択が同一化をもたらす。同一化は一種催眠術的な睡眠状態をもたらす。グルジェフが弟子たちに教えることはただひとつだけだった。それは同化されないということだ。彼の流派全体、彼のつくり出すテクニック、メソッド、状況のすべては、ただひとつの土台の上にその基盤を置いていた。その基盤が、同化されないということだ。

あなたが泣いている。泣いているときには、あなたはその泣くということとひとつになってしまっている。そこには誰もそれを見守っている者がいない。そこには誰もそれを見、気を配り、それに目醒めている者がいない。あなたは泣くということの中に喪失されてしまう。あなたは涙やはれ上がった真っ赤な眼になりきってしまう。ハートは張り裂けんばかりだ。

グルジェフのような先生が同化されるなと言うとき、それは「泣くがいい。それにはどこもおかしいところはない。ただし脇に立ってそれを見ていなさい。同化されることはない」ということだ。それに、もしあなたが脇に立てればそれは素晴らしい体験だ。泣くがいい。からだに泣かせなさい。涙に流れさせなさい。それを抑えることはない。抑圧なんて誰の役にも立たないのだから。ただし、脇に立って見守ること。これは為し得る。なぜなら、あなたの内なる実存は〈観照者〉だからだ。

それは決して〈行為者〉じゃない。あなたがそれを行為者と思い込むとき、必ずそこには同化がある。それは決して行為者じゃない。あなたが地上を残らず歩き尽くすことはできても、あなたの内なる実存は一歩たりとも歩きはしない。あなたは何百万という夢を見ることができる。が、あなたの内なる実存はひとつの夢も見はしない。

すべての動きは表面で起こる。あなたの実存の奥深く、そこにはなんの動きもない。すべての動きは周辺で起こる。ちょうど車輪がまわるように——。しかしその中心では、何ひとつ動きはしない。そしてその中心のまわりを車輪はまわる。

その中心を覚えておきなさい。自分のふるまいを見守りなさい。自分の行為を、さまざまな自分の同化を——。するとひとつの距離が生み出される。だんだんとひとつの距離が存在してくる。〈ものみ〉と〈行為者〉がふたつのものになる。あなたは自分自身が笑っているのを見ることもできる。自分自身が泣いているのを見ることもできる。自分自身が歩いているのを、食べているのを、愛の行為を交わしているのを見ることもできる。

あなたは何でも、まわりで進行しているたくさんのことを見ることができる。そして、あなたは〈見る者〉のままでいる。飛び込んで行って、何でもいい、自分が見ているその当のものに同化されてしまわない。問題はこれだ。何か起こればあなたは言いだす。お腹がすけば「私は空腹だ」とくる。あなたはその空腹と一枚になってしまっているのだ。

だが、ちょっと内側をのぞいてごらん。あなたが空腹なのかな？　それとも空腹があなたに起こっているのかな？　あなたは空腹そのものなのだろうか？　それともあなたは、空腹がからだに起こっているというのを意識しているだけなのだろうか？

あなたは空腹なんかじゃあり得ない。さもなければ、その空腹が消え失せてしまったときあなたはどこへ行く？　よく食べて、お腹がいっぱいになり、満足してしまったとき、もしもあなたが空腹そのものであるのなら、そのあなたはどこへ行くだろう？　蒸発してしまうのかな？

そうじゃない。そのときは、たちまちあなたは満足感になってしまう。空腹が消え失せてしまわないうちから、もう次の新しい同化がなされなければ済まない。あなたは満足感となる。

昔、あなたは子供であり、自分のことを子供だと思っていた。いま、そのあなたはどこにいる？　あなたはもう子供じゃない。あなたは若者になった。あるいは年寄りになった。いまあなたは何者だ？　またもやあなたはその若さや老いに同化されている。

内奥無比なる実存はちょうど鏡のようなものだ。それは何であれその前に来るものすべてを映し出す。それはただ、ひとりの〈観照者〉となるのだ。病いがやって来る。あるいは健康が——。空腹や満足、夏や冬、幼年期に老年、生と死。そこに起こることがなんであれ、それは鏡の前で起こるのだ。決して鏡そのものに起こるんじゃない。これが〈非同化〉だ。これが根を断つことだ。一番の根元を――。

鏡になる。そして、私に言わせれば、この一枚の鏡になるということこそサニヤシンだ。敏感すぎる感光板のようにはならないこと。それは同化だ。カメラのレンズの前に来るものの何かれかまわず、感光板は即座にそれを取り込んで、それとひとつになる。鏡のようになりなさい。

ものごとはやって来ては過ぎてゆく。鏡はうつろで、からっぽで、空《くう》のままだ。これがティロパの言う無自己だ。鏡には同化されるような自己はない。それはただ反射するだけだ。反応はしない。それはただ感応するだけだ。これはきれいだのあれは汚いだのと言いはしない。醜い女性が立っても、鏡は美人がその前に立つときと同じだけハッピーだ。なんの変わりもない。鏡はどんな場合でも必ず反射する。が、解釈したりはしない。

「君はぼくの気分をひどくこわすから立ち去ってくれ」だの、「あなたは本当にきれいだからもうちょっと近くにおいで」だのと言いはしない。鏡は何も言わない。ただ見守るだけだ。どんな区別もなく――。友であれかたきであれ、鏡にはなんの区別もない。

そして、誰かがそこを通り過ぎて、鏡から遠ざかって行ってしまっても、鏡はその人にしがみついたりはしない。鏡にはなんの過去もない。あなたが過ぎ去ってしまったとき、鏡がちょっぴりあなたの幻影にしがみつくというようなことはない。鏡があなたの影にしばし固執するということはない。鏡はその中で起こった反映をとどめようとなんかしない。違う。あなたが過ぎ去ってしまい、映像がなくなってしまえば、たとえ一秒たりとも鏡がそれをとどめることはない。これがブッダの心だ。

あなたがその前に来れば、彼はあなたで一杯になる。あなたが立ち去れば、あなたのことは終わりだ。思い出すらもよぎらない。鏡には過去はない。ブッダもまたしかり。鏡にはなんの未来もない。ブッダもまた同じだ。鏡は、「さあ今度は誰がぼくの前に来るだろう」などと待ちはしない。「今度は誰を映そうか」、「この人に来てほしい。あの人はいやだ――」鏡にはなんの選択もない、鏡は無選択なままでいる。

この鏡のメタファーを理解しようとしてごらん。なぜなら、これは内なる意識の実際の状況だからだ。自分のまわりで起こっていることに同化されないこと。自分の実存にしっかりと中心を据え、根をおろしたままでいるのだ。ものごとは起こっているし、これからも起こり続けるだろう。

しかし、もしあなたが鏡のような意識に据わっていられれば、何ひとつ前と同じことはあるまい。全体が変わったのだ。あなたは純潔で、無垢で、純粋であり続ける。何ものも、あなたにとって不純にはなり得ない。何ものも、絶対に――。

なぜなら、何ひとつとして抱え込まれるものがないからだ。誰かがそこにいる間あなたはそれを映す。それがなくなればすべては去る。あなたの空性には手がつかない。誰かそこにいる人を映している間でさえ、鏡そのものには何も起こってはいない。鏡はどのようにも変わりはしないのだ。鏡はもとのままだ。これが、根そのものを断つということだ。

世の中には二種類のタイプの人間がいる。ひとつはいろいろな徴候と戦い続ける人々。根本原因ではなく病《やまい》の症状と戦い続ける人々だ。たとえば熱があるとする。四〇度の高熱だ。ひとつできるのは気持のいいシャワーを浴びに行くことだ。冷たいシャワー。それはからだを冷やしてくれるだろう。熱を下げてくれるだろう。だが、それではあなたは徴候と戦っているにすぎない。

体温というのは病じゃないのだから。体温の上昇は、からだの中で何かがおかしくなったという、ひとつのしるしにすぎない。からだが大騒動なのだ。体温が高くなったのはそのためだ。からだが危機に瀕している。からだの中では何か戦争のようなことが進行しているのだ。ある細菌がほかの細菌と戦っている。体温が上がって熱っぽいのはそのせいだ。この熱が問題なんじゃない。この熱はひとつの徴候にすぎないのだ。それどころか、この熱はあなたにとても友好的なものだ。この熱はあなたに、「なんとかしてください。体内には危機が起こっています」ということを示しているのだ。それを、もしその徴候を処理しようものなら、あなたは患者を殺すことになるだろう。

頭に氷を置いても駄目だ。冷たいシャワーにはいらせてもどうにもたらない。むしろそれは破壊的だ。それは表面にウソの冷たさをもたらすからだ。どうして冷水シャワーを浴びせることによって、内なる騒ぎや内なる細菌の戦いが止むことを望める？　それは持続するだろう。あなたに死をもたらすだろう。

愚か者はつねに徴候を取り沙汰するものだ。賢者は根に、まさに原因そのものに目をやる。彼はからだを冷やそうとなどしない。彼はなぜからだが熱くなったかという根本原因を変えようとする。そして、その根が変わったとき、その原因が変わったとき、その原因が処置されたとき、熱はひとりでに下がってくるものだ。体温が問題なんじゃない。

ところが人生には、賢者より馬鹿者のほうが多い。医術においては我々は少しは賢くなったが、人生ではまだまだだ。人生では我々は愚かなことをしでかし続ける。腹が立てば、あなたはその怒りと戦いはじめる。怒りというのは一種の体温上昇以外の何ものでもない。

全くそれは一種の熱だ。それは熱病なのだ。もしあなたが本当に腹を立てたら、あなたのからだは熱くなる。しかし、それはあなたの血液の流れの中に、ある化合物が放出されているということを示しているにすぎない。だが、それもまだ根本原因じゃない。そうした化合物はある一定の理由で放出されているのだ。それというのも、あなたが、その中では戦うか逃げるかのどちらかしかないひとつの状況をつくり出したからだ。

動物が危険な状況にあるとき、彼にはふたつの選択がある。ひとつの選択は戦うこと。

もうひとつの選択は逃げ出すことだ。それらふたつの選択の両方ともに、ある一定の毒物が血液中に必要とされる。なぜなら戦うとき、あなたは普段より多くのエネルギーを必要とするからだ。戦うときには普段より多くの血液循環を必要とするものだ。戦うときには、そのために働き、機能する非常用のエネルギー源が必要だ。からだには非常用の資源が複数備わっている。それは毒物や、ホルモンや、内分泌腺の中に含まれるさまざまなものを集め、時が来て必要が起きてきたときには、それらを血液流の中に放出する。

腹を立てているときに、ほとんど普段の三倍近くも力持ちになるのはそのためだ。もし怒りが人工的につくり出せるとしたら、あなたは普通では絶対できないいろいろなことができる。あなたは大きな岩を投げ飛ばすこともできる。普通だったらそれを動かすことすらできやしない。戦いにはそれが必要なのだ。自然はうまくできている。それからまた、もしあなたが逃げたり、走り去らなくてはならないとすれば、そのときにもやはりエネルギーがいる──敵があなたをねらって後を追いまわすからだ。

すべてが変わり、人間はそこにはもう動物的な状況が存在しない社会を、文明を、文化を生み出した。しかし、内側深いところではそのメカニズムはもとのままだ。あなたが、誰か自分に攻撃的になろうとしたり、誰か自分をなぐろうとしたり、侮辱しようとしたり、何か害をなそうとしたりしていると感じるような状況になると、必ず即座にからだは態勢をととのえて、血液流の中に毒を放出し、体温は上昇し、眼は赤くなり、顔面はいつも以上の血液で満たされる。戦うかあるいは逃げ出すかの用意ができるのだ。しかし、これもまだ一番深いことじゃない。なぜなら、これもただ、からだからのひとつの応援にすぎないからだ。

顔に表われる怒りや、体内に起こる怒りはことの本質じゃない。それらはあなたの心《マインド》に従うものだ。あなたの解釈に従うものだ。実はそこには何もないということだってあり得る。闇夜の淋しい通りで、あなたは一本の電柱を見て、それを幽霊だと思う。たちまちからだは血液中にしかるべき化合物を放出している。からだはその幽霊と戦うか、逃げ出すかの準備をととのえる。あなたの心《マインド》が電柱を幽霊だと解釈した。と、即座にからだはそれに従う。あなたがある人を自分の敵だと考える。からだはそれに従う。あなたがある人を自分の友人だと考える。からだはそれに従う。

だから根本原因は心の中に、あなたの解釈の中にある。仏陀は全地球があなたの友だちだと思えと言う。なぜだろう？　イエスはあなたのかたきを許せとさえ言う。そればかりか、あなたのかたきを愛せとまで言う。どうしてだろう？　仏陀やイエスはあなたの解釈を変えようとしているのだ。

だが、ティロパはさらに高く舞い上がる。彼は、たとえもしすべてが自分の友だと思おうと、あなたがまだ敵味方の関係で考えているのは変わらないと言う。たとえもしかたきを愛そうと、あなたは彼を敵だと考えている。あなたはイエスがそう言っているから愛するだけだ。もちろんあなたは、敵を憎む普通の人よりはましな状況にいるだろう。怒りが起こる率は少なくなるだろう。しかしティロパは、誰かを敵と考えたり、誰かを友と考えたりすることは区別することだと言う。あなたはすでに罠にかかってしまっているのだ。誰も友ではないし、誰も敵ではない。これが最高の教えだ。

ときとしてティロパは仏陀やイエスさえもしのぐ。おそらくその理由は、仏陀は大勢に向かって語り、ティロパはナロパに向かって語っていたからだろう。非常に進んだ弟子に語りかけるとき、あなたは最も高いものを引き降ろしてくることができる。大勢に向かって話をするには、どうしても妥協しなくてはならない。

私は一五年間というもの大人数に向かって語り続けていて、だんだんとそれをやめるべきだと感じるようになった。以前、私は何千人という人々を前に話をしていた。しかし、二万人の人を相手に話すときには、妥協しなくてはならない。降りて行かなくてはならない。さもなければ、その人たちには理解できないだろう。これがわかって私はやめた。

いま私はナロパたちだけに語りたい。あなた方は気づかないかもしれない。が、たとえ新しい人がひとりでもここに来て、その上私も新しい人がそこにいるのを知らなくても、彼は全体の雰囲気を変えてしまうものだ。彼があなた方のレベルを引き下げて、急に私はある妥協をしなければならないのを感じてしまう。あなたが高まれば高まるほど、あなたのエネルギーが高ければ高いほど、より高度の教えがあなたにもたらされ得る。

そしてナロパが完璧になったとき、ティロパは無言となる。そのときは何を言う必要もない。なぜなら、しゃべるということすらひとつの妥協だからだ。そのときには沈黙で事足りる。そのときには沈黙で充分だ。そのときには、ただいっしょに坐っていることで充分なのだ。

そのときマスターは弟子とともに坐る。彼らは何もしはしない。彼らはただいっしょにいるだけだ。そして、そのときはじめて最高の一瞥が起こる。だからそれは弟子による。それはあなたが、どれだけのものを私にもたらさせてくれるかによるだろう。それはあなた自身の理解ばかりじゃない。もちろんそれもある。だが、私がどれだけのものを地上にもたらすことができるかも、あなた次第なのだ。それはあなたを通してやって来るのだから。

そういう意味ではイエスは全く平凡な弟子しか持っていなかった。ごくあたり前の人々だ。というのも、彼は新しいことを始めていたからだ。彼はいろいろ妥協をしなければならなかった。馬鹿げたことにだ――。イエスが捕われようというその夜、弟子たちは聞いていた。「マスター、教えてください。神の王国では、もちろんあなたが神様のすぐ右側、玉座の右側に坐っているでしょう。でも私たち十二人の上下関係はどうなるのですか？　私たちはどういうふうに坐っているのでしょう？　誰があなたの横に坐るのですか？　そして、その次は？」

イエスが死ぬというときに、この愚かな弟子たちはなんと馬鹿ばかしいことを尋ねたものだ。ん？　彼らは神の王国での階級がどうなるか、誰がイエスの次に来るかを心配しているのだ。言うまでもなく、そのぐらいは彼らにもわかった。イエスは神の次に来る、と。しかし、その次は誰がイエスの隣りに来るのか？

愚かな自我《エゴ》たち――。そしてイエスはこういう人々と妥協しなければならなかった。イエスの教えが、仏陀が楽々と達することのできた高みに至ることができなかったのはそのせいだ。仏陀はそれほどまでに愚かな人々に話をしてはいなかった。彼の生涯を通じて、ひとりだってそんな馬鹿なことを聞いた人はいなかった。

だが、ティロパには比ぶべくもない。彼は一度として大勢を相手に話したりしなかった。彼はただひとりの男、ただひとつの進んだ魂ナロパを探し求め、そして言った。「お前のためにナロパよ、私は語られ得ないものを語ろう。お前とお前の信頼のためには、そうせずにいられないのだ」と。だからこそその教えは高く舞い上がり、空のかなたまで飛んで行くことができたのだ。さあ、経文を理解しようとしてごらん。

木の根を断たば葉は枯れん
汝の心の根を断たばサムサーラ――世間――は崩れん
いかなる灯《ともしび》の光も一瞬にして
長きカルパの闇を払う――長い時代、千年期《ミレニアム》――
心の強き光ただ一閃なれど
無知なるヴェールを焼かん

木の根を断たば葉は枯れん

ところが、みんなは普通その葉のほうを切ろうとする。それは駄目だ。それでは根は枯れない。もし葉を刈り取ったら、反対に、その木には前よりたくさんの葉が生えてくるだろう。一枚の葉を切ったら三枚生えてくる。なぜなら、葉を切り取ることによって、根は身を守るために前より活発になるからだ。

だからどんな庭師でも、どうしたら木を濃く密に繁らせられるかを知っている。ただ剪定し続けるだけでいい。その木はどんどんと濃く、濃く、濃く密生するだろう。なぜなら、あなたは根に挑戦しているからだ。一枚の葉を切れば、根は木の本体を守ろうと三枚の葉を送り込む。なぜなら、葉というのは木の体表なのだから、葉っぱというのは、ただあなた方が見て楽しんだり、その木影に坐ったりするために生えているわけじゃない。違う。

葉というのは木の体表なのだ。葉っぱを通してその木は太陽光線を吸収し、葉っぱを通してその木は水蒸気を放出する。葉っぱを通してその木は宇宙と接触している。葉っぱは木の皮膚だ。あなたが一枚葉を切ったら、根はその挑戦を受けて立つ。根はそのお返しに三枚を送り込む。根は前よりも気を引きしめる。寝ぼけているわけにはいかない。誰かが自分を滅ぼそうとしているからには、身を守らないではいられない。

そして、同じことが生においてもまた起こる。なぜなら、生もまた一本の木だからだ。そこには根も葉もある。もしあなたが怒りを切り取ったら、かわりに三枚の葉っぱが出てくるだろう。あなたは前の三倍腹を立てるだろう。もしセックスを切り捨てたら、あなたは異常なまでにセックスに取り憑かれることだろう。何かを切り取って、よく見ていてごらん。あなたは自分に、前の三倍のものが起こっているのに気づくだろう。

そうすると心はささやく。「もっと切れよ、これじゃあ足りないんだ」。そこであなたはもっと切る。そうすると、より以上のそれが現われ出る。そうしたら、あなたは悪循環のとりこだ。

心《マインド》はとめどなく、「もっと切るんだ。これじゃあまだ足りない。こんなに葉っぱが生えてくるのはそのせいだ」とそそのかす。枝を全部払うことだってできる。が、それでも何も変わるまい。なぜなら、木は根において存在するのであって葉っぱじゃないからだ。

タントラは言う。「葉を切ろうとするな。怒り、強欲、性欲、そんなものに構うんじゃない」と。それはただただ愚かしい。あなたは根を見つけ出してそれを断つだけでいい。そうしたら、木はひとりでに自然と枯れていくだろう。葉っぱは消え失せるだろう。枝も消え失せるだろう。あなたはただ根を断てばいいのだ。

同一化が根だ。そして、ほかのすべては葉っぱ以外の何ものでもない。強欲と一枚になってしまうこと。怒りと一枚になってしまうこと。性欲と一枚になってしまうこと。それが根だ。そして忘れてならないのは、強欲や性欲と同化することも、あるいは瞑想や愛やモクシャ[*2]や神と同化することも、何の違いもないということだ。それは同じ〈同化〉なのだ。

同化されることが根であり、ほかのすべてはちょうど葉っぱのようなものだ。葉を切り取ることはない。そのままにしておきなさい。葉っぱにはどこも悪いところはない。タントラが、あなたの人品を改善することを信じないのはそのためだ。それをしたら、あなたは見ばえが良くなるかもしれない。剪定すれば、木はどんな形にでも作れる。だが、木自体はもとのままだ。人品というのはただの外形にすぎない。でも、あなたはもとのままだ。何の変異も起こらない。

タントラはさらに深く突き進み、根を断てと言う。タントラがあまりにも深く誤解されてきたのはそのせいだ。というのもタントラは、もしあなたが強欲ならば強欲であれと言うからだ。強欲に構うことはない、と。もしあなたが性的ならば性的でいろ、それに構うことなんか全然ない、と。

社会はそんな教えを認めることはできない。「なんということを言う人たちだ！　彼らは混沌をつくり出すだろう。彼らはすべての秩序を破壊するだろう」。だが人々は、社会を、人間を、心《マインド》を変革し得るのはタントラだけだということがわからない。ほかの何ものでもない。

そして、タントラだけが本当の秩序を、自然な秩序をもたらすことができる。内なる規律の自然な開花を――。ほかの何ものにもそれはできない。ただしそれはとても深いプロセスだ。あなたは根を断たなくてはならない。

強欲を見守りなさい。怒りを見守りなさい。性欲を見守りなさい。所有欲を、嫉妬を――。ひとつだけ覚えておかれねばならないこと。同化されてしまわない。ただ見守るだけでいい。

あなたはただ眺める。観客になるのだ。だんだんと観照の質が高まってゆく。あなたは、強欲のあらゆるニュアンスを見ることができるようになる。それはとても微妙だ。あなたは自我というものがどんなに微妙に機能するか、そのやり口がどんなに巧妙なものか見て取れるようになる。それは粗雑なものじゃない。とても微妙でデリケートで深く隠されたものだ。

見守れば見守るほど、あなたの眼はよりよく見ることができるようになる。より高い知覚力を持つようになる。見れば見るほど、あなたがより深く進めれば進めるほど、あなたとあなたがすることの間に、より大きな距離ができればできるほど……

距離は役に立つ。というのも、距離なしにはどんな知覚も成り立たないからだ。どうしてあまりにも近くにありすぎるものを見られる？　もし鏡の前にあまりにも近く立とうものなら、あなたは自分の姿も見られない。もし目が鏡にくっついていたら、どうして見ることなんかできる？　距離が必要だ。そして、観照することよりほかに、あなたにその距離を与えてくれるものは何もない。やってみてごらん。

セックスの中にはいって行く。それにはどこも悪いところなどない。ただしものみのままでいること。からだのすべての動きを見守ってごらん。エネルギーが流れ込み、流れ出すのを見守ってごらん。エネルギーがどのように下降して行くかを見守ってごらん。オーガズムを見守ってごらん。

何が起こっているか。ふたつのからだがどのようにひとつのリズムで動くか――。心臓の鼓動を見守ってごらん。どんどんとそれは速くなる。ある瞬間、それはほとんど狂ったようにまでなる。からだの温かさを見守ってごらん。血液はいつも以上に循環する。呼吸を見守ってごらん。それは狂って混沌となる。

あなたの随意性に限界が来て、すべてが不随意となるその瞬間を見守ってごらん。そこからならまだ帰って来れる。が、そこを超えたらもうダメだというその瞬間を見守ってごらん。体は本当に自動的になってしまう。一切のコントロールが失われる。

射精のほんの一瞬前、あなたはすべてのコントロールを失う。からだがそれを引き継ぐ。それを見守るのだ。その随意的プロセスを、その不随意のプロセスを――あなたがコントロールの圏内にいて、まだ帰ることができた、逆戻りが可能だったという瞬間。そして、あなたがもう帰ることなどできなくなった瞬間――逆戻りは不可能となる。もうからだが完全に引き継いでしまって、あなたはもうコントロールの圏内にいない。

何から何まで見守るのだ。するとそこには何百万ということがある。ひとつひとつが本当に複雑だ。それに、セックスほど複雑なものもほかにない。なぜなら、それには身心の全体がかかわっているのだから。ただ観照者だけが巻き込まれていない。ただひとつのものがつねに外側に踏みとどまる。その観照者はアウトサイダーだ。

その本性そのものからして――その観照者は決してインサイダーにはなり得ない。この観照者を見つけ出しなさい。そうしたら、あなたは丘のてっぺんに立っている。そして、すべては谷底で起こっていて、あなたにはかかわりがない。あなたはただ見る。なんのかかわりがある？　まるでそれは誰かほかの人に起こっているようなものだ。

そして強欲についても同じこと。怒りについても同じこと。みんなとても複雑だ。でも、もし見守ることができたら、あなたはそれを楽しめるだろう。肯定的なもの、否定的なもの、あらゆる感情――。

あなたはただひとつ。ひとりのものみでいなくてはいけないということを覚えていればいい。そうしたら同化は崩れる。そうしたら根が断たれる。そして、ひとたびその根が断たれたら、ひとたびあなたが自分はやり手ではないとわかったら、すべてが突然変わる。

その変化は突然だ。そこにはどんな段階性もない。

木の根を断たば葉は枯れん
汝の心の根を断たばサムサーラは崩れん

あなたが心《マインド》の根を、その同一化を断ち切った瞬間——サムサーラは倒壊する。全世界がトランプで作った家のように崩れ去る。ほんのちょっとした〈覚醒〉の風——それで家全体が崩れ落ちる。突如としてあなたはここにいる。が、もう世間の中にはいない。あなたは超越した。

古い生活をそのまま続けたっていい。昔のままのことをやる。しかし、何ひとつ古くはない。もうあなたが古いあなたじゃないのだから——。あなたは完璧なまでに新しい実存だ。これは再生だ。

ヒンドゥー教徒はそれをドゥウィージュ（Dwij）、二度生まれと呼ぶ。これに到達した人間は二度生まれなのだ、これは二度目の誕生なのだ。そしてこれは魂の誕生だ。これこそイエスが〈復活〉という言葉で言おうとしているものなのだ。〈復活〉とは肉体の再生じゃない。それは意識の新生なのだ。

汝の心の根を断たばサムサーラは崩れん
いかなる灯の光も一瞬にして
長きカルパの闇を払う

長い長い年月。だから、突然の光がどのようにして幾百万という生の闇を払うか、思い悩むことはない。それは確実に払われる。なぜなら、暗闇にはなんの密度もないからだ。暗闇にはなんの実体もない。生まれて一瞬であろうと、何千歳の年寄りであろうと、闇に変わりはない。〈不在〉はどうあがいても成長することなんかできない。〈不在〉は同じままだ。

光は実質的だ。それは何ものかである。闇はただの不在にすぎない。そこに光があれば、もう闇はない。それは本当のところ闇が払われるということでもない。そこには払われるものなど何もありはしないのだから――実際にはそこには何もない。ただの光の不在――光が来れば闇はない。

心の強き光ただ一閃なれど
無知なるヴェールを焼かん

仏教徒たちは心《マインド》をふたつの意味で用いる。小文字の心（mind）と大文字の**心**（Mind）だ。彼らが心《マインド》を大文字で使うとき、それは観照者という意味だ。意識――。彼らが小文字で心を使うとき、それは観照されるものを意味する。そしてそれは両方とも心なのだ。その両方に同じ言葉を使うのはそのためだ。

大文字と小文字のほんのちょっとの違い。大文字だとあなたは観照者だ。小文字だとあなたは観照されるものだ。想念、感情、怒り、強欲、すべて――。

なぜ同じ言葉を使うのだろう？　なぜわざわざまぎらわしくするのだろう？　それにはわけがある。それは大文字の心が現われ出てきたとき、小文字のほうはただただその中に吸収されてしまうからだ。川が海に注ぐように、大いなる**心**（Mind）のまわりにある何百万という心（mind）が、すべてその中に流れ落ちる。エネルギーが再吸収される。強欲、怒り、嫉妬——。それはみな外向するエネルギーだ。遠心的なものだ。

と突然、大文字の**心**（Mind）、静かにそこに坐し、見守り続ける観照者が現われ出ると、すべての川がその流れを変える。前はみな周辺に向かって遠心的に流れていた。それが突然向きを変え、求心的になる。大いなる**心**（Mind）の中へと注ぎ込みはじめる。何から何まで吸収される。同じ言葉が使われるのはそのためだ。

心（Mind）の強き光ただ一閃なれど
無知なるヴェールを焼かん

ただ一瞬のうちに、一切の無知が焼き尽くされる。これが不意の悟りだ。

心（mind）に執着せる者の
心（mind）を越えたる真理を見ることなく

もし心《マインド》に、つまり、想念や感情にしがみついたら、あなたはその心を越えたもの、〈大いなる心〉を見ることなどできまい。しがみついている者にどうして見ることなんかできる？　もし執着したら、あなたの眼はその執着するということによって閉ざされてしまう。それに、もし客体にしがみついたら、どうして主体を見ることができる？　この執着性が落とされなくてはならない。

心に執着せる者の（同一化された者——）
心を越えたる真理を見ることなく
ダルマを行ぜんと求むる者の
行を越えたる真理を見出すことなし

一切の〈修行〉は心《マインド》のものだ。なんであれあなたがやることのすべては心のものだ。ただ〈観照〉だけが心を離れている。これを覚えておくこと。だから、瞑想をしている間でも、観照者のままでいなさい。たゆみなく何が起こっているのかを見るのだ。

たとえばダルヴィッシュ瞑想法[*3]でまわっているとする。まわりなさい。まわれるだけ速くまわるがいい。ただし、内側ではひとりの観照者のままでいて、からだが回転しているのを見続けるのだ。からだはどんどん、どんどんと速くまわる。そして、からだが速くまわればまわるほど、あなたはより深く、自分の中心《センター》が動いていないのを感じる。あなたはじっと立っている。からだは車輪のようにまわる。あなたはその真ただ中に静かに立つ。あなたからだが速く動けば動くほど、あなたはより深く、自分が動いてなどいないという事実に気づく。そして、そこに距離が生み出される。

なんであれ自分がやっていることのすべてに――たとえ瞑想でもだ。私は例外なんて認めない。瞑想にもしがみつかないこと。なぜなら、その執着さえも落とされなくてはならない日が来るはずだから。それもまた落とされたとき、瞑想は完璧なものとなる。完全な瞑想があったら、あなたは瞑想する必要もない。

だから、瞑想もただの橋にすぎず、それは渡り越されなくてはならないものだということを、たえずあなたの覚醒の中にとどめておきなさい。

橋は家を建てる場所じゃない。あなたはそれを通り過ぎ、乗り越えて行かなくてはならない。瞑想は橋だ。そのことに気をつけている必要がある。さもなければ、あなたは、たとえ怒りや強欲に同化されるのはやめたとしても、今度は瞑想や慈悲に同化されはじめないとも限らない。そうしたら、あなたはまたしても同じ罠にはまり込む。わざわざ別なドアから同じ家にはいってしまっている。

あるときムラ・ナスルディンが町の酒場にやって来た。そして、彼はすでに飲みすぎていた。そこでマスターは、「出てお行き。あんたもう飲みすぎてるよ。私はそれ以上あげられない。そのへんできりあげて家に帰んなさい」と言い渡した。ところがナスルディンが聞かないもので、とうとう酒場の主人は彼を放り出さなくてはならなかった。彼は長い道のりを歩いてほかの酒場を探し、あげくの果てに同じ酒場に別な入口からはいって来た。

そして、中にはいるとちょっと疑り深い目で店の男を見て（だって、その店主はやけに見覚えのある顔をしていたから）、注文をした。と、その男が言う。「きっぱりと言っただろう？　今夜はもう私はあんたにゃなんにもあげないよ。とっとここから出てお行き」

またまた強情をはって放り出されると、ナスルディンは別な店を探してえんえんと歩いた。しかし、その町には酒場は一軒しかなかった。もう一度、今度は三つ目の入口からはいって、彼は主人を見た。が、どうにも見覚えがありすぎる。ナスルディン曰く、「どうなってるんだい？　あんた町中の酒場を持ってるの？」（笑）

これは実際の話だ。ひとつのドアから放り出されると、あなたは別の入口からはいって行く。前は怒りや欲望に同化されていたのが、今度は瞑想に同化されてしまう。前は性的な快楽に同化されていたのが、今度は瞑想が与えてくれるエクスタシーに同化されてしまう。どこも違わない。町には酒場は一軒しかない。同じ酒場に何度も何度もはいろうとしないこと。

それに、どこからはいったとしても出くわす主人はおんなじだ。それが観照者だ。それを心しておくこと。さもなければ、多くのエネルギーが不必要に浪費されてしまう。長い道のりを、あなたは同じものにはいるために旅をする。

心(mind)に執着せる者の
心(mind)を越えたる真理を見ることなく

心《マインド》を越えたものとは何か? あなた——。心を越えたものとは何か? 意識——。心を越えたものとは何か? サッチダーナンダ(Sat-chit-ananda)、真理・意識・至福——。

ダルマを行ぜんと求むる者の
行を越えたる真理を見出すことなし

そして、何を修行するにしろ、覚えておきなさい。修行にはあなたを自然なるものへ、「ゆったりと自然」なるものへと導くことはできない。なぜなら、修行というのは何かそこにないものを練習するということだからだ。修行するということは、必ず何か人為的なものを練習するという意味だ。自然は練習されるべきものじゃない。そんな必要はない。それはすでにそこにあるのだ。何かそこにないものなら学ぶこともある。でも、すでにそこにあるものをどうして学べよう？　どうして自然が、道（ＴＡＯ）が学べよう？　それはすでにそこにある。あなたはその中に生まれついているのだ。

自分を教えてくれる教師なんか見つけ出す必要はない。そして、それが教師とマスターの違いだ。教師とはあなたに何かを教えてくれる人だ。マスターとは、あなたがすでに学んだすべてを忘れる手伝いをしてくれる人だ。マスターは忘れるのを助けてくれる。マスターとはあなたに練習されざるものを味わわせてくれる人だ。

それはすでにそこにある。学ぶということを通してあなたはそれを失ってしまった。忘れることを通してあなたはそれを取り戻すだろう。真理は発見じゃない。それは再発見だ。それははじめからすでにそこにあった。あなたがこの世界にやって来たとき、それはあなたとともにあった。あなたがこの世に生まれ落ちたとき、それはあなたとともにあった。

あなたがそれなのだから――そうでなくなることは不可能だ。それは何か外的なものじゃない。それはあなたの中に内在するものだ。それはまさにあなたの〈実存（Being)〉そのものなのだ。

だから修行などしようものなら、ティロパは言う。あなたは行《ぎょう》を越えたものを知ることはできない、と。何度でも何度でも自分に言い聞かせなさい。あなたが何を修行しようと、それは心《マインド》の、小文字の心の一部分にしかすぎないのだということを。外なる周辺部――。で、あなたはそれを越えて行かなくてはならない。どうやって越えて行くか？

修行もいい、何も悪いことはない。ただ油断しないこと。瞑想するのもいい、ただし気を張りめぐらせること。なぜなら、言葉の最終的な意味において、瞑想とは観照するということだからだ。

すべてのテクニックは役に立ち得る。が、それらは正確には瞑想じゃない。それらはみな暗中の手探りでしかない。突然ある日、何かをやっていて、あなたはひとりの観照者となる。ダイナミックやクンダリーニ[*4]や、あるいは回転のような瞑想をやっていて、ある日突然、その瞑想は続いていながら、しかもあなたはそれに同化されていない。あなたはそのうしろに静かに坐る。あなたはそれを見守る。その日こそ、瞑想が起こったのだ。

その日こそ、テクニックはもう障害でなく、それ以上役にも立たない。もし好きだったら、一種の運動みたいにそれを楽しむことはできる。それは一定の活力を与えてくれる。しかし、もう何も必要じゃない。いまや本当の瞑想が起こっている。

瞑想するということはひとりの観照者になるという意味だ。瞑想はテクニックなんかじゃ全然ない。これはあなた方にはとてもややこしいことだろう。私は休みなくいろいろなテクニックを与えているのだから――。

究極的な意味において、瞑想はテクニックじゃない。瞑想とは理解することだ。覚醒――。だが、あなたにはテクニックがいる。なぜなら、その最終的な理解は、あなたからはとても遠く離れたものだからだ。あなたの中に深く隠されてはいる。しかし、まだとても遠く離れているのだ。いまこの瞬間にも――あなたはそれに達することができる。だが、そうはいくまい。あなたの心《マインド》ががんばっているからだ。まさにこの瞬間、それは可能であり、しかも不可能なのだ。さまざまなテクニックがそのギャップの橋渡しをしてくれる。ただそれだけのものだ。

だから、最初のうちはそうしたテクニックが瞑想だ。最後には、あなたは笑うだろう。テクニックは瞑想なんかじゃない。瞑想とは全面的に異なった実存の質を言う。それはほかのどんなものともかかわりない。だが、それは最後になってようやく起こることだ。

最初からそうだと早まっては困る。そんなことをしたら、そのギャップは埋まるまい。これがクリシュナムルティにおける問題だ。そして、これが、マハリシ・マヘーシュ・ヨーギにおける問題でもある。彼らはふたつの両極端だ。

マヘーシュ・ヨーギはテクニックが瞑想だと思っている。だから、いったんあるテクニックに乗れれば……超越瞑想でもなんでもいい、それで瞑想が起こったことになる。これは正しくもあり間違ってもいる。正しいのは、最初のうち初心者は、まず何かあるテクニックに同調しなくてはならないからだ。なぜなら、その人の理解力は、まだ究極なるものを理解するまでに成熟していないから――。

そこで、おおよそのところは、テクニックが瞑想だ。それはちょうど小さな子供がアルファベットを学ぶのに似ている。我々は子供にmというのはモンキーに使うときのmだと教える。モンキーがmを代表する。mといっしょにモンキーが出てくることで子供は学びはじめる。mと猿の間にはなんの関係もない。mはほかの何百万という言葉で表わされ得る。しかも、それでいてそのどれとも違う。しかし、子供は何かを見せてもらわなくてはならない。子供にはモンキーがより身近だ。mはわからなくとも猿ならわかる。猿を通してなら子供はmを理解できるだろう。しかし、これはほんの始まりだ。終わりじゃない。

マヘーシュ・ヨーギはははじめのうちは正しい。あなた方を道の上に押し出すには——。だが、もし彼のところでひっかかってしまったら、あなたはお終いだ。彼は後《あと》にされねばならない。彼は小学校だ。その限りでは問題ない。しかし、人はいつまでも小学校にいる必要はない。小学校は大学（ユニヴァーシティ）じゃない。ましてや小学校は宇宙（ユニヴァース）じゃない。人はそこを通過しなくてはならない。瞑想がテクニックだというのは初歩の理解だ。

そして今度は、反対の極にクリシュナムルティがいる。彼はテクニックなどない、瞑想などないと言う。テクニックのまわりでふらふら油を売るな。瞑想とは純然たる覚醒、無選択の覚醒だ、と。完全に正解だ。ただし、彼はあなた方を小学校抜きで大学にはいらせようとしている。彼は危険な存在にもなり得る。なぜなら、彼の語っているのは究極なるものについてだからだ。

あなた方にはそれはわからない。いま現在、あなたの理解力ではそれは不可能だ。あなたは気が狂ってしまうだろう。一度でもクリシュナムルティの話を聞こうものなら、あなたはお終いだ。というのも、いつだって、知的にはあなたにも彼が正しいのはわかる。だが、自分の実存の中では、何ひとつとして起こっていないのもわかるだろう。

大勢のクリシュナムルティの弟子が私のところへやって来た。彼らは知的には理解しているという。ん？「もちろんその通り。テクニックなんてありません、そして瞑想とは覚醒です。でも、どうしたらいいんですか？」と。そこで私は、「どうしたらいいのかと聞くそのとき、それはあなたがテクニックを必要としているということだ」と言う。

どうしたらいいか？ あなたはハウ・トゥを聞いている。あなたはテクニックを求めているのだ。クリシュナムルティは助けにはなるまい。むしろマハリシ・マヘーシュ・ヨーギのところへ行ったほうがいい。そのほうがましだろう。しかし、人々はクリシュナムルティにへばりつき、かたやマヘーシュ・ヨーギにへばりつく人たちもいる。私はそのどちらでもない。あるいは私はその両方だ。だがそうすると、私はものすごくややこしい存在になる。彼らは両方とも明快だ。彼らの立場はシンプルだ。マヘーシュ・ヨーギもクリシュナムルティも、理解するにはなんの込み入ったこともない。言葉がわかれば彼らは理解できる。なんの問題もない。

問題は私だ。なぜなら、私はつねにはじめを語りながら、決して終わりを忘れさせないからだ。そして、私はつねに終わりについて語りながら、あなたが初歩からスタートする手助けをする。あなたはこんがらがってしまうだろう。「あなたは何を言おうとしているのですか？」と言いたいところだろう。

もし瞑想が純然たる覚醒であるのなら、なぜそんなにもたくさんの修練を通って行く必要があるのか？　通って行かなくてはならないのだ。そうしてはじめて、その純然たる理解であるところの瞑想があなたに起こるだろう。

あるいはまたこういう声もあるだろう。もしテクニックがすべてであるのならば、なぜ飽きもせずにくり返しくり返し、「テクニックは立ち去られねばならない、落とされねばならない」と言うのか、と。

ん？　だって、そうなるとあなたは、「そんなにも深く、そんなにも大変な努力と骨の折れる働きで学んだものが、結局また別れなくてはいけないものなのか？」と感じるだろう。あなたははじまりにしがみつきたい。私はそれを許さない。いったん道の上に踏み出したら、私は最後の最後まであなたを後押しし続けるだろう。

これが問題だ。私に関しては、この問題が直面され、出会われ、そして理解されなくてはならない。私は矛盾しているように見えるだろう？　そうなのだ。私はパラドックスだ。なぜなら、私はあなた方にはじめと最後の両方を与えようとしているのだから――。

はじめの一歩と最後の一歩。ティロパは究極なるもののほうを語っている。彼が言うには――

ダルマを行ぜんと求むる者の
行を越えたる真理を見出すことなし
心と行をふたつながら越えたるものを知らんには
人はきっぱりと心の根を断ち切りて
裸眼をもちて見つむべし

それが私の言う観照するということだ。裸眼で見つめる——ただ裸眼で見つめることだけでいいのだ。根が断たれる。この裸眼で見つめるということが、鋭い剣のような働きをする。

しかして人は一切の差別を打ち破り
くつろぎにとどまるべし

ゆったりと自然に、あなた自身の内を裸眼で見つめて――

これは最終句だ。だが、ゆっくりと進むがいい。なぜなら、心《マインド》というのはとてもデリケートなメカニズムだ。もしあまり急ぎすぎたり、ティロパの〈劇薬〉を飲みすぎたりしたら、あなたはそれを吸収し、消化することなんかできないかもしれない。ゆっくり進むがいい。自分が吸収し、消化できる分量だけを摂りなさい。

私だってそうだ。私はたくさんのことについて話をするだろう。あなた方がたくさんいるからだ。そして、私はたくさんの次元を取り上げるだろう。あなた方がたくさんいるからだ。だが、あなたは自分の滋養になる分だけ吸収すればいい。それを消化するのだ。

ほんの数日前、ひとりのサニヤシンがやって来た。とても真摯な探求者だ。だが、頭をかかえていた。私がヨーガとタントラについて話をし、タントラはより高次の教えで、ヨーガはそれよりも低い教えだと言ったものだからだ。彼は二年間ハタ・ヨーガをやっていて、調子が良かった。彼はどうしていいかわからなくなってしまった。

そんなに簡単に頭を悩まされちゃいけない。もしあなたがヨーガでいい感じをつかんでいるのなら、あなた自身の自然な傾きに従うがいい。私があなたを混乱させるのなんか許さないこと。私はあなたにとってややこしい存在であり得る。あなたはただ自分の自然な傾向に従えばいい。ゆったりと自然に――。

もしそれが調子いいのなら、それはあなたにいいのだ。なぜそれが高いか低いかなどに構うのか？ 低いなら低いでいいじゃないか。ところが、自我《エゴ》がはいり込んで来る。自我は、もしそれが低いのなら、どうしてそんなのに従うものか、と言う。それはまずい。

従ってごらん。それはあなたに合っているのだ。たとえもしそれが低いとしても、そのどこが悪い？ その低いものを通じて、あなたがより高いものに到達するときが来るだろう。階段にはふたつ端がある。一方の端ではそれは最も低く、もう一方の端では最も高い。つまり、タントラとヨーガは対立するものじゃない。互いに補い合うものだ。ヨーガは初歩的なもの、基礎的なものであり、そこからあなたが出発すべきところだ。

だが、今度はそれにしがみついてもいけない。その人がヨーガを超越し、タントラに足を踏み入れなくてはならなくなるときが来る。そして最終的には、その階段自体をそっくり後にしなければならないのだ。ヨーガもタントラも両方とも――。自分自身の中にたったひとり、深く安らぎ、人はあらゆるものを忘れ去る。

私を見てごらん。私はヨーギでもなければタントリックでもない。私は何もしはしない。なんの行もない。なんの無行もない。私はメソッドにもメソッドなしにも固執しない。私はただここにいてくつろいでいる。何をするわけでもない。階段は私にとってはもう存在しない。道は消え失せた。そこにはなんの動きもない。それは絶対の安らぎだ。人が〈わが家〉に帰り着いたとき、そこには何ひとつやることなんかない。人はただあらゆることを忘れ、そしてくつろぐ。神とは究極の休息だ。これを覚えておきなさい。

ん？　なぜなら、あるときは私はタントラを語るだろう。それが助けになる人がたくさんいるからだ。そして、あるときは私はヨーガについて話すだろう。それが助けになる人も大勢いる。あなたはただ自分自身の傾向を考えればいい。自分自身の感覚を――。それに従いなさい。

私がここにいるのは、あなたがあなた自身でいる手助けをするためだ。あなたを混乱させるためじゃない。だが、私はいろいろなことを話さなくてはならない。私は大勢の手伝いをしなければならないから――。

それならあなたはどうするか？　ただ私の話を聞いていて、なんであれ自分の栄養になることを見つけたら、それを消化しなさい。それをよく噛みなさい。それを消化するのだ。それを自分の血や肉に、自分の骨の髄そのものにしてしまうのだ。ただし、あなたの傾きに従うこと。

それに、タントラについて話すときは、私は全くその中に吸い込まれてしまっている。なぜなら、それが私だからだ。私は部分的ではいられない。私はトータルだ。何をするときにでも――。もしタントラについて話すとすれば、私は全面的にその中にはいり込んでしまう。そうしたら、ほかのものは何もお構いなしだ。ただタントラだけが重要なものとなる。それはあなた方に誤った印象を与えかねない。私はものごとを比較して話しているんじゃない。私にはどうでもいい。

タントラは最高の、究極の華だ。それは、私が私のすべてをもって見たとき、間違いなくそうだからだ。ヨーガについてしゃべっているとき、また同じことが起こる。なぜなら、私がトータルだからだ。これはタントラにもヨーガにも何の関係もない。私がいろいろなものに持ち込むのは私の全体性なのだ。それをヨーガやパタンジャリに持ち込むとき、私はまたまた「これこそ最後のものだ」と語るだろう。

だから、迷わされないこと。つねに覚えておきなさい。私がそこに持ち込むのは、私の全体性《トータリティ》であり、私の特性なのだ。それを覚えておければ、あなたは私を役に立てることができるだろう。私の逆説的な存在を通じてですら、あなたは惑わされないで済むだろう。

Enough for today?
（今日はこのぐらいでいいかな？）

＊1　ライラとマジュヌはインドの神話に登場する典型的な恋のカップル。
＊2　Moksha。サンスクリット語で「解放」「解脱」を意味する。
＊3　Dervish。すさまじいスピードで回転するスーフィー教の代表的な瞑想法。普通ダルヴィッシュ・ダンスとして知られている。これをもとにＯＳＨＯの編み出したダルヴィッシュ瞑想法がある。
＊4　ダイナミック・メディテーション、タンダリーニ・メディテーション。このふたつはＯＳＨＯの編み出した瞑想メソッドの中でも最も代表的なもの。

第九話　自分の靴ひもをひっぱって空に昇れるか？

「マハムドラーの詩《うた》」は続きます……

与えず、また取らず
人はただ自然のままにあるべし
マハムドラーはすべての容認と拒絶を越えたるがゆえに―
もとより阿頼耶《アラヤ》*1 の生ずることあらざれば
誰もそを妨げ汚すこと能わず
不出生の境界にありて
すべてのあらわれはダルマタ*2 へと溶解し
自己意志と高慢は無の中に消滅せん

＊1 alaya 阿頼耶《アラヤ》識。根本識などとも訳される。一切の生命事象の根底に横たわる、ひとつの意識作用としてとらえられた存在の本体をさす。

＊2 dharmata 世界を構成するすべてを支える五つの要素。地、水、火、風、空。識を加えて六つとされることもある。

並なる心《マインド》というものは、より多く、より多くを世界から得ようと求める。あらゆるところから、あらゆる方角と次元から――

並なる心は偉大なる略奪者だ。それは乞食だ。そして、その物乞いは満たされることができないほどだ。それは無限だ。手に入れれば入れるほど、より以上の憧《あこが》れが湧き上がる。持てば持つほど欲望がふくれ上がる。それは憑かれたような飢えとなる。あなたの実存の中にはそれに対してなんの必要もありはしない。それなのにあなたは取り憑かれ、そしてどんどんと不幸になってゆく。満足させてくれるものが何ひとつないからだ。絶えず〈もっと〉を求める心を満たし得るものなど何もない。その〈もっと〉は熱病だ。それは健康なものじゃない。そして、それにはきりがない。

並なる心は隠喩的な意味において絶えず食べ続ける。ものばかりでなく人間までも――。夫が妻をあまりにも深く絶対的に所有したいばかりに、それはある意味で彼女を食べることになってしまう。彼は彼女が自分の一部になるように、彼女を食べて消化してしまいたい。並なる心は人喰い的だ。妻もまた同じことを求める。その夫をあとかたも残らないほど全面的に吸収することを――。

彼らは互いに殺し合う。友人たちも同じことをする。親は子に対して、子は親に対して同じことをする。並なる心の持つあらゆる人間関係は、他人を完全にのみ込んでしまうことにほかならない。それは一種の喰い合いだ。

さて、次に並ならぬ心というものがある。並なる心のちょうど反対だ。そして、その並なる心があればこそ、並ならぬ心がこの世に存在をあらわした、いろいろな宗教がそれを教える。彼らは与えよ、分かち合え、捧げ出せ、寄付せよ、と言う。一切の宗教が、基本的には人間は取るべきではなく、むしろ反対に与えるべきだと教える。慈善が説かれる。これが説かれるのは並ならぬ心をつくり出すためだ。

並なる心はいつもみじめだ。〈もっと〉に対するその憧れが満たされ得ないからだ。その人はつねにふさぎ込んで悲しげだろう。一方、宗教が培ってきたところの並ならぬ心はといえば、いつも幸せで、一種上機嫌な状態にある。その人は〈もっと〉を求めてはいないからだ。

反対に彼は与え続ける。だが、奥深いところでは彼はまだ並なる心のままだ。その機嫌の良さは決して最も深い実存ではあり得ない。それは表面的なものでしかあり得ない。彼はただ完全に一回転して、並なるものの逆になったにすぎない。彼は逆立ちしているのだ。シルシアサナ――しかし、彼は同じままだ。

今度はもっともっと与えたいという新しい欲望が湧き起こる。またしてもそれにはきりがない。彼は上機嫌だろう。だが、その上機嫌の奥底には、ある種の悲しみを探り出すことができる。宗教的な人々の中にはつねにその手の悲しみが見出せる。機嫌がいいのはもちろんだ。与えるんだから――。だが、悲しい。もっと多くのものを与えられないからだ。機嫌はいい。分かち合うのだから――。だが、悲しい。それだけでは充分じゃないからだ。充分などということは決してあるまい。

だから、世の中には二種類の不幸がある。ひとつは並なる不幸――。そういう人たちはまわり中いたるところにいるだろう。全地球はそういう人でいっぱいだ。なぜなら、彼らは〈もっと〉を求め、それは満たされ得ないものだからだ。そして、上機嫌という顔をつけたもうひとつの不幸がある。

それは牧師さんや坊さんたち、僧院やアシュラムにいる、いつもほほえんでいるように見える人たちに見られるものだ。だが、彼らのほほえみはその内に、ある悲しみを帯びている。もし深く観察してみれば、彼らもやっぱり不幸であるのがわかるだろう。なぜなら、無限に与えることなどできるものじゃないからだ。あなたはそんなに持ってやしない。

この二種類の人たちには簡単に会える。この手の宗教的人間は、キリスト教やユダヤ教、ヒンドゥー教によって培われている。それは並なる心よりはましだ。が、意識というものに関する最終句ではあり得ない。宗教的に不幸であるのは悪くない。乞食のように不幸であるよりは、王者のように不幸であるほうがましだろう。

ひとりのとても裕福な男が死のうとしていた。そして、彼は臨終のまぎわに私をそばに呼んだ。そこで私はその場にいた。最期の瞬間に、彼は目をあけて彼の息子に語りかけた。そして、それはいつも彼の心にあって、彼が何度も私に話していたことだった。彼はその息子のことをとても心配していた。道楽者で物質的なものが大好きだったからだ。ましてこの老人は宗教的な男だった。

その彼が息子に言った最後の言葉はこうだった。「お聞き。金はすべてじゃない。そして、金ではすべてを買えるわけじゃない。世の中には金銭を超えたものごともある。それに、金だけでは誰ひとり幸せにできやしないのだ」。息子はそれを聞くと言った。「あなたは正しいかもしれない。でも、お金があったら人は自分の好みの悲しみを選ぶことができます」

それで幸福を買うことはできないかもしれない。が、自分の好きな悲しみを選択することはできる。あなたは自分流のやり方で不幸になれるのだ。貧乏人はなんの選択もなく不幸でなくてはいけない。金持ちは自分の好みで不幸になれる。それがただひとつの違いだ。金持ちは自分の不幸を選ぶ。そこには一定の自由がある。貧乏人の不幸は宿命のように、運命のように、ただ起こる。彼にはなんの選択もない。

宗教的人間は彼の不幸を選んだのだ。彼の機嫌がいいのはそのせいだ。そして、非宗教的な人間がその不幸をかこつのは、それを自分で選んだわけじゃないからだ。両方とも同じ〈もっと〉の世界に生きているのには変わりがない。ただし、宗教的人間のほうは帝王のように、分かち合い、与えながら生きる。慈善――。

仏教、ジャイナ教[*1]、道（ＴＡＯ）。彼らは並なるものでも並ならぬものでもない。第三のタイプの心を生み出した。実際には、それは全然心じゃない。あえてそれに名前をつけるとすれば、無心と呼ぶのがいいだろう。

そこで、この分類を理解しようとしてごらん。並なる心。その正反対ではあるけれども、まだ同じ〈もっと〉の次元にある並ならぬ心。そして、仏教やジャイナ教や道教の生んだ無心――。

この無心とは何だろう？　リアリティーに向かう第三のアプローチだ。仏教やジャイナ教は慈善を説かない。彼らは無関心を説く。彼らは与えろなどとは言わない。なぜなら、与えるというのは取ることの一部にすぎないからだ。同じ環《わ》だ。取るときには誰かから取る。与えるときには誰かに与える。だが、それは同じ環《わ》だ。次元は変わらない。ただ方向が変わるだけだ。

仏教は無関心でいることを説く。無所有でいることだ。力点は無所有にある、与えることじゃない。あなたは所有をすべきじゃない。それがすべてだ。あなたは物や人を所有しようとすべきじゃない。ただその所有の世界からドロップアウトするのだ。取るか与えるかなどという問題じゃない。それは両方とも所有の世界に属するものにすぎないからだ。

あなたが与えられるのは、あなたが所有しているものだけだ。どうして自分が所有していないものを与えられる？　あなたが与えられるのは、それ以前に分捕ったものだけだ。あなたが与えられるのは、それ以前に取ったものだけだ。そうでなかったら、どうしてそれをあげられる？

あなたはこの世界に何も持たずにやって来た。無一物で——。あなたはまた無一物でこの世界から去って行く。この世であなたはこれらのどちら側にもつける。もっともっととと求め、もっともっとと取り、そしてもっともっとと吸い込んで自分を肥らせ続ける側か、それでなければもう一方の、もっともっとと与えに与え続け、痩せてやせて痩せきってしまう側かだ。仏陀は所有すべからずと言った。あなたはそのどちらも選ぶべきじゃない。ただ無所有という状態にいればいい、と。

この人種、この第三のタイプの人間、私が無心の人と呼ぶところの人間は、第二の〈並ならぬ人〉のようには幸福にも上機嫌にもならない。彼はもっと静かだろう。彼はもっと穏やかだろう。彼には深い充足がある。だが、それは上機嫌とは違う。彼の顔には笑いされ見られないだろう。

仏陀がニヤニヤしている像や、マハヴィール[*2]が笑っている像はあるまい。それはない。彼らは上機嫌じゃない。彼らは幸福でもない。彼らは不幸ではない、もちろんだ。だが、彼らは幸福でもない。彼らは不幸と幸福の世界からドロップアウトしてしまったのだ。彼らはただ安らいでいる。ものやものの世界に無関心だ。

無所有——彼らは超然として、離れている。これがアナシャクティ(Anashakti)=離脱、無関心だ。こういう人間は、そのまわりにある種の静けさをたたえているものだ。その静けさはあなたにも感じ取ることができる。

しかし、ティロパはその三つをすべて乗り越える。ティロパはその三つの全部を乗り越える。さあ、そうなると彼をどう分類するかが難しい。より多くを求める〈並なる心〉。より多くを与えようとする〈並ならぬ心〉。与えも取りもしない無関心、無執着の〈無心〉——。

さて、ティロパの心をなんと呼ぶか？　ティロパは第四のタイプにはいる。そしてその第四は最後にして最高のものだ。もうそれ以上のものはない。それは〈無心〉でさえもない。それはもう全く心ではないのだ。〈無心〉の中には否定的にとはいえ、やはりまだ心が存在していた。

そして力点はなお、ものやものの世界に無関心であることに置かれていた。あなたの焦点はものの上にあった。無関心、無執着でいることに——。確かにものを所有してはいない。だが、あなたは所有しないように気をつけていなければいけない。超然離脱していなければいけない。何ものも所有しないように、よくよく警戒怠りなく動かなければいけない。

ここのところははっきりとさせておきなさい。力点はいまだ〈もの〉にある。世間に無関心であることに――。ティロパは、力点はあなた自身の上にあるべきだと言う。ものにではなく――あなた自身の内に安らぎなさい。世間に無関心でいることすら無用だ。なぜなら、その無関心が、なおも世間とのごく微妙な橋渡しになっているからだ。焦点は〈他〉に置かれるべきじゃない。あなたの目を完全に内に転ずるのだ。世間のことを気に病むことはない。それに無関心でいることすらも――。

〈もっと〉を求めもせず、〈もっと〉を与えようともせず、世間に無関心であることもしない。世間はまるでただただ消え失せてしまったかのようだ。あなたは自分の中心《センター》に据わり、何をするともなく内に坐る。焦点は丸々転じた。完全に反転したのだ。まるで世界が全く消失してしまったかのように――。そこには与えるものは何もなく、取るものもなく、それについて無関心でいるものもない。

ただあなたがいる。あなたはあなたの意識の中に住まう。それはあなたの唯一の世界だ。ほかには何も存在しない。これが心も無心も越えた境地だ。これが〈理解〉の至上無比の境界だ。それ以上のものは何もない。そして、私はあなた方に語りたい。これに到達するまでは決して満足しないこと。なぜか？　それはこういうことだ。

人間は不幸だ。並なる人間のことだよ。彼は〈もっと〉を求める。そして、それは決して満たされ得ない。そこで、不幸は絶えることがない。それどころか、その不幸はどんどん、どんどん、どんどんひどくなり続ける。

宗教が教えるところの〈並ならぬ心〉の人間は、機嫌はいいけれども奥深いところでは悲しい。まさにその上機嫌そのものですら悲しみの暗流を隠している。彼はまるで笑おうと努めているかに見えるのに、笑いはやって来てくれない。彼はポーズをとりつくろっているように見えてしまう。それはまるでカメラマンがそこにいて、それに向かって実際にはありもしない、あるそぶりをとりつくろっているかのようだ。

第一のタイプよりはましだろう。少なくともあなたは笑える。その笑いはあまり深いものじゃない。が、少なくともそれはそこにある。しかし、それは長くは続くまい。やがて、それがなんであれあなたが与えられるものも尽きてしまうだろう。そうしたら、笑いも上機嫌も消えてしまう。あなたはもっと与えたい。そうしたら、あなたは第一の〈並なる人〉

と同じ穴のむじなだ。

二番目の人は、その不幸を理解し気づくのに、少しよけいに時間がかかるかもしれない。だが、不幸はやって来るだろう。あなた方がモスクや寺院や僧院で習得する上機嫌は、あまり深くは達し得ない。しかも、それは永続的な事態にはなり得ない。それは永遠ではあり得ない。

あなたはそれを失うだろう。まさにその本性からして、それは一時的なものでしかあり得ない。なぜ一時的なものでしかあり得ないのだろう？　なぜなら、持っていなくてあげられないという時点が来る。やって来ざるを得ないからだ。

この二種類の心を持った人たちが妥協に落ち着くのはそのためだ。〈並なる心〉と〈並ならぬ心〉はその質においては等しい。彼らは妥協に落ち着く。そして、妥協はどこにでもある。まず、人はものを取り続け、それから寄付しはじめる。あるいは、百ルピー稼いでから、そのうちの一割を寄付する。それが可能なただひとつのやり方だからだ。

もし百ルピー全部寄付してしまったら、もう寄付しなくてよくなってしまう。ものを取り続け、そうしておいてその一部を分配する。回教は収入の五分の一を寄付すべきだと言う。収入の五分の一で慈善をほどこすべきだ、と。

なぜだろう? これは妥協なのだ。さもなければ、あなたは何も寄付しはすまいから。そこで、まず貯め込み、それから寄付しろということになる。分配するために貯め込む。慈善をほどこすために金持ちになる。人助けをするために搾取する。これは馬鹿げている。

しかし、これがただひとつの可能な道なのだ。〈並なるもの〉と〈並ならぬもの〉の間のかけ橋なのだ。それに〈並なる心〉でさえ、彼が多くを持てるときには寄付をしよう、人助けをしようと思い、そう信じ続けているものだ。そして、もちろん彼はそれを実行もする。

充分なものを持っているときには、病院に寄付し、ガン研に寄付し、図書館や大学に寄付する。最初に、まず搾取し、それから寄付する。最初にあなたから盗んでおいて、それからあなたを助ける。助っ人と盗っ人は別々なものじゃない。実際には、彼らは同じ人間だ。右の手で盗み、左の手で人助けをする。彼らは事態の同じ次元に属している。

第三の人間、無心の人は、これらはじめのふたつよりはましな状況にいる。その静寂はもっと長持ちできる。だが、至福に満ちてはいない。彼は至福を感じてはいない。不幸じゃない。惨めじゃない。けれども、その境界は否定性という本性を帯びている。彼は、病気ではないという人間に似ている。ん？ というのも、医者はどこも悪いところを見つけられない。そして、なんの快調感も感じないからには健康でもない。

彼は病気でもなく、健康でもない。ちょうど中間にいる。彼は不幸でもなく、幸福でもない。ただ無関心だ。そして、無関心は静けさを与えてくれるかもしれない。が、静けさだけでは足りない。

それはいい。ビューティフルだ。しかし、あなたはそれに満足できるものじゃない。遅かれ早かれそれに退屈してしまう。山に行くと起こるのがそれだ。あなたは街の生活にあまりにも退屈していた。ムンバイ、ロンドン、ニューヨーク――

あなたは飽きあきしていた。その騒音、車——そして、その狂気全体がどこまでもどこまでも続いていく。あなたはたまらずヒマラヤに逃げ出す。だが、数日たつと……三日か四日か五日、よくてせいぜい七日。あなたはその静けさに退屈を感じだす。山々は静か、樹々も静か、谷も静か——なんの興奮もない。あなたは街の生活にあこがれはじめる。クラブ、映画館、友人たち——。

静寂だけでは駄目だ。それは静寂というものが、生ではなく死の性質を持っているからだ。それは休日としてならいい。ピクニックとしてならいい。過剰な人生とのかかわりあいから、数日間、数瞬間、脱け出して静かになるのはいいことだ。あなたはそれを楽しむことだろう。

しかし、それを永久に楽しむことはできない。すぐにそれに食傷してしまうだろう。すぐにこれだけじゃ足りないと感ずるだろう。これは滋養にならない、と。静寂は不幸や幸福や興奮から守ってはくれるだろう。だが、その中にはなんの滋養もない。それは消極的《ネガティヴ》な境界《きょうがい》なのだ。

第四の境界――ティロパが指し示しているそれ。言葉では表わし得ないけれども、彼がナロパと、その信頼と愛と信仰のために言おうとしているそれは、至福に満ちた境界だ。静かで、そして至福に満ちている。それはその内に積極性を秘めているのだ。

それはただ静かなのじゃない。生に対する無関心から来るのではない。むしろ反対に、それはその人自身の実存の最も深い体験から来る。それは世を捨てることによって引き出されたものじゃない。「ゆったりと自然」であることによって花開いたものなのだ。

その違いは微妙だ。だが、もしあなたがその違いを理解し、それに瞑想しようとするなら、あなたの生の道筋は丸ごとクリアになるだろう。そうしたら、あなたはとても楽に旅することができる。

決して第四の境界以前に満足してしまわないこと。なぜなら、たとえ満足してみたところで、遅かれ早かれ不満が湧き上がってくるだろうからだ。あなたがサッチダーナンダ(Sat-chit-ananda)――絶対の真理、絶対の意識、絶対の至福に到達しない限り、まだ〈わが家〉には帰り着いていない。あなたはまだ路上にいる。

ＯＫ。ときには道端で休むのもいい。だが、それを住みかにしてしまっては駄目だ。旅は続行しなくてはならない。あなたはまた立ち上がり、そして、歩を進めなくてはならないのだ。第一の心の境地から第二へ。第二から第三へ。そして、第三からかなたへと――。

もしもあなたが、世の中の九九パーセントの人々がそうであるように、第一の境界にいるとしたら、そのときはユダヤ教の考え方、イスラム教、キリスト教が役に立つだろう。彼らが並なる不幸の罠から引きずり出してくれるだろう。それはいい。だが、あなたはまだ道の途上にいるのだ。

自分はたどり着いたのだなどと自分自身を欺いちゃいけない。今度はこれを乗り越えなくてはならない。悲しみを内包したこの上機嫌の向こう。このやったり取ったりの両方の向こう。慈善の向こうへ――。

与えるなんて何ごとか？　あなたは与える何を持っている？　救うなんて何ごとか？　あなたは自分自身さえ救っていないのに、どうやって他人を救える？　あなた自身が燃えていないのに、人の光をともそうとしているのかね？　かえってそれを吹き消してしまいかねないよ。あなた自身の内なる実存が暗いのだ。人を救うことなんかできない。あなたには与えることなんかできない。与えるものなど何も持ってやしないのだ。

仏教やジャイナ教や道教――老子やマハヴィールやシッダルタ・ゴータマなら、あなたがそこから脱け出す手助けをすることができる。だがティロパは、その無関心、静寂、超然とした孤立、離脱にさえも満足してはならないと言う。なぜなら、まだそれは、ひとつのハプニングとして起こっているものじゃないからだ。

まだあなたは世間にこだわっている。ティロパはそこを越えるのに手を貸すことができる。彼はあなたを、あなたの実存（Being）の内奥無比なる中心《センター》へといざなうことができる。彼はあなたの中心《センター》が据わるのを、あなた自身に根づくのを助けることができる。世間などには無関係だ。その無関係ということすらそこにはない。

あらゆるものが溶解し、ただあなただけが、あなたのクリスタルな純粋性の中にとどまる。ただあなただけが、あなたの絶対の無垢の中にとどまる。あたかも世界など起こったことがなかったかのように。一度もそこにあったことなどなかったかのように――。

あなたは意識のこの第四の境界《きょうがい》において、ある地点に達する。あなたが生まれていないその地点。実存の絶対の根源に――。世界への第一歩すらも印《しる》されていない――あるいは、あなたは終局へ到ると言ってもいい。最後の一歩が踏まれた。これが禅の人たちの言う「自己本来の面目に参ずる」というやつだ。

禅のマスターたちはその弟子に、「行って、お前が生まれる前に持っていた顔を見つけて来い」、あるいは、「行って、お前が死んだときの顔を見つけて来い」と言う。世界ができる以前か、世界が消えてなくなってしまったところ――あなたはあなたの初源の純粋性に達する。それが〈自然〉のなんたるかだ。

さあ、ティロパを理解しようとしてごらん。

与えず、また取らず

人はただ自然のままにあるべし
マハムドラーはすべての容認と拒絶を越えたるがゆえに——

与えず、また取らず

なぜなら、与えるにつけても、あなたは自分自身から脱け出してしまっているし、取るにつけても、自分自身から脱け出してしまっているからだ。それは両方とも散乱だ。両方ともあなたを〈他人〉へと誘い出す。あなたは混線してしまう。

あなたのエネルギーは外に向かって流出してしまった。与えるか取るかは関係ない。〈他人〉が介在してきた。あなたの目は〈他人〉に焦点を奪われている。そして、目が〈他人〉に集中していたら、あなたは自分自身を忘れてしまう。これがあなた方すべてに起こっていることの次第だ。

あなたの目が〈他人〉の上に集中し、いや実際には〈他人〉に集中したまま麻痺してしまっているために、あなたは自分自身を覚えていない。何をするにしろ、それをいつも〈他人〉のためにやる。あなたがどんな状態であれ、いつも〈他人〉に向いている。たとえもし世間から逃げ出したとしても、あなたの心はみんなが自分のことをどう思っているのかを気にし続ける。

たとえもしヒマラヤへ逃げて行っても、そこに坐ってあなたは、「さあ、みんなは俺様が世を捨てた偉大な聖者様になったと思っているに違いない。きっと新聞にも俺のことが出ているぞ」などと考える。そして、誰かひとり旅の旅人か、あるいは道に迷った人があなたのところに行き着いて、あなたについて世間ではどんなことが起こっているのか、ニュースを知らせてくれるのを待っているという有様だ。

あなたは自分自身の顔なんか持ってない。持っているのはあなたに関する他人の意見だけだ。誰かがあなたのことをきれいだと言えば、自分がきれいだと考えだす。誰かがあなたのことを醜いと言えば傷つき、誰かが自分を醜いと言ったというその傷を抱えて歩く。あなたは本当に醜くなってしまう。あなたはただ他人の意見の集積にしかすぎない。あなたは自分が誰であるのかも知らない。知っているのは、他人があなたのことをどういう人だと思っているかということだけだ。

これはおかしい。なぜなら、あなたがどういう人かを考えるその他人も、自分たち自身を知りやしないんだから——彼らもあなたを通して彼ら自身を知っているだけなのだ。これはなんと素敵なゲームだろう。私はあなたを通して私自身を知り、あなたは私を通してあなた自身を知っていて、両方とも自分たちが何者であるかを知らないんだから。

〈他人〉があまりにも重要になりすぎている。あなたの全エネルギーが〈他人〉に取り憑かれてしまっている。つねに他人のことを考えている。いつも彼らから何か取るか、彼らに何かをあげるかのどちらかをしている。

ティロパは、「人は与えるべきでも取るべきでもない」と言う。彼は何を言っているのだろう？　彼は分かち合うのがいけないと言っているのだろうか？　違う。それをそんなふうに取ったら、彼を誤解してしまうことになるだろう。

彼が言っているのは、人はやり取りなどにこだわるべきじゃないということだ。もしあなたが自然に与えられるなら、ビューティフルだ。ただし、そのときには心の中には何もない。自分が何かを与えたんだという計算などひとつもない。それが与えることと分かち合うことの違いだ。

与え屋というのは自分が与えたということを知っていて、相手がそれを認め、それこそ、「はい、あなたは私に与えてくださいました」という領収書でも渡すことを求める。あなたは彼にお礼を言わなければいけない。与えてくれたことに感謝を感じなければいけない。

それでは贈り物じゃない。それはまたしても取り引きだ。実のところ、彼はあなたにお返しに何かくれることを望んでいるのだ。あなたの感謝ぐらいのものでもいい。それでもOKだ。が、とにかく何かが欲しい。これは取り引きだ。彼は得るために与える。

ティロパは分かち合うなと言ってるんじゃない。彼は取ることにも与えることにもこだわるなと言っているのだ。もしあなたに手持ちがあり、それが自然に起こって、与える感じになったら与えなさい。ただし、それは分かち合いであるべきだ。

贈り物——これが贈り物（Gift）と与えること（Giving）との違いだ。贈り物というのは取り引きじゃない。何ひとつ期待されはしない。絶対に何ひとつ——ただの認知さえもいらない。感謝のうなずきすら——。違う。何ひとつ期待されてはいない。もしあなたがそのことを取り上げなくとも、その贈り物をくれた人物の中にはなんの動揺もない。

実際には、もしそのことに触れたりすると、かえって彼は少しとまどうくらいだ。そんなことは決して期待していなかったのだから。反対に彼のほうがあなたに、その贈り物を受け取ってくれたことを感謝するだろう。あなたはそれを拒絶してもよかった。その可能性はある。あなたが「ノー」と言うことだってあったかもしれない。だが、なんと素敵なことにあなたは「ノー」と言わなかった。それを受け取ってくれた。それで充分だ。彼はあなたに感謝を感じる。贈り物をくれるような人は、つねにそれを受け取ってくれたことに感謝しているものだ。あなたはそれを拒否することだってできたのだから——それで充分だ。

ティロパは与えるなと言っているのじゃない。彼は取るなと言っているのでもない。生はやり取りなしには成り立たないのだから。ティロパだって息をしないではいられない。

ティロパだって食べ物を乞わないわけにはいかない。ティロパだって水を飲みに川に行かなければいけない。ティロパだって喉が渇けば水がいる。ティロパだってお腹がすけば食べ物がいる。ティロパだって部屋に閉じこもって息がつまれば、外に出て深呼吸をする。彼は毎瞬間、生を取り込んでいるのだ。

取ることなしに存在することはできない。それを試みた人たちはいる。しかし、彼らは自然な人間じゃない。彼らは無類のエゴイストだ。エゴイストはつねにあらゆるものから独立しようとする。エゴイストはつねに、あたかも自分は誰からどんな助けもいらないかのようにふるまおうとする。これは愚かしい。馬鹿げている。

ティロパはそんなことのできる人じゃない。彼はごくごく自然な人間だ。ティロパより自然な人間は見つけられないくらいだ。そして、もし〈自然〉を理解したら、あなたはひとつのとても深い根本的な事実を発見して、びっくり仰天することになるだろう。

その事実とはこういうことだ。だれひとりとして依存してはいない。だれひとりとして独立してはいない。だれもが相互依存しているのだ。だれひとり「私は独立している」などと宣言できはしない。そんなことは馬鹿げている。あなたはただの一瞬たりとも独立して存在なんかできない。そして、だれひとり絶対的に依存している人もいない。そんなふたつの対極は存在しない。

依存しているように見える人もやはり独立しているし、独立しているように見える人もまたどこかで依存している。生とは相互依存だ。それは相互の分かち合いだ。皇帝でさえ、彼の奴隷に依存している。その奴隷でさえ、皇帝にすべてを依存しているわけじゃない。少なくとも彼らにだって自殺はできる。それだけの独立は彼らにもある。

〈絶対〉などというものはここにはない。生は相対性の中に存在する。もちろんティロパはそれを知っている。彼は自然な道を示しているのだ。どうしてその彼がそのことを知らないわけがある？　彼は知っている。生はギヴ・アンド・テイクだ。分かち合うがいい。ただし、それにこだわるべきじゃない。そのことを考えるべきじゃない。あなたはそれが起こるのにまかせるべきなのだ。

それが起こるのにまかせるというのは完全に異質なことだ。そのとき、あなたは自分が得られる以上のものを求めることもないし、自分が与えられる以上のものを与えようともしない。ただ自然に与えられるものだけを与え、ただ自然に得られるものだけを得る。あなたは誰に恩義も持たず、誰に恩義を感じさせるようなこともしない。あなたはただ生が相互依存だということを知っているのだ。

我々は相互的に存在する。我々はひとりひとり互いのメンバーだ。意識は巨大な大洋であり、だれひとりとして孤島じゃない。我々は互いに出会い、溶け合う。そこにはなんの境界線もない。境界などすべて虚構だ。そんなこと、ティロパは知っている。だとしたら彼は何を言っているのだろう?

与えずまた取らず
人はただ自然のままにあるべし

あなたが自分は取ったと思った瞬間、あなたは不自然になってしまっている。取るのはいい、しかし取ったと思ったら不自然になってしまっている。与えるというのはビューティフルだ。しかし、自分は与えたんだと思った瞬間、それは醜いものになり、あなたは不自然になってしまっている。

ただそうしないでいられないから与える。あなたは手持ちがある。だから、与えずにいられない。ただそうしないでいられないから取る。あなたは〈全体〉の一部分なのだ。ただし、取ることと与えることを通じて、どんな不自然な自我《エゴ》もつくり出されない。これが理解されるべきポイントだ。貯め込みもしない、棄てもしない。

ただ自然なままでいるのだ。もし、ものが行く手に現われたら、あなたはそれを楽しむ。もし、必要以上のものを持っていたら（そして、必要以上のものというのはいつも重荷になるものだ）、それを分かち合う。それはただ深いバランス作業だ。あなたはただ自然でいればいい。なんの固執も、なんの放棄もない。なんの所有もなく、なんの非所有もない。

けものや鳥たちを見てごらん。何ひとつ取らない。何ひとつ与えもしない。誰もが〈全体〉の中から楽しんでいる。〈全体〉の中から全員が分かち合っている。〈全体〉の中で全員が分かち合う。鳥、樹々、けものたち——彼らは自然に存在している。人間はただひとつの不自然な動物だ。宗教が必要なのはそのためだ。

動物にはなんの宗教もいらない。鳥たちにはなんの宗教もいらない。彼らは不自然じゃないからだ。人間だけが宗教を必要とする。そして、人間が不自然になればなるほど、それだけ余計に宗教が必要になる。だから、これを覚えておくといい。社会がもっともっと不自然に、テクノロジー化すれば、もっと宗教が必要になるだろう。

みんなが私のところにやって来て聞く。「なぜアメリカでは、あんなにも大変な宗教熱が起こってるんですか？」ひどい混乱、探求――なぜなら、アメリカは今日最も不自然な国だからだ。最もテクノロジー化された科学技術社会。テクノクラシー（専門技術者による政治支配）というものまで出現して、それが何もかも不自然にしてしまった。

あなたの内なる実存は、テクノロジーからの自由に涸渇している。あなたの内なる実存は自然でいることに渇いている。が、あなた方の社会全体が不自然になっている。より文化づけされ、より文明化され、より不自然になっている。

ひとつの社会があまりにも文化づけされすぎたら、必ずそれを釣り合わせるために宗教が現われる。それは微妙なバランス作用だ。自然な社会に宗教はいらない。老子曰く、「私はいにしえのことを、かつては人々が自然で、宗教などなかった時代があると聞いている」。人々が自然だったとき、彼らは決して天国や地獄のことなど考えなかった。人々が自然だったとき、彼らは決して道徳規範のことなど考えなかった。そこにはなんの法典も、なんの法律もなかった。

老子は、「法律があるために人々は罪人になり、道徳があるために人々は不道徳になった」と言う。そして、過剰な〈文化〉があるために――それも、中国はあまりにも過剰な文化を持ってしまった。ほかのどんな国もあれほどの文化を持ったことはない。孔子は、いかにして人間を教化するかについての絶対的な戒律を作った。三千三百の修養規則――突如として、老子がそれをバランスするために出現した。なぜなら、この孔子という男は社会全体を死に追い込みかねないからだ。三千三百の規律――これは行き過ぎだ。こんなことをしたら、ある人間を、その人が完全に消滅してしまうぐらい調教することになるだろう。その人はまるで人間なんかじゃなくなってしまうだろう。

老子が噴出した！　そして、老子は一切の規則を土中に投げ捨て、ただひとつの黄金律は、どんな決まりも持たないことだと言い放った。これがバランス作用だ。老子は〈宗教〉だ。孔子は〈文化〉だ。宗教は薬と同じように必要とされる。それは薬学的なものだ。病気のときあなたは薬を必要とする。もっとひどい病気なら、もちろんそれだけ余計に薬がいる。

〈自然なるもの〉が失われたとき社会は病気になる。〈自然なるもの〉が忘れられたとき、人間は病気になる。そして、ティロパはもろ手を上げて〈自然なるもの〉〈ゆったりとしたもの〉を支持する。そして、いつも〈自然なるもの〉といっしょに、〈ゆったりとしたもの〉を覚えておくこと。なぜなら、自然であろうとがんばりすぎて、まさにその努力自体が不自然になってしまうことがあるからだ。かぶれ屋というのはそうして生まれる。

私は大勢のかぶれ屋さんたち――自然な教えから、何か完全に不自然なものをつくり出してしまった人たちと顔を合わせてきた。たとえば、自然食を食べるのはいい。どこもおかしいところはない。だが、もしそれにこだわりすぎて、毎瞬毎瞬自然食のことしか考えず、何ひとつ不自然なものはからだにはいるべきじゃないというほど厳密に気にするようなことになったら、それは行き過ぎというものだ。

私は自然療法を信じている人を大勢知っている。それが、彼らはその自然療法を通じて実に不自然になってしまっているのだから。どうしてそんなことになるのか、とても信じられないくらいだ。ところがそうなってしまうから不思議だ。もし、それが心の負担になるようだったら、それはすでに不自然なものになっている。

「ゆったりと」という言葉は、絶えず心にとどめておかれなくてはならない。さもなければ、あなたはかぶれ屋になりかねない。あなたはナントカ狂になりかねない。そうすると、あなたはそのもののある一部分を取り出して、それをあまりにも誇張しすぎかねず、そうして自然なものですら不自然に転化してしまう。

ゆったりと自然であるのがティロパだ。そして、それが彼の教えのすべてだ。彼には与えるべきではないとか、取るべきではないなどということを言えるはずがない。ところが、彼はそう言っている、とすれば、彼は何か別なことを言おうとしているに違いない。

与えず、また取らず
人はただ自然のままにあるべし

自然のままでいるということには秘められた意味がある。もし自然でいて、あなたに与えるということが起こるのなら、それはビューティフルだ。もし自然でいて、誰かが何かをくれ、あなたがそれを受け取るのなら、それは自然だ。でも、それを職業にしては駄目だ。そこから不幸をつくっちゃ駄目だ。

マハムドラーはすべての容認と拒絶を超えたるがゆえに——

老子は容認を教える。しかし、ティロパは拒絶と容認の両方を越えた何かを教えている。ティロパは本当に最も偉大なマスターたちのひとりだ。何かを拒絶する。そして、あなたは不自然になる。それは我々にもわかる。あなたは怒りを内側に持っている。そして、あなたはそれを否定する。道徳的な教条のために、怒りがあなたを連れ込む困難のために——。

闘争、暴力――それに、怒りといっしょに生きるのは容易なことじゃない。もしも怒りといっしょに生きようと思ったら、あなたはほかの誰ともいっしょにいられないんだから――。怒りはトラブルのもとだ。さあそうすると、いつでも準備万端ととのえてあなたを救おうという道徳家の先生方がいて、それを押さえろ、それを捨てろ、怒っちゃ駄目だ、それを拒絶しろとおっしゃる。あなたは拒絶しはじめる。拒絶をするその瞬間、あなたは不自然になりだす。というのも、あなたに備わっているものが何であれ、それは必ず自然があなたに与えたものだからだ。それを拒否するなんて、あなたはいったい何様だろう？

心《マインド》のある一部が心のほかの部分に対して主人の役を演じている？　それも両方とも同じものの違う部分にすぎないのに？　そんなことは不可能だ。そのゲームをやり続けることはできる。でも、怒りであるその一部分は、それを抑圧しようとがんばっている、ほかの一部分になんか構わない。しかるべき瞬間が来れば、それは噴出する。

だから怒りであるその一部分、セックスであるその一部分、強欲であるその一部分にはなんの苦もない。あなたは戦い続け、無駄弾を撃ち続ける。自分を何百万という違った方法で、なんとか収拾をつけようとしながら、いつも分裂したままだ。あがき、バラバラになって――。

いったん拒絶をしたら、あなたは不自然になる。拒絶しないこと。もちろん、そうするとたちまち容認が割り込んで来る。もしも拒絶しないなら、今度は容認というわけだ。これは微妙なところだ。デリケートだ。

ティロパは、容認の中にさえそこには拒絶があると言う。というのも、あなたが「うん、私は受け容れる」と言うとき、奥深いところでは、あなたはすでに拒絶しているのだ。そうでなかったら、どうして受け容れるなどと言う？　どこに受け容れるなどと言う必要がある？　容認はそこに拒絶があってはじめて意味を持つ。さもなければ、それは無意味だ。

人々は私のところにやって来て、「はい、私はあなたを受け容れます」と言う。その顔を見、その言葉を聞けばわかる。彼らは自分が何をやっているのかも知らないで、すでに私を拒絶しているのだ。彼らは自分の心に私を受け容れることを強要し、そして心のある一部分はそれを拒絶しているのだ。彼らがイエスと言うときにすら、そこにはノーがある。まさにそのイエスそのものがノーを含んでいる。そのイエスはただの薄っぺらな装いだ。

飾りだ。内側には彼らのノーが見える。足を踏んばり、息をはずませている。それでも、彼らは受け容れるとおっしゃる。もうすでに拒絶しているのに――。

もしそこになんの拒絶もなかったら、どうして受け容れることなんかできる？　どうして「私は受け容れます」などと言える？もしそこになんの戦いもなかったら、どうして「私は降服します」などと言える？もしあなたにこのポイントがわかったら、そのときこそ容認も拒絶も越えた容認が起こる。そのときこそ降服も戦闘も両方とも越えた降服が起こる。そのときそれはトータルだ。

マハムドラーはすべての容認と拒絶を越えたるがゆえに

そして、あなたがただ自然でいるとき……拒絶もせず容認もせず、戦いもせず降服もせず。ノーとも言わずイエスとも言わず、ただものごとを許す。なんであれ起こることは起こり、あなたは自分の選択など何ひとつ持たない。何が起こっても、あなたはただそれが起こったということを書きとめるにとどめる。何を変えようともしない。何を修正しようともしない。あなたは自分を改善することなどにかかわりを持たない。ただあるがままのあなたのままでいる。

心《マインド》にとってはとてもとてもしんどいことだ。心というのは偉大なる改善屋だから――。それはいつも「お前さんはもっと高くまで手が届くぞ」と言う。お前さんは偉くなれる。あっちこっちと磨きをかけて、お前さんは純金になれる。改善しろ、変容しろ、変異しろ、自分を変身させろ――。

心はくり返しくり返しくり返し〈もっと〉が可能だとささやく。さらにより以上が可能なんだ、それをやれ……と。そうして拒絶がやって来る。そして、自分の一部分を拒絶したりすれば、あなたは深いトラブルにのめり込むだろう。なぜなら、その部分だってあなたのものだからだ。

有機的なあなたの一部だからだ。それは放り出せないものだ。からだなら切り取れる。けれども実存（Being）は切り取れない。実存はどこまでも〈全体〉のままだからだ。どうして〈実存〉を切り取ることなんてできる？〈実存〉を切れるそんな刀はない。

もしも、あなたの目があなたに逆らったのなら、それは切り捨てることもできる。もしも、あなたの手が罪を犯したのなら、あなたはそれを切り取れる。もしも、足があなたを悪へ誘い込んだのなら、それを切り取ることはできる。なぜなら、からだはあなたじゃないのだから——それは最初から別なものなのだ。それは切り落とせる。

しかし、どうやってあなたは自分の意識を切る？　どうやってあなたの内奥無比なる実存を切る？　それは実体のあるものじゃない。それを切ることはできないのだ。それは虚空のようなものだ。どうして虚空が切れる？　刀がそれを通り抜けはしても、それは不分のままだ。もしあまりがんばりすぎたら、刀のほうが壊れてしまうことはあるかもしれない。が、虚空は不分のままだ。それは切れない。

あなたの内奥無比の実存は虚空の本性を持っている。あなたは無自己だ。それは非実質的なものだ。それはある。が、それはものじゃない。それは切れない。それは不可能だ。

拒絶しないこと。ところが、即座に心《マインド》は、「ＯＫ、いいよ。それなら今度は受け容れる」と言う。心は決してあなたを放っておいてくれない。心はどこへ行こうとあなたの後を影のようについてまわる。心は言うだろう。「大丈夫、ぼくがついてるよ。ほんのお手伝い、ヘルパーだ。必要なときはいつでも力を貸すからね。ん？　拒絶するなだって？　もちろん、そうだよ。ティロパ先生は正解だ。受け容れなくちゃ」。そして、こういう心に耳を貸そうものなら、あなたはまたもや同じ罠にはまってしまう。拒絶も容認も同じコインの両面にすぎない。

ティロパは言う

マハムドラーはすべての容認と拒絶を越えたるがゆえに

受け容れもしない、拒絶もしない。実際、やるべきことなど何もないのだ。あなたは何をやるのを要求されているわけでもない。あなたに求められているのは、ただ単にゆったりと自然に自分自身でいて、ものごとが起こるのを許すことだけだ。

全世界があなたなどなくても動いてゆく。川は海へ流れ、星はめぐり、太陽は朝になれば昇る。季節は移ろい、樹々は成長し、花咲き、消え失せる。そうして〈全体〉はあなたなしに進んでゆく。あなたは自分をゆったりと自然にさせて、その〈全体〉といっしょに動いて行けないものだろうか?

私にとってはそれがサニヤシンだ。人々は私のところへ来ては、はっきりした決まりをくれと言う。「あなたは私たちをサニヤシンにするだけで、一度も決まりについて話してくれません。いったい私たちが何をすることを望んでるんですか?」と。

べつに何も望んじゃいない。私はあなた方にゆったりと自然でいてほしいだけだ。ただあなた自身でありきって、ものごとの起こるのにまかせてごらん。何が起ころうとも——何が起ころうと、無条件にだよ。良くても悪くても、不幸でも幸福でも、生でも死でも。何が起ころうと、それを起こらしめるのだ。あなたはただ出しゃばらないだけでいい。リラックスしていればいいのだ。全存在が進行している。それも完全無比に進行している。なぜあなたが自分のことで思い悩む?

改善の必要なんてどこにもない。変える必要などひとつもない。あなたはただゆったりと自然でいればいい。そうしたら改善はひとりでに起こる。そして、変化がついて来る。

そして、あなたは完全に変容するだろう。が、あなたの手でじゃない。もしそんなことをしようとしても、それはちょうど自分の靴のひもを引っぱって空に昇ろうとしているようなものだ。馬鹿げている。そんなことをやろうとしないこと。それはまるで、自分自身のしっぽをつかまえようとしている犬みたいなものだ。

冬の朝、太陽が昇った頃、そんなことをやっている犬がたくさんいる。みんな最初は静かに坐って楽しそうにしているのに、突如として自分のしっぽを横目に見る。どうもうまそうに見える(笑)。で、かわいそうなワン公たちに、どうしてそれが自分のしっぽだとわかる？　そして、あなた方も同じ穴のむじなだ。その同じ舟に乗り合わせているのだ。

その誘惑はとてもがまんできないほどになってくる。また、しっぽというのはなんともおいしそうだ。食べられそうだ。犬ははりきる。最初のうちはしっぽがびっくりしないように、とてもゆっくり、静かに……(笑)。ん？　ところが何をやっても、そのしっぽはスルッスルッと遠くに逃げてしまう。さあそうすると熱狂的なご活躍が始まる(笑)。そうするとワン公は全神経をとぎすませる。「このしっぽのやつは何を考えているんだろう？」それは挑戦になってくる。もう彼は跳びかかる。ところが、跳べば跳ぶほど、しっぽも跳びはねる、ワン公は半狂乱だ。

そして、これはまさしく精神世界の探求者たちが自分自身に対してやっていることのすべてだ。何から何までビューティフルな冬の朝に、自分のしっぽといたちごっこをして、不必要に自分のしっぽにかかずらわっている。

ひと息入れなさい。自然にゆったりとしてごらん。それに、自分のしっぽをつかまえられる人がどこにいる？　跳びかかれば、しっぽはそれといっしょに跳び上がる。そして、あなたは欲求不満になる。そうすると私のところへやって来て、「クンダリーニが上がりません」とくる（爆笑）。

私にどうしようがある？　あなたは自分のしっぽを追いかけて、その間にそのビューティフルな朝を逃しているんだよ。もししっぽともども静かに休んでいられたら、たくさんのハエがひとりでに飛んで来たことだろう。そして、それがいい朝ごはんになっただろう。なのにしっぽを追っかけたりするものだから、ハエまでびっくりしてしまった。そして、おいしい朝ごはんの可能性も逃げてしまった。

あなたはただ待てばいいのだ。ものごとは改善などされ得ないということをわきまえて――。それらはすでにそれがあり得る最高の状態にあるのだ。あなたはそれを楽しめばいいだけのこと。すべては〈お祝い〉の準備ができている。何ひとつ欠けてはいない。

馬鹿げた行動にとらわれては駄目だ。そして精神的改善などというのは、その最も馬鹿げたことのひとつなのだ。

人はただ自然のままにあるべし
マハムドラーはすべての容認と拒絶を越えたるがゆえに
もとより阿頼耶《アラヤ》の生ずることあらざれば

阿頼耶《アラヤ》というのは仏教用語だ。それは〈住みか〉を意味する。内なる住みか、内なる虚空。内なる空《そら》――

もとより阿頼耶《アラヤ》の生ずることあらざれば
誰もそを妨げ汚すこと能わず

心配することはないのだ。あなたの内奥無比なる実存は、決して生まれたことのないものであるからには、それは死ぬこともできない。それが決して生まれないものであるからには、誰もそれを汚せない。妨げられない。それは不滅なのだ。そして、〈全体〉があなたに生を与えてくれたからには、生というものが〈全体〉から来ているからには、どうして〈部分〉がそれを改善することなんかできる？〈源〉からすべては来ている。どこまでもその〈源〉に供給をまかせなさい。それに、その〈源〉は永遠だ。あなたは不必要に出しゃばっているのだ。そうしてあなたは、もうすでに海に向かって流れている川を押し流そうとしはじめる。

誰もそを妨げ汚すこと能わず

あなたの内なる純粋性は絶対だ。それは汚し得ない。これこそタントラの精髄《エッセンス》だ。あらゆる宗教が、あなたはそれを達成しなくてはならないと言うとき、タントラはそれはすでに達せられているのだと言う。あらゆる宗教が、あなたはそれを目指して重労働しなくてはならないと言うとき、タントラは、あなたのその大そうなご活躍のせいで、それを逃していているのだと言う。

どうか、ちょっとリラックスしてごらん。ただリラックスだけで、あなたは〈達成し得ざるもの〉を達成する。

誰もそを妨げ汚すこと能わず

あなたは何百万ということをしでかしてきたかもしれない。が、カルマ（業）のことなど心配しなくてもいい。なぜなら、あなたの内なる実存を不純にできる行為など、ひとつとしてありはしないのだから。これがイエスの処女出生神話の基盤だ。それは、イエスのお母さんマリアが処女だったということじゃない。それはひとつのタントラの姿勢なのだ。

それに、イエスはその旅絡でインドにやって来て、たくさんのタントラ家と邂逅した。そして、彼は、〈処女性〉というものが滅ぼされ得ざるものだという事実を理解した。

そして、あらゆる子供は〈処女〉から生まれ出て来る。キリスト教の神学者たちは、どうやってイエスが処女から生まれたということを証明するか、大そう頭を悩ませてきた。そんな必要は何もない。あらゆる子供は〈処女〉から生まれ出る。なぜなら、〈処女性〉というものは汚され得ないからだ。

どうして〈処女性〉を汚すことなんかできる？　ただふたりの人間が、夫と妻、あるいはふたりの恋人が、深い性的オーガズムにはいって行くだけで？　どうしてそれによって〈処女性〉を汚すことなんてできる？　内奥無比の実存は〈観照者〉のままだ。それはセックスに一役買ってなんかいない。

からだが出会う。エネルギーが出会う。心が出会う。そして、そこには至福に満ちた瞬間が生まれる。しかし、内奥無比の実存はその外で、ひとりの〈観照者〉でいるままだ。その〈処女性〉は汚され得ない。

さて、西洋では、どうやってイエスが処女から生まれたかを証明しようと、頭を悩ませている。が、私は言おう。いまだかつてひとりの子供といえども、〈処女〉の母親から生まれなかったものはない。あらゆる子供は〈純潔〉から生まれ出る。

あらゆる瞬間、あなたが何をしようと、あなたはその外にい続ける。どんな行為もあなたの〈傷〉になどならない。なり得ない。そして、一度リラックスしてこれを見抜いたら、もうあなたは何をするか、あるいは何をしないかなどに思い悩むことはない。そうしたら、ものごとにそれなりの進路を取らせてやるだけだ。そうしたら、あなたはただ白雲のように漂う。どこへ行くでもなく、ただただその動きを楽しんで——。さまようということ自体がビューティフルだ。

誰もそを妨げ汚すこと能わず
不出生の境界にありて
すべてのあらわれはダルマタへと溶解し

ダルマタ(法性《ほっしょう》)というのは、あらゆるものがそれ自身の根源的本性を持つという意味だ。もしもあなたが内なる〈住みか〉にとどまるならば、すべてはだんだんとそれぞれの自然な要素へと溶け去ってゆく。それを邪魔している張本人はあなただ。もしあなたがあなたの実存の内側に、アラヤに、内なる空《そら》に、その絶対の純潔にとどまっていたら……ちょうど空と同じように、雲が往来し、なんの痕跡も残らない。行為が往来し、想念が往来し、たくさんのことが起こる。しかし、内側の奥深いところでは何ひとつ起こらない。

そこにあなたはただ在る。ただ〈存在〉だけがそこにある。どんな行為もそこまで届かない。どんな想念もそこまで届かない。もしゆったりと自然に、その内なる〈住みか〉にとどまっていたら、だんだんとあなたは、すべての要素がそれ自身の本性へと還って行くのがわかるだろう。肉体は五つの要素でできている。地はだんだんと地に還り、空は空へ、火は火へ——。

それは死んだときに起こることだ。あらゆる要素がそれ自身への安らぎへと還る。ダルマタとはすべてのものの初源の本性のことだ。あらゆるものがそれ自身の〈住みか〉へと還る。あなたがあなたの〈住みか〉に還る。そうしたら、あらゆるものがそれ自身の〈住みか〉に還る。そうしたら、もう何ひとつ混乱はない。

世の中には、ふたつの生き方とふたつの死に方がある。ひとつは誰もがやっているように生きることだ。あらゆるものとごっちゃに混ざり、内なる空《そら》など完全に忘れ去って――。それからもうひとつ、内側に安らいで、初源要素の力がそれ自身の道を取るのを許す生き方がある。

からだは、飢えを感じれば動いて行って食べ物を探し求めるものだ。明けた(Enlightened)人はその〈住みか〉にとどまる。そのからだが空腹を感ずれば、彼はそれを見守る。からだが食べ物を求めて動きだせば、彼はそれを見守る。からだが食べ物を見つければ、彼はそれを見守る。からだが食べはじめれば、彼はそれを見守る。からだが食べ物を吸収して、満足する。彼はそれを見守る。彼は見守り続けて行く。彼はもう行為の主人公じゃない。彼は何をやっているのでもない。彼はやり手じゃない。

からだが渇きを感じる。彼はそれを見守る。からだが立ち上がって動いて行く。それはみな初源要素の力がそれぞれに働いている姿だ。あなたは不必要に、「私はのどが渇いた」

などと言っているのだ。あなたは渇いてなどいない。あなたは混線しているのだ。からだは渇いている。そして、からだはそれなりの進路を見つけ出すだろう。それはどこであれ、ちゃんと水のあるところへ動いて行く。もし内側にとどまっていれば、あなたはあらゆることがひとりでに起こるのを目のあたりにするだろう。

樹々でさえ、なんの自我《エゴ》も心も持たずに自分の水源を見つけ出す。根は伸びて行って水源を探り当てる。ときには何十メートルも離れたところまで、はるばる水源を求めて伸びて行くことさえある。そして、これは植物学者にとっては最も驚くべきことのひとつなのだ。なぜなら、彼らにはどうしてそんなことが起こるのか理解できないのだから——

一本の樹があって、北に三〇メートル離れたところに水源が、地中に隠れた小さな泉があるとする。どうやってその樹は、根が南ではなく、北に行かなくてはならないということを知るのだろう？　それも三〇メートルだ。見当さえ不可能なはずだ。それに樹は自分の心など持っていない。なんの自我《エゴ》もない。ところが本源の要素力——ひとりでにその樹は根を北に伸ばしはじめる。そしてある日、その水源にたどり着く。

樹は空に向かっても伸びる。アフリカのジャングルでは、樹木は実に高く伸びる。そうしなくてはならないのだ。なぜなら、森があまりにも密なために、もしそれだけ高く伸びなかったら、太陽と光と空気にたどり着くことができないからだ。そこで、彼らは高く高く高く伸びる。彼らは自分の道を探し求める。

樹々でさえその水源を見つけ出せるのだ。なんであなたが思い悩む？　イエスが、「見よ、野のゆりを想え。彼らは難儀しない」と言うのはそういうことだ。彼らは何をするわけでもない。が、すべてが起こる。

あなたがあなたの〈住みか〉の内にとどまるとき、あなたの要素力は、そのクリスタルな純粋性のもとに機能しはじめるだろう。あなたは手出ししなくていい。からだが飢えを感じれば、からだ自身が動く。そして、からだがそれ自身で動くのを見るのは、実にビューティフルだ。自分自身のからだが、それ自体で動いて水源や食べ物を見つけ出すのを見るのは、本当に最も素晴らしい体験のひとつだ。

そこに愛への渇きがあれば、からだはそれ自身で動く。あなたは自分の〈住みか〉の内側に坐り続ける。すると突然、行為というものがあなたに属しはしないのだということを知る。あなたはやり手じゃない、ただのものみだ。これがわかったら、あなたはもう〈達成され得ざるもの〉を達成している。これがわかったら、わかり得るものをすべてわかってしまっている。

不出生の境界にありて
すべてのあらわれはダルマタへと溶解し
自己意志と高慢は無の中に消滅せん

そして、ものごとがひとりでに起こっているのを目のあたりにするとき、その上どうしてあなたは自我《エゴ》をかき集めることなどできる？ それについてのプライドを？——飢えがそれ自身の道筋を通ってひとりでに満足になって行くとき、どうして「私」などと言うことができる？ 生がそれ自身の道筋に従ってひとりでに成就し、死と休息になって行くとき、「私が……」などというあなたは何者か？

高慢、自己、自己意志——すべて溶解する。そうしたら何といってやることはない。何といって意志することもない。あなたはただ内奥無比の実存の内に坐し、そして草はひとりでに生える。あらゆることがひとりでに起こる。

これを理解するのは難しいことだ。あなたは何かやらなければいけない。やり手でいて絶えず気張り、動きまわり、戦わなければいけないというふうに育てられ、教え込まれてきたのだから。あなたは、自分の生存のためには戦わなければいけない。さもなければ負けだ。さもなければ何も成し遂げられないだろうという、そんな雰囲気の中で育てられてきた。あなたは〈野心〉という毒を盛られて育ったのだ。

その上、西洋にはとりわけ実にナンセンスな〈意志力〉などという言葉が存在する。これはただただ馬鹿げている。世の中に意志力などというものは何もない。ただの幻想だ。夢だ。意志などというものの必要なんてどこにもない。ものごとはひとりでに起こる。それがものごとの本性なのだ。

臨済のマスターが亡くなった。そのマスターは有名な人だった。が、臨済はそのマスターよりまだ有名だった。というのも、そのマスターは静かな人で、実際のところ彼は臨済を通してたいそう高名になったのだった。

で、そのマスターが死んだ。そして臨済もまた明悟の人として知られていた。何千人もの参列者が、彼らの敬意を表し、最後の別れを告げるためにつめかけた。と、彼らはあの臨済が泣きわめき、嘆き悲しみ、その顔にはまるで母を失った幼な子のように涙が流れ落ちているのを見た。みんなわが目を信じることができなかった。悟りに達した人だと思っていたのに、その彼が小さな子供のように泣き叫んでいる。その人が無知ならこれも構わない。しかし、その人が目覚め、その人自身、内奥無比の本性は不死不滅だ、それは決して死なないと説いているとき、こはいかに？

臨済とごくごく近しい何人かの人たちが、彼のところに来て話をした。「それはまずい。人々があなたのことをどう思います？　もうすでに噂が立っています。みんなはあなたのことを悟った人だと考えていたのが間違いだったと思っています。あなたの地位そのものが危うくなっているのですよ。泣くのをやめなさい。それに、あなたのような人が泣く必要はないでしょう？」

臨済曰く。「しかし、私にどうすることができる？　涙は出てくる。それはそのダルマタだ。それを私がどうする？　私は受け容れているのでも拒絶しているのでもない。私は私自身の内にとどまっているのだ。いま、涙が流れている。それはどうしようもない。地位が危ういのならそれでいい。たとえ人々が私のことを悟っていないと思おうと、それは彼ら自身の問題だ。が、私に何ができる？　私はもうずっと前にやり手を離れた。もうどこにもやり手はいない。それはただ起こっているにすぎない。この目はひとりでに泣き悲しんでいるのだ。この目にはもうあのお師匠さんは二度と見れまい。あの人はこの目にとっては肥やしだったのだから——この目はそれを糧にしていた。魂が永遠なのはよく知っている。誰ひとり決して死にはしない。だが、この目にどうやってそれを教える？　何を言って聞かせる？　こいつらは聞きやしない。こいつらは耳など持ってない。どうやってこの目に、泣くな悲しむな、生命は永遠だと教える？　それに、私は何様か？　それはこいつらの仕事だ。こいつらが泣きたかったら泣くがいい」

ゆったりと自然でいるというのはこういうことだ。ものごとが起こる。あなたはやり手じゃない。受け容れも拒絶もせず——自己意志は溶け去る。意志力というまさにその概念自体、空しく無力なものとなる。それはただただ朽ち果てる。そして、高慢は無の中に消え去る。

明けた(enlightened)人間を理解するのは難しいことだ。どんな観念も役に立たない。あなたは臨済をどう思う?

彼は言う。

「わかっている。だが、目が泣いているのだ。泣かせておこう。そうすれば気が済むだろう。それに、こいつらには二度と再びあの人を見ることはできない。あのからだはもうすぐ焼かれてしまう。そして、この目はあの人に育まれてきたのだ。そして、こいつらはあの人以外の美も魅力も知らなかったのだ。こいつらはあの人の姿かたちにあまりにも長く育まれてきすぎた。いまとなれば、こいつらが飢え渇くのも無理はない。いまとなれば、こいつらが自分の土台そのものが地下に消え失せようとしていると感じるのも無理はない。せいぜい泣かせておくさ」

自然な人間というのは、ただ内側に坐り、ものごとが起こるのを許すものだ。彼はするということをしない。そして、ティロパは言う。「そうしてはじめて、マハムドラーは現われる」と。

最終的な、存在との全く最終的なオーガズムだ。そうしたら、あなたはもう別々じゃない。そうしたら、あなたの内なる空《そら》は外なる空とひとつになっている。もうふたつの空があるんじゃない。ひとつの空だけだ。

Enough for today ?
(今日はこのぐらいでいいかな?)

＊1　インドでヒンドゥー教と並ぶ伝統的な宗派。

＊2　仏陀と同時代のジャイナ教の大聖。

第十話　大いなる海——終わりなき旅の終わり

マハムドラーの詩《うた》は続きます……

至高の理解は
かれこれの一切を超越し
至高の行為は
執着なくして大いなる機知を抱く
至高の成就とは
望みなくして内在を知ることなり

はじめヨーギは
おのが心の滝のごとく転落するを感じ
中ほどにてはガンガー* のごと
そはゆるやかにやさしく流れ
ついに、そは大いなる海なり
息子と母の光がひとつに溶け合うところ——

＊ ガンジス河のインド読み。

誰もが自由のもとに生まれ、にもかかわらず束縛の中で死んでゆく。生のはじめは完全にゆったりと自然だ。が、それから社会がはいり込んで来る。それから、ルールや規則や道徳や掟という、いろいろな種類のトレーニングがはいり込んで来る。そうして、その自由さや自然さ、そして、その内発的な実存は失われてしまう。人は自分自身のまわりに一種よろいのようなものをかき集めだす。人はだんだんと硬直しはじめる。内なるやわらかさはもう見えない。

自分の実存の境界線のところに、人は要塞じみた現象をつくり上げる。身を守るために、傷つきにくいように、保身と安全のための反応ができるように——。そして、実存の自由は失われる。

人は他人の目を見はじめる。彼らの是認、彼らの否定、彼らの認識がどんどんと価値のあるものになってくる。〈他人〉が規準になる。そして、人は他人を真似、従いはじめる。他人といっしょに生きるのは避け難いことだからだ。

そして、子供というのはとても柔軟だ。子供はどのようにでも形づくられ得る。それを、社会が成型しはじめる。両親、先生、学校――。そうして、少しずつ彼は一個の〈人格〉になってゆく。実存じゃなく――。彼はすべてのルールを学ぶ。保守主義者になるか、それも束縛だ。それとも反逆者になるか。それもまた別な種類の束縛だ。

もし保守派、正統派、いわゆるスクエアになるとしたら、それはひとつの束縛だ。彼はそれに反発してヒッピーになることもできる。反対の極端に走ることもできる。しかし、それもまた一種の束縛だ。なぜなら反発というのは、それが反発する対象と同じものに依存しているからだ。

あなたは世界の最果てまで行くかもしれない。が、心の奥深くではその同じルールに逆らっているにすぎない。ほかの人はそれに従っている。あなたはそれに逆らっている。しかし、焦点は同じルールに当てられたままだ。反動派であれ革命派であれ、みな同じ舟に乗っている。彼らは互いに対立し、背を向け合って立っているかもしれない。だが、乗っている舟は同じだ。

宗教的人間というのは反動でも革命家でもない。宗教的人間というのはただただゆったりと自然だ。彼は何かに賛成しているわけでも反対しているわけでもない。彼はただ彼自身であるだけだ。彼には従うべきルールも否定すべきルールもない。ただ単に、彼はルールなど持っていないのだ。

宗教的人間というのは、彼自身の実存の内に自由なのだ。彼は習慣だの条件づけだのという鋳型など何も持っていない。彼は文化に飼い馴らされた存在じゃない。だからといって、文明化されてなくて未開だというのでもない。彼は文明や文化の最高の可能性だ。だが、文化づけされた存在じゃない。彼はみずからの覚醒のもとに成長したのであり、どんなルールも必要とはしない。ルールを超越してしまったのだ。

彼が正直であるのは、それがルールだからじゃない。ゆったりと自然でいたら、ただ正直であったというだけのこと。たまたま正直ということになったのだ。彼には慈悲がある。それは彼が、「慈悲深くあれ」という教理に従っているからじゃない。

それは違う。ゆったりと自然でいたら、彼はただ慈悲がまわり中にあふれ出すのを感じるだけだ。彼の側で為されることなど何もない。それは覚醒への成長の副産物にすぎないのだ。彼は社会に賛成でもなければ反対でもない。彼はただそれを超えているのだ。彼はふたたび子供になった。完全に未知の世界の子供。新しい次元の子供。彼は生まれ変わったのだ。

あらゆる子供はみな自然に、ゆったりと生まれる。ところが、そこに社会がはいってくる。ある一定の理由ではいり込んでこなければならないのだ。それは何も悪いことじゃない。というのも、もし子供が彼のまま、あるいは彼女のままで放っておかれたら、その子は決して成長しないだろう。そして、その子は絶対に宗教的な人間にはなれない。彼はただけものみたいになるだけだ。

社会ははいり込んでこなければならない。社会は通過されなければならない。それは必要なのだ。ただひとつ覚えておかなくてはならないのは、社会とは通り過ぎるべき通路にすぎないということだ。そこに自分の家を建てるべきじゃない。

ただひとつ覚えておかれねばならないのは、社会というのは一度従われ、そして次には超えられなければならないものだということだ。ルールは学ばれ、そして忘れられなくてはならない。人生にルールはつきものだ。世の中には他人というものがいるのだから。あなたはひとりっきりじゃない。

子供が母親の胎内にいるときには、完全にひとりっきりだ。なんのルールもいらない。ルールというのは他人が関係してきたときはじめて出てくる。ルールというのは関係とともにやってくる。それというのも、ひとりっきりじゃないからには、あなたは他人のことも考えなくてはならないし、他人のことも勘定に入れなくてはならないからだ。

母親の胎内では子供はひとりっきりだ。なんのルールも、なんの道徳も、なんの規律もいらない。なんの秩序もいらない。しかし、生まれ落ちたその瞬間から——最初の一息ですら、それは社会的なものとなる。もしその子が泣かなければ、医者は即座に泣かせようとするだろう。数分の間に泣かなければ死んでしまうからだ。子供は泣かなくてはならない。その泣き声が呼吸を可能にする気道を開くからだ。それが喉をきれいにする。彼は無理にでも泣かされなくてはならない。最初の一息ですら社会的なものなのだ。そして、そこには〈他人〉が待ち構えていて、もう成型が始まっている。

それには何も悪いところはない！　それは為されなければならないのだ。ただし、それはその子が決して彼の覚醒を失わないように、彼がその教化パターンと一枚になってしまわないように、内側の深いところでは自由のままでいるように、ルールには従わなければならないけれど、ルール自体は人生じゃないということがわかるように、そして、それでもルールは教えられなくてはならないのだということがわかるように、そんなかたちで為されなくてはならない。

それは〈良き社会〉というものが行なうであろうことだ。それはこう教える。「こういうルールはいいものだ。世の中には他人というものがいるんだから。しかし、それは絶対じゃないし、あなたはそれに閉じ込められている義務があるわけでもない。ある日、あなたはそれをも超越しなくてはならないのだ」と。

社会というのは、それがその成員に、文明と、そして超越の両方を教える限りにおいて悪いものじゃない。そのとき、その社会は宗教的な社会だと言える。もしそれが全然超越を教えないとしたら、その社会はただ単に俗な、政治的な社会でしかない。そこには宗教のかけらもない。

あなたは、ある一定の範囲までは他人の言うことに耳を傾けなくてはならない。そして、それから今度は自分自身に耳を傾けなくてはならない。最後には、初源の状態に還って来るべきなのだ。死ぬまでに、あなたはもう一度無垢な子供になるべきなのだ。ゆったりと自然な子供に――。なぜなら、死においてふたたび、あなたはひとりぼっちの次元にはいって行くからだ。ちょうど胎内にいたときと同じように。

死において、もう一度あなたはひとりぼっちの領域にはいってゆく。なんの社会もそこには存在しない。そして、一生涯のうちにあなたは、ただ目を閉じて社会を超えてしまうスペース、自分自身の中へ、自分自身の胎内へとはいってゆくいくつかの空間《スペース》を、砂漠の中のオアシスのようないくつかの瞬間を、見出さなくてはならない。これが瞑想の何たるかだ。

社会はそこにある。が、あなたはただ目を閉じて社会を忘れ、ひとりになる。どんなルールもそこには存在しない。なんの人格もいらない。なんの道徳も、どんな言葉も。あなたは内側でゆったりと自然になることができる。

そのゆったりとした自然さに向かって成長してゆきなさい。たとえもし外的な規律の必要があっても、内側では野性のままでいるのだ。もし人が、内側では野性のままでいながら、しかも社会の中で必要とされることは習い覚えることができたら、やがて彼は、すんなりと超越してしまえるあるポイントに行きつけるだろう。

私はこれからひとつ話をして、その後で経文にはいっていくことにしようと思う。これはスーフィの逸話だ。

ひとりの老人とひとりの若者がロバを連れて旅をしていた。彼らはとある町に近づいた。彼らはふたりともロバといっしょに歩いていた。と、学校帰りの子供たちがすれ違い、くすくす笑って言う。「あの間抜けどもを見ろよ。あいつら丈夫なロバを連れてるくせに歩いてるぜ。せめてじいさんのほうくらいロバに乗ればいいのにな」

この子供たちの言うのを聞いて、老人と若者は言った。「どうしよう？　人が見て笑っているし、もうすぐ町にはいるんだから、彼らの言うことに従ったほうがよさそうだ」。そこで老人がロバにまたがり、若者はその後に続いた。

さて今度は別な人々の一団に近づくと、彼らは彼らでこっちを見て言う。「見てごらん！年取ったほうがロバに乗って、かわいそうな男の子は歩いているぜ。これは馬鹿げてる。年寄りは歩ける。でも、子供はロバに乗せてあげなくちゃ」

そこで彼らは交代した。老人は歩きだし、若者がロバに乗せてもらった。

するとまたもう一団がやって来て、「見ろよ、あの間抜けども。それにあの子はなんだい、恥知らずな。たぶん年寄りのほうは自分の父親か先生なんだろう。それなのに、あっちは歩いて自分はロバに乗ってるなんて、礼節も何もあったもんじゃない！」

さあどうする？　彼らはふたりとも、こうなっては可能性はただひとつしかないと心に決めた。ふたりでロバにまたがるのだ。そこで、彼らはそろってロバに乗った。

すると、また別な人たちが来て言う。「あいつらをごらん。あんまりじゃないか！　かわいそうに、ロバのやつはいまにも死にそうだ。一頭のロバにふたりなんて。いっそのこと自分たちでロバをかついだほうがいいのに」

そこで彼らは再度話し合った。ちょうどそこには川があり橋がかかっていた。もうほとんど町のはずれまで着いていたのだ。そこで彼らは、「町の中では人々の思うとおりに振舞ったほうがいい。さもなければ、みんなに馬鹿にされるだろう」と考えた。そこで、彼らは竹を一本見つけてきて、肩にそれをかけ渡し、ロバを逆さ吊りにしてその竹ざおにしばりつけ、それを運ぶことにした。

ロバはいやがって逆らう。ロバにふさわしくね――。彼らはそう簡単に言うことを聞く動物じゃない。ロバは逃げ出そうとがんばった。彼氏は世間とか人がどう思うかなんていうことを気にかけてはいないからだ。それなのに、くだんのふたりはあんまりなことをして、彼氏を力づくで思うままにしようとする。それではロバも折れないわけにいかない。

ちょうど橋の真ん中まで来ると、大勢の人々ががやがやとたかって言った。「なんていう馬鹿どもだろう！　こんな低能は見たことがない。ロバっていうのは乗るためにあるんで、肩にかつぐものじゃない。気でも狂ったのかい？」

これを聞いてまたまた大変な人だかりができた。ロバは落ち着きを失い、もうたまらなくなって跳び上がり、橋からもんどりうって川に落ち、とうとう死んでしまった。ふたりが橋から降りて来て見ると、ロバは死んでいる。その脇に腰をおろすと老人が言った。

「さあ、お聞き……」

これはありきたりの話じゃない。その老人はスーフィのマスターで、悟達の人だった。そして、若者はその弟子であり、老人は彼に教訓を与えようとしていたのだった。というのも、スーフィたちは状況をつくり出して教えるのをつねとしているからだ。そこに状況がなかったら、ものごとを深く学ぶことはできないというのが彼らの持論だ。

だから、これはその若者のためのひとつの状況づくりにほかならなかった。おもむろに老人は言う。「ごらん。このロバとちょうど同じように、人の言うことに耳を貸しすぎたらお前はくたばってしまうだろう。他人の言うことなど気にするな。なぜなら、他人など何百万人いるか知れないし、彼らはみなそれぞれ自分の心《マインド》を持っていて、ひとりひとり何かしら違うことを言うだろうから——。ひとりひとりが自分の意見を持っている。そんな意見を聞きはじめたら、それがお前の最期だ」

誰に耳を貸すこともない。あなたはあなたでいるのだ。他人など迂回してしまいなさい。無関心でいなさい。誰もに耳を傾け続けようものなら、誰もがあなたをあっちこっちと小突きまわすだろう。あなたは決してあなたの内奥無比の中心《センター》まで行き着けまい。

誰もがおかしく（Eccentric）なっている。この英語はとてもビューティフルだ。これは中心をズレているという意味だ。そして、我々はこれを狂った人に使う。しかし、実際は誰もがおかしい（Eccentric）——軸はずれだ。それも、あらゆる人があなたを小突きまわすのだから。

全世界があなたをおかしくさせる後押しをする。お母さんは北へ行けと小突く。お父さんは南へ行けと小突く。おじいさんは何か別なことをやる。お兄さんはまた別。奥さんはもちろんまた何か違う。そうやって、誰もがあなたを力づくでどこかへ行かせようとしているのだ。

だんだんと、あなたがどこにもいられなくなる瞬間が来る。交差点のど真ん中に立って、北から南へ押され、南から東へ押され、東から西へ押され、どこへ行きようもない。だんだんと、これがそっくりあなたの状況のすべてになってしまう。あなたはおかしく(Eccentric)なる。

これがあなたの現状だ。そして、もしあなたが他人に耳を貸すばかりで自分の内なる中心《センター》に耳を傾けなかったら、この事態は引き続くだろう。瞑想というものはすべて中心《センター》が据わるためにある。エキセントリックにならないため、あなた自身の中心《センター》におさまるためだ。

あなたの内なる声を聴きなさい。それを感じなさい。そして、そのフィーリングといっしょに動くのだ。だんだんとあなたは、他人の意見など一笑に付すことができるようになる。あるいは、単に無関心になれるようになる。

それに、いったん中心《センター》が据わってしまえば……あなたはパワフルな実存と化す。そうしたら、もう誰もあなたを小突きまわすことなんかできない。そうしたら、誰にどこへ押しやられることもない。ただもう誰もあえてそんなことをしようとしなくなる。中心《センター》に据わったあなたの力の前には、意見を持ってやって来た人も、あなたのそばに来るとけろりとその意見を忘れてしまうほどだ。あなたをどこかへ押しやろうとやって来る人も、けろりとそれを忘れてしまうほどだ。むしろあなたの近くに来ただけで、その人はあなたに圧倒されそうになる。

たったひとりの人間が、社会全体、歴史全体が力をふりしぼっても、一寸たりとも動じないほどパワフルな存在になれるのは、そういうことなのだ。それが仏陀の存在であり、それがイエスの存在なのだ。あなた方にイエスを殺すことはできても、彼を動かすことはできない。そのからだを破壊することはできても、一寸たりとも彼を動かすことはできない。

彼が強硬だとか頑固だというわけじゃない。違う。ただ彼は彼自身の実存に据わっているのだ。そして、彼は彼にとって何がいいことか、何が至福に満ちているかを知っている。それはすでに起こっている。もう彼をそれ以上新しい目標にそのかすことなどできない。

いかなる商売上手でも、彼をほかのどんな目標におびき寄せることもできない。彼は彼の〈わが家〉を見つけている。彼はしんぼう強くあなたに耳を傾けることはできる。が、あなたには彼を動かせない。彼は据わっている。

この中心《センター》に据わるということこそ、自然でゆったりとしていることへの第一歩だ。そうでないと、もしあなたが自然でゆったりとしていようものなら、誰にどこへ連れて行かれるかわかったものじゃない。

子供たちが、自然でゆったりとしていることを許されないのはそのためだ。彼らはまだそこまで成熟していないのだ。もし自然でゆったりとして、そこら中かけまわっているだけだったら、彼らの人生は無駄になってしまう。だからこそ、私は社会というものは大事な役割を果たしていると言う。それが彼らを守ってくれる。細胞膜のような〈人格〉が、彼らの砦になってくれる。彼らにはそれが必要だ。彼らはとても傷つきやすい。誰に壊されてしまうかわからない。世の中には数えきれない人間がいる。子供たちは自分の道を見つけることもできまい。彼らには〈人格〉というよろいかぶとがいる。

もしその人格かぶとがあなたの生のすべてになってしまったら、そのときもあなたはお終いだ。あなたはその砦になってしまうべきじゃない。あなたはあるじのままでいるべきであり、その砦からいつでも出られるままでいるべきなのだ。さもなければ、それは防壁じゃない、牢獄になってしまう。

あなたは、自分の〈人格〉から抜け出す力を持っていなくちゃいけない。あなたは、自分の〈原則〉を脇にのける力を持っていなくちゃいけない。もし状況がそれを要求したときには、まったく新たな応え方をできる力を持つべきなのだ。もしこの能力をなくしたら、もうあなたは固まってしまう。そうしたら、ゆったりとなどしていられない。もしこの能力がなくなったら、そのときあなたは不自然になってしまう。そうしたら、あなたは柔軟じゃない。

柔軟性こそ若さだ。硬さは老いだ。柔軟であればあるほどそれだけ若い。硬ければ硬いほど老いている。死は絶対的な硬直だ。生は絶対的な自由であり、柔軟性だ。これを頭に置き、そうしてティロパを理解しようとするがいい。彼の最後の言葉だ――。

至高の理解は
かれこれの一切を超越し
至高の行為は
執着なくして大いなる機知を抱く
至高の成就とは
望みなくして内在を知ることなり

実に実に意味深い言葉だ。

至高の理解は
かれこれの一切を超越し

知識というものはいつも、これについてかあれについてかのどちらかだ。理解というのはそのどちらでもない。知識というのはつねに二元対立にもとづいている。

善人がいるとする。彼は何が善であるかを知っている。もうひとり悪人がいる。彼は何が悪であるかを知っている。しかし、両方とも断片的でしかない。半欠けだ。悪の何たるかを知らないために、その善人は全体的じゃない。彼の善は貧しい。その善は悪の与えてくれる洞察を欠いている。悪人もやっぱり半欠けだ。彼の悪は貧しい。彼が善の何たるかを知らないために、それは豊かじゃない。そして、生とはその両方を合わせたものなのだ。

本当の理解の人は善くも悪くもない。彼には両方がわかる。そして、まさにその理解の中で、彼はその両方を超越する。聖者とは善人でも悪人でもない。彼を何かのカテゴリーに限定することはできない相談だ。彼に合う整理箱などありはしない。彼は分類できないのだ。彼は捉えどころがない。彼はつかまえられない。

それに、彼について何を言ってみても、それはみな半分でしかないだろう。決してトータルなものじゃない。聖者には友人や信者がいて、その人たちは彼のことを神様だと思うかもしれない。それは彼らが善い部分ばかり見ているからだ。そして、聖者にはまた敵や反対者もいて、その人たちは彼のことを悪魔の生まれ変わりだと思うかもしれない。それは彼らが悪い部分しか知らないからだ。だが、もしひとりの聖者を本当に知ったなら、彼はそのどちらでもない。あるいは、その両方いっしょだと言ってもいい。そして、それは同じ意味なのだ。

もし善と悪の両方であったなら、あなたはそのどちらでもない。なぜなら、そのふたつはお互いに殺し合い、打ち消し合い、そして虚空が残るからだ。この概念は西洋人にはとてもわかりにくい。なぜなら、西洋の精神は神と悪魔を完全に分けてしまったからだ。悪いことはなんでも悪魔に属し、善いことはなんでも神に属する。彼らの領土は区切られている。天国と地獄が切り離されている。

キリスト教の聖人たちが、タントラの聖者たちの前では少し貧弱に見えるのはそのせいだ。というよりすごく貧弱だ。ただ善であるだけ。単純——彼らは生のほかの側面を知らない。彼らがいつもそのほかの側面を怖がっているのはそのためだ。いつも恐怖におののいている。

キリスト教の聖人は、年中神に自分を悪魔から守ってくれるように祈っている。悪魔がいつもすぐそこの角にいる。彼はそれを避けたのであり、もし何かを避けたりすれば、絶えずそれが心に引っかかっているのは当然だ。彼は怖い。ふるえている。

ティロパはふるえることなんか知らない。怖いものなしだ。それに、彼は決して神のところへ、自分を守ってくれなどと祈りに行ったりしない。彼は守られてある。彼のお守りは何だろう？　理解が彼のお守りだ。彼はすべてを生きた。彼は魔の果ての果てにも行き、そして聖なるものも生ききった。いまや彼は、そのふたつが同じもののふたつの側面でしかないことを知っている。そして、いまや彼は善にも悪にも気を病んでいない。いまや彼は、ゆったりとした自然な、シンプルな生を生きる。あらかじめ決まった観念なんかない。そして、彼は予知不能だ。

ティロパのような人を占うことはできない。聖アウグスティヌス[*1]なら占える。ほかの聖人たちなら占える。しかし、タントラの聖者は占えない。無理だ。ただただ予知不能だ。なぜなら、一瞬ごとに彼は応えるのであり、それも、どういうふうにか誰にもわからないからだ。誰にもわからない。彼自身でさえ知らない。それがその美しさだ。

というのは、もし自分の未来を知っているようだったら、そのときあなたは自由人じゃない。そうしたら、ある一定のルールに従って動いているだけだ。そうしたら、あなたは既製品の〈人格〉を着て歩く。そうしたら、なんらかのかたちで、あなたは反応しなければならない。感応じゃなく――。

ある状況において、ティロパがどうするかを言い当てられる人など誰もいない。それは状況次第だ。丸ごと全体の状況がその感応をもたらす。それに、彼にはなんの好きもなんの嫌いもない。これもあれもない。彼は行為するだろう。反応じゃない。彼は自分の過去をもとに反応するのじゃない。彼は自分の未来観に従ったり、自分自身の理想から反応するのじゃない。彼はいまここに行為する。その感応はトータルなものだ。何が起こるか……誰にも言えない。理解は二元対立を超越する。

あるとき、ティロパがとある洞窟にいるところへ、通りがかりの、ある特定のタイプの探求者が訪れて来たという。ティロパは食事中で、それも、器には人間の頭蓋骨を使っていた。その旅人は怖くなってしまった。それは薄気味悪かった（笑）。それに、彼は聖者に会いに来たのに、この男は何か黒魔術の世界の人のようにも見える。人間の頭蓋骨で、彼はおいしそうに食べている。その上、犬が一匹ティロパの脇に坐っていて、その犬までいっしょに同じ器から食べている。

そして、この旅人がやって来たのを見ると、ティロパはいっしょにやろうと手招いた。「ここにおいで」と彼は言った。「実に素晴らしい。あなたはちょうどいいときに来たよ。なぜって、これが私の持ってる全部なんだから。一度なくなったら二四時間何もない。明日になってはじめて誰かが何か持って来るかもしれない。だから、ここへ来て、いっしょにやりなさい」

その男はとても胸が悪くなった。人間の頭蓋骨、その中に食べ物。その上、犬までご同席！——。その男は、「胸が悪くなります」と言った。

ティロパ曰く、「それだったら、できるかぎり急いでここから逃げ出すがいい。全速で駆け出して決してふり返るんじゃないよ。なぜなら、それではティロパはあなたには合わないからね。なんでこの頭蓋骨に胸を悪くするのかね？　あなただってそれを実に長いことくっつけているのに。私がそれで食べ物を食べるどこがおかしい？　これは一番清潔なもののひとつじゃないか。それに、あなたは自分の中の頭蓋骨には胸を悪くしないんだね？　あなたの心《マインド》はそっくり……あなたの麗わしき考えやあなたの道徳、それにあなたの善や聖人らしさは、みんなその頭蓋骨の中にあるんだろう？　私はそれで自分の食事をしているだけじゃないか？　それに、あなたの天国や地獄、あなたの神々やブラーフマン[*2]は、みんなあなたの頭蓋骨の中にあるんだろう？　そういうものはいままでに完全に汚れきってしまったに違いない。あなたはそれに胸を悪くすべきだよ。それに、あなたは自分自身その頭蓋骨の中にいるのだろう？　なんで胸を悪くするのかね？」

その男はなんとか言い逃れて理屈をつけようとした。彼は「頭蓋骨のせいじゃなくて、この犬のせいなんです」と言った。ティロパは笑ってきり返す。「あなただって過去生じゃ犬だったこともあるんだよ。誰もがあらゆる段階を通らなくちゃならないのだ。それに、犬であることのどこがおかしい？　そして、あなたの中にあるものと犬の中にあるものとどこが違う？　同じ強欲、同じ性欲、同じ怒り、同じ暴力、攻撃性、同じ恐怖――なんで自分のほうが上だというふりをするのかね？」

　ティロパを理解するのは難しい。彼には醜いも美しいも意味をなさないからだ。彼には純粋も不純もない。彼には善も悪もない。彼には〈全体なるもの〉の理解がある。知識は部分的、理解はトータルだ。そして〈全体なるもの〉を目のあたりにするとき、一切の差別は落ちてゆく。

　何が汚くて、何がきれいか？　何が善くて、何が悪いか？　一切の差別は、あなたに〈全体なるもの〉の鳥瞰的視界があれば、ばっさりと落ちてゆく。そうしたら、すべての境界線は消え失せる。それはまるで飛行機からの見晴らしだ。そうしたら、どこがパキスタンでどこがインドか？　どこがイギリスでどこがドイツか？すべての国境はなくなって、全地球がひとつになる。

そしてもし、宇宙船に乗ってさらに高く舞い上がり、月から見たら――地球全体が実に小さくなってしまう。どこがソ連でどこがアメリカか？　そして、誰が共産主義で誰が資本主義か？　そして、誰がヒンドゥー教徒で誰が回教徒か？　高く上がれば上がるほど差別は少なくなる。そして、理解というのは最高のものだ。もうその上は何もない。

その最高の頂きから見たら、何から何までみんな同じになってしまう。ものごとは出会い、溶け合い、そしてひとつになる。境界が失われる……源も知れない果てしなき大洋だ。永遠――

至高の理解は
かれこれの一切を超越し
至高の行為は
執着なくして大いなる機知を抱く

ティロパはゆったりと自然であれと言う。だが、その言葉で彼は怠惰になって眠ってしまえと言ってるんじゃない。反対に、ゆったりと自然であるときには、多くの機知があなたに湧いてくる。あなたはものすごく創造的になる。そこに行動はないかもしれない。そこには行為がある。憑かれたような仕事への熱狂はないかもしれない。が、あなたは素晴らしく機知にあふれ創造的になる。あなたは何百万というさまざまなことを成す。どんな強迫観念のせいでもなく、ただ創造しなくてはいられない大変なエネルギーに満ちあふれているがために——。

創造性というものは、ゆったりと自然である人間には容易に訪れる。彼が何をしようとそれは必ず創造的な現象となる。彼が触れるところすべて、それは一片のアートとなる。彼がしゃべることはすべて一篇の詩となる。まさに彼の動きそのものが美的だ。

もしあなたに仏陀の歩く姿が見られたら、その歩行さえもが創造性であるのがわかるだろう。その歩行を通してすら、彼はあるリズムをつくり出している。その歩行を通してすら、彼はある雰囲気、そのまわりにある環境をつくり出している。もし仏陀が手を上げたら、彼はたちまち周囲の空気を変えてしまう。彼がそういうことをやっているのではない。それはただ起こっているだけだ。彼はやり手じゃない。

穏やかに、内側に据わり、平静で、落ち着いて、内側にまとまり、降り注ぐ無限のエネルギーに満たされ、あらゆる方向にあふれ出す。彼の一瞬一瞬は創造性の瞬間だ。宇宙的な創造性の瞬間だ。それを覚えておくといい。覚えておかれなくてはならない。そうでないと誤解する人が大勢いるからだ。彼らはなんの行動もいらないのだから、なんの行為もいらないのだと思い込みかねない。〈行為〉というのはまるっきり違った質を持っているものだ！　〈行動〉は病的だ。

精神病院に行くと、行動をやっている人たちを見ることができる。どの人もみな何かしらやっている。なぜなら、それが自分を忘れられる唯一の道だからだ。ある人が清潔を奉ずるがために、一日三千回 手を洗うのを見つけるかもしれない。実際のところ、もし一日三千回 手を洗うのを止めさせたら、彼はたまらなくなってしまうだろう。それはあんまりだ――。これが逃避というものだ。

政治屋、富や力を追い求めている人たち、彼らはみんな狂人だ。彼らを止めることはできない。というのも、もし止めたりしようものなら、彼らは何をしていいかわからなくなってしまうからだ。そうしたら今度は、自分自身に投げ返されてしまうことになって、それはたまらないのだ。

私の友人のひとりがあるとき私に、彼らが夫婦そろってあるパーティに行かなければならなったときのことを話してくれた。そして、彼らには小さな子供がいた。とても素晴らしい子供で、もちろん、子供のつねとしてごく活発だ。そこで、彼らは部屋に鍵をかけて、その子に「もしいい子にしていて、何も家の中を荒らさなかったら、なんでも好きなものをあげる。それに、一時間以内に戻るから」と言って聞かせた。

その子はそそのかされた。何でも欲しいものをもらえる——そこで彼は本当にいい子にふるまった。実際のところ、彼は何ひとつしなかった。彼はただ部屋の隅につっ立っていた。というのも、「何をしたってまずいことになりかねない……大人の心《マインド》ってやつは誰にもわからない。何が間違いで何がいいのか。それに彼らは自分の意見もくるくる変える……」。そこで、彼はまるで瞑想家みたいに目をつぶって立っていた。

そこへ夫婦が帰って来てドアが開いた。と、彼氏が隅っこに立っている。こわばって

——。彼は目を開けると親たちを見た。彼らが「いい子にしてたの?」と聞くと、彼が言うには、「うん。実際ぼくはいい子にしすぎて、自分でもたまらないくらいだったよ」(笑)。それはあんまりだった。

行動にとらわれすぎている人たちというのは自分自身が怖いのだ。行動というのはある種の逃避なのだ。彼らはその中に自分自身を忘れてしまえる。それはアルコール的だ。それは一種の麻酔剤だ。〈行動〉は落とされなくてはならない。それは病的なものだからだ。そあなたは病んでいる。〈行為〉は落とされる必要はない。行為というのはビューティフルだ。

行為とは何か? 行為とは感応だ。それが必要とされるとき、あなたは行為する。それが必要でないとき、あなたはリラックスする。いま現在、あなたは必要もないいろいろなことをやっているのだ。そしていま現在、リラックスしたくてもあなたはリラックスできない。行為の人、トータルな行為の人は、行為する。そして、その状況が過ぎれば、リラックスする。

私はあなた方に向かってしゃべっている。しゃべるというのは行動にも行為にもなり得る。世の中にはしゃべるのをやめられない人たちもいる。彼らはやめない。しゃべり続ける。たとえもし口を押さえつけたとしても、内側ではなんの変わりもない。彼らはさえずり続けるだろう。それはやめられない。これが〈行動〉だ。熱病的な強迫——。

あなた方がここにいて、私はあなた方に話をする。私自身ですら、これから私が何をしゃべろうとしているのかさえ知らない。その言葉が声になって出るまでは、私自身ですらそれがどうなるかわからない。あなた方だけが聴き手じゃない。私もまた、ここで聴き手になっている。

何かしゃべってからはじめて、私は自分がそれを言ったということがわかる。私が何を言おうとしているかは、あなたにも予知できなければ私にも予知できない。次の文句すら頭の中にはない。それをもたらすのはあなた方の状況なのだ。

だから、私が何を言うにしろ、私ひとりに責任があるのじゃない。覚えておきなさい、あなたもまたそれには半分責任がある。それは半々なのだ。あなたが状況をつくり、私が行為する。だから、もし私の聴衆が変われば、私の話も変化する。あなた方次第なのだ。

なぜなら、私にはあらかじめ成型されたものなど何もないのだから。

何が起こるか私にもわからない。それが私にとっても素晴らしいことであるのはそのためだ。それは感応であり、行為なのだ。あなた方が去ってしまえば、私は私の〈住みか〉の内に坐る。ただのひとことすら、内なる空《そら》には浮かんで来ない。問題はあなたなのだ。

だから、ときどきこんなことが起こる。人々がやって来て言う。「私たち、ある質問をしようとしてたんですけど、あなたはもうそれに答えてしまいました」。そして、毎日のようにそれが起こる。それはいまも起こっている。

あなたがある特定の疑問を持っているとする。あなたはあなたのまわりにその疑問の空気をつくり出す。あなたはその疑問でいっぱいになってやって来る。さあ、そうしたら私はどうする？　私はそれに応えざるを得ない。ずばり、あなたの疑問が状況をつくり出す。そして、私はそれに感応せざるを得ない。

あなた方の疑問の多くが、すんなりと解かれてしまうのはそのためだ。もし何か解決されない疑問があるとしたら、その原因はどこかあなたの中にあるに違いない。あなたはそれを忘れていたのかもしれない。朝、それは心にあったのに、この部屋にはいったら忘れてしまった。あるいは、疑問がいろいろとあって、厳密にはどの疑問を尋ねるべきかはっきりしていなかった。あなたは混乱していた。もうろうとして、曇っていた。もしあなたが自分の疑問について確かであれば、答えは出て来る。

それは何ひとつ私の側でやることじゃない。それはただ単に起こる。あなたが疑問を生み出す。私はただその中に漂い込んで行く。そうするほかないのだ。私にはあなた方にしゃべるべき何ものもないのだから——。

もし私に何かしゃべることがあったりしたら、あなたなど関係なくなってしまう。あなたがどんな疑問を持っていようと、そんなことはなんの意味もなさない。私は自分の中に用意したものがあって、それをあなた方にしゃべるだけだ。たとえもしあなたがそこにいなくたって、なんの変わりもないだろう。

全インド放送は以前よく私に話をさせに招いたものだった。だが、私はそれをとても難しく感じた。あまりにも非個人的だったからだ。ん？ 誰でもない誰かに向かって話す?! 私ははっきり言った。「これは私には向きません。あまりにも不自然で、どうしていいかわからない。誰もいないなんて――」

そこで彼らはひと工夫した。「これならできるでしょう？ 我々のスタッフの中から何人か出て、その人たちが坐るのです」しかし、私は言った、「それならテーマは決めないでください。その人たちがテーマをくれるでしょうから。誰でもいいからそこに坐り、実はもうあなた方が話すべきテーマを出していて、誰もそのテーマには関係ないなんて、そんなんでは全く無意味です、その人たちはただの死んだ聴衆でしかないでしょう」

そこにあなたがいてこそ、あなたが疑問をつくり出す。あなたが状況をつくり出して、そのあなたに向かって回答が流れ込む。それは個的な現象だ。それから、私はきっぱりとそこへ行くのをやめた。私はこう断った。「これは私向きじゃない。できることじゃありません。私にはロボットに向かって話すことなどできません。私がしゃべれるのは生身の個人だけです」と。

私が一度も本を書いたことがないのもそのためだ[*3]。できないのだ！　というのも、いったい誰に向かって？　誰がそれを読む？　それを読むその人を知らない限り、そしてその人が状況をつくってくれない限り、私には書けない。誰に向かって？——

私が書いたことのあるのは手紙だけだ。手紙なら誰に向かって書いているかわかるからだ。その人はどこかアメリカにいるかもしれない。それは全然関係ない。私が彼に向かって手紙を書く瞬間、それは個的な現象なのだ。そこには彼がいる。それを書いている間、彼が私の書くのを手伝ってくれる。彼なしではそれはできることじゃない。それは対話なのだ。これが〈行為〉だ。あなた方が去ってしまった瞬間、一切の言葉は私の中から消え失せる。なんの言葉も漂い出さない。そんなものは必要ないのだ。そして、これはそうでなくちゃいけない！

歩くとき、あなたは足を使うが、椅子に坐ってまで足を動かしてどうする？　それでは狂っている。そこに対話があるときには言葉は必要だ。そこに状況があるときには行為は必要だ。しかし、それを決めるのは〈全体〉にまかせるがいい。あなたが決定要素になるべきじゃない。あなたが決定すべきじゃない。そうすれば、カルマ（業）なんていうものはない。そうすればあなたは、瞬間から瞬間へとフレッシュに動く。毎瞬ごとに過去はひとりでに死に、そして未来が生まれ、そしてあなたは子供のように新鮮にそこへ足を踏み入れる。

至高の行為は
執着なくして大いなる機知を抱く

行為は起こる。が、そこにはなんの執着もない。あなたは「自分がこれをやった」などとは感じない。私は私がこれを言ったとは感じない。ただそれが語られた。それが起こったと感ずるだけだ。それをやったのは〈全体〉だ。そして、〈全体〉とは私でもあなたでもない。〈全体〉とはその両方であり、そのどちらでもないものだ。

そして、その〈全体〉が舞いめぐり、その〈全体〉が決定する。やり手はあなたじゃない。たくさんのことがあなたを通じて起こる。だが、あなたがやり手なんじゃない。たくさんのものがあなたを通じて生み出される。が、あなたが創造者なんじゃない。あくまでも〈全体〉が創造者であることは変わらない。あなたは単に媒介であるだけだ。〈全体〉のための媒介だ。

一本の中空の竹。そこへ〈全体〉がその指を当て、その唇を当て、それは一本の笛となる。そして、うたが生まれる。そのうたはどこから来るのだろう？　あなたが笛と呼ぶその中空の竹からだろうか？　違う。〈全体〉なるものの唇からだろうか？　違う。それはどこから来るのだろう？

あらゆるものがかかわっている。中空の竹もかかわっている。〈全体〉なるものの唇もやはりかかわっている。うたい手もかかわっている。聴き手もかかわっている。すべてがかかわっているのだ。ほんのちっぽけなものでさえ違いを生み出せる。

部屋の片隅のバラの花。それで、この部屋は同じじゃない。なぜなら、バラの花にもそれなりのオーラがあるからだ。それなりの実存が——。彼は影響を与えるだろう。彼はあなた方の理解に影響を与えるだろう。彼は何であれ私によって話されることにも影響するだろう。そうして〈全体〉が動く。部分じゃない。たくさんのことが起こる。が、だれもそのやり手じゃない。

執着なくして大いなる機知を……

で、あなたがやり手でなかったら、どうして執着が起こり得る？　いまのあなたはちっぽけなことをやっては執着する。「俺様がこれをやったんだ」と言う。あなたは全員に、自分がこれをやり、あれをやったということを知ってほしい。この自我《エゴ》こそ、至高の理解を妨げているバリアーだ。やり手を落とし、ものごとを起こらせなさい。それこそティロパが、「ゆったりと自然に」という言葉で言おうとしていることだ。

至高の成就とは
望みなくして内在を知ることなり

これはとても深いことだ。とても微妙でデリケートだ。ティロパは言う、「至高の成就とは何だろうか？　それは望みを持つことなしに内在を実現することだ。その内側、その内なる空間こそ絶対だ。望みなしに——」と。

なぜ彼はこの「望み」という言葉を持ち込んだのだろう？　それは、望みとともに未来がやって来るからだ。望みといっしょに欲望が来る。望みといっしょに改善への努力が来る。望みといっしょに〈もっと〉への欲心が訪れる。望みといっしょに不平不満がやって来る。そうしたら次に、欲求不満が続くのは言うまでもない。

彼は絶望しろと言っているんじゃない。なぜなら、それもまた望みにくっついて来るものにすぎないからだ。彼はただ単に「無願望」と言っているのだ。希望にあふれもせず、絶望でもない。なぜなら、それは両方とも望みとともにやって来るものだからだ。

そして、このことは西洋にとっては大変な問題となっている。というのは、仏陀が同じことを言っているからだ。そうすると西洋の思想家たちは、この連中はペシミスト（悲観主義者）だというふうに思ってしまう。そうじゃない。彼らはペシミストじゃない。が、オプティミスト（楽観主義者）でもない。そして、これが「無願望」の意味するところなのだ。

もしある人が望みを持てば、我々はその人をオプティミストと呼ぶ。我々はその人を真黒な暗雲の中に白銀の裏地を見ることのできる人と呼ぶ。我々はその人を、真暗な夜のあとにひき続く朝を見られる人だと言う。それがオプティミストだ。

そうして今度はペシミストというのがいる。ちょうどその正反対だ。めくるめく白銀の裏地にすら、彼はいつも真黒い暗雲を見る。そして、あなたが朝のことをしゃべろうものなら、彼は、「どんな朝だってしょせん夜で終わるんだ」と言う。

しかし、覚えておきなさい。その二者は反対かもしれない。が、彼らは本当には別々なものじゃない。彼らの焦点は違う。だが、彼らの心《マインド》は同じだ。暗雲の中にめくるめく裏地を、白銀の裏地を見るか、白光のまわりに暗雲を見るかにかかわらず、あなたはいつも部分しか見ていない。あなたの区分けがそこにはある。あなたは選択する。あなたは決してトータルなものを見ない。

仏陀、ティロパ、私自身――我々はオプティミストでもなければペシミストでもない。我々はただただ望みというものを落とす。望みにくっついてああいうものはやって来る。オプティミスト、ペシミスト――我々はずばり「望み」というコインそのものを落とす。すると、その両面もいっしょに落ちて行く。これは全く新しい次元だ。理解し難い。

ティロパはものごとのありのままを見る。彼にはなんの選択もない。彼は朝と夜の両方をいっしょに見る。彼はとげと花の両方をいっしょに見る。彼は苦痛と快感の両方をいっしょに見る。彼は誕生と死の両方をいっしょに見る。彼には自分自身の選択など何もない。彼はペシミストでもなければオプティミストでもない。彼は望みなしに生きるのだ。そして、それは生きる次元として本当に素晴らしいものだ。望みなしに生きること――。

「望みなくして」という言葉を使っただけで、あなたの中では、それはすごく悲観的だという感覚が起こる。しかし、それは言葉のせいだ。そして、ティロパの言っていることは言葉を超えたもの。

彼は、〝至高の成就とは望みなくして内在を知ることなり〟と言う。

あなたはただ自分自身を、そのトータルなあるがままの姿においてつかむ。そうして、あなたはまさしくそれなのだ！　どんな改善も、変化も、発達も、成長も必要ない。いらないのだ。それについては何ひとつ為され得ない。それはただそうなのだ。

いったんあなたがこの、それはただそうなのだという事実の中に深く足を踏み入れたなら、突如として一切の花ととげは消え失せる。昼と夜は消え失せる。生と死は消え失せる。夏と冬は消え失せる。何ひとつ残らない。執着が消え失せるからだ。

そして、それがいかにあれ、どんな実情であれ、あるがままの自分を受け容れることのもとには、もう何ひとつ問題はない。何ひとつ疑問もなく、何ひとつ解決されるべきものもない。あなたはただただただそれなのだ。そうして、〈お祝い〉が来る。

ただし、この〈お祝い〉は望みとは関係ない。この〈お祝い〉はただエネルギーの氾濫であるにほかならない。あなたは花開きはじめる。ただ花開く。未来の何かのためにではなく、ほかにどうしようもないために──。

人が実存のありのままの姿をはっきりとつかんだとき、その開花は起こる。人はどこまでもどこまでも花開き続け、そして、目に見える理由など全然なしに祝い続ける。なぜ私がハッピーだと思う？　私にあなたの持っていない何がある？　なぜ私が平穏で静かだと思う？　私が何かあなたが成し遂げなければならないようなものを成し遂げたかね？　私が何かあなたが到達しなければならないようなものに到達しているかね？

そうじゃない。私はただ〈あるがまま〉の中にリラックスしているだけだ。私のすべて何もかも——善いも悪いも、道徳も不道徳も、それがなんであれ、私はただその〈あるがまま〉の中へとリラックスしているだけだ。そして、私は改善しようとする一切の努力を落とし、一切の未来を落とした。私は望みを落とした。そして、その望みの脱落といっしょにあらゆるものが消え失せた。

私はひとりぼっちで、全然なんの理由もなくハッピーだ。ただただ静かだ。それは、いまや望みのない私には、どうやって騒動を持ち上げるかもわからないからだ。望みがなかったら、あなたはどうやって自分の実存の中に騒ぎをつくり出せる？

すべての努力は、あなたがすべての努力を後にして無努力になるその地点まで導いて行くものにほかならず、すべての探求も丸ごと、あなたがただ肩をすくめて木の下に坐り落ち着くその地点まで導いて行くものにほかならないのだという、このことを覚えておきなさい。

あらゆる旅は、実存の内奥無比なる〈あるがまま〉の中に終わるのであり、それはあらゆる瞬間にあなたに備わっているものなのだ。だからそれは、ただもうちょっと醒めるかどうかの問題にすぎない。あなたのどこがおかしい?

私は何百万人という人に会ってきたけれども、いままでただのひとりとして、本当にどこかおかしいところのある人は見たことがない。ところが、あなた方は創造者だ。病《やまい》の、誤ちの、問題の、偉大なる創造者だ。そうしておいて、あなたはそれを追いかける。どうやってそれを解決する? 最初にそういうものをつくり出しておいて、それから今度はそれを追いかけて行く。なぜ第一にそんなものをつくり出すのかね?

ただ望みを、欲望を落としなさい。そしてひと目でもいい、あなたがすでにそうである実相を見てごらん。ただ単に目を閉じて、自分が誰だか見てごらん。それでおしまいだ！まばたきするぐらいの間にすら、これは可能だ。それには時間などいらない。

もしそれに時間がかかる、段階的な成長が必要だと思うのなら、それはあなたの心《マインド》のせいだ。そうしたら時間はかかるだろう。さもなければ時間なんかいらない。

「至高の成就」とは……内在を知ることなり

達成されるべきものはすべて内にある。それが内在の意味だ。達成されるべきものはすべてすでにそこ、あなたの内側に備わっている。あなたは完璧に生まれついているのだ。そうでないなんていうことは不可能だ。あなたは〈完璧〉から生まれたのだから——。

それがイエスが、「私と私の父とはひとつなり」と言うときの意味だ。彼は何を言っているのだろう？　彼は、〈全体〉からやって来たからには、あなたはその〈全体〉よりほかの何ものでもあり得ないと言っているのだ。

大海から一杯の水をすくって、それを味わってごらん。それはどこでも同じ味がする。一滴の海水の中にも、海の成分はそっくり見られる。もし一滴の海水を理解すれば、あなたはすべての海を理解したことになる。過去も未来も現在も――。なぜなら、その一滴は海のミニチュアだからだ。そして、あなたはミニチュアの形をした〈全体〉なのだ。

自分の中に深くはいり込み、これをつかんだとき、突如として笑いが起こる。あなたは笑いだす。自分は何を求めていたものか？　探求者自身が求める当のものだったのだ。旅人自身が目的地だったのだ。これが至高の成就だ。

自分自身を、自分の絶対の完成を、望みなしにしっかりとつかむこと。というのは、もしそこに望みがあったら、それはかきまわさずにいないだろうから――それは絶えずあなたをひっかきまわして騒動を起こす。あなたはまたしても、「もっと何かが可能だ」と考えだすだろう。望みはいつも夢をつくる。「もっと何かが可能だ。もちろんいまはこれでいいけど……」

人々が私のところへやって来て言う。「瞑想はとてもうまく行ってます。もちろんそれはそれでいいんですけど……でも、もっと成長できるような何かほかのテクニックをください」。ときには、「何から何までビューティフルです！」とさえ言っておきながら、その同じ口から「さて、どうしましょう？」とくる。さあ、望みがうごめいている。

何から何までビューティフルなら、なぜ「さて、どうしましょう」と聞く？　以前、何から何までおかしかったときにも、やっぱりあなたは「さて、どうしましょう？」と聞いた。そして今度は何から何まで素晴らしいのに、またまた「さて、どうしましょう？」とくる。もうそれを放っておきなさい。この望みというやつを――。

ついこの間、ある人が来て言った。「何から何までいまはビューティフルに行ってます。けれど、明日のことは誰がわかります？」。なぜすべて全く順調に行っているときに〈明日〉を持ち込む？　あなたは問題のないままでいられないものか？　いま何から何までうまく行ってるのに、それをあなたは明日もいいかどうかと思い悩む。もし今日がいいとしたら、明日はどこから来ると思う？

ん？　それは今日から生まれるのだよ。それをなぜくよくよ心配する？　もし今日が静かだったら、明日はもっと静かになるはずだ。明日は今日から生まれ出る。ところがこの心配のために、あなたは今日までぶち壊しにし得る。そうすると、あなたの欲求不満はみごとに的中して、あなたは「そらみろ、思い悩んでいたとおりだ。ちゃんとそうなったじゃないか」と言うだろう。しかし、それが起こったのはあなたのせいなのだ。それは起こるはずじゃなかった。もしあなたが未来なしにいられたとしたら、それは起こらなくてもよかったのだ。

これは心《マインド》の自己破壊的傾向にほかならない。自殺行為――。そして、ある意味で、それはとても自己満足的なものだ。つまり、いつも心は「だから警告したじゃないか。俺様が前もってちゃんと警告したのに、お前は耳を貸さなかったんだ」と言える。さあ、そうするとあなたはこう思う。「そうだ、そのとおりだ。心はちゃんと警告してくれてたのに、私はそれを聞かなかった」。しかし、それがそうなったのは心のその警告のせいなのだ。

確かにいろいろなことが起こる。占星術師や、人相見や、手相見のところへ行って、その人たちがあなたに何かを言い、いざそれが起こったら、あなたは彼らが自分の未来を予言したのだと思うだろう？　真相はその逆だ。彼らが予言をしたために、あなたの心がそこにはいり込んで、それが起こってしまった。

もし誰かが、来月、三月の十三日にあなたは死ぬと言えば、その可能性は充分ある。その人があなたの未来を知っていたからではなく、その人が未来を予言したために——いまや、三月の十三日が絶えずあなたの心にしのび込む。あなたはそれなしに眠ることもできないだろう。それなしに夢を見ることもできないだろう。それなしに愛することもできないだろう。一日二四時間、「三月の十三日に私は死ぬ」。それは一種の自己催眠、一種の呪文になってしまう。それがぐるぐるとまわる。三月の十三日が近づけば近づくほど、その動きは速くなる。そうして、それは自己成就するだろう。三月の十三日——。

あるとき、あるドイツ人の手相見が、自分自身の死を予言したことがあった。彼は大勢の人たちの死を予言して、それがみんな当たっていた。そこで、彼は自分の予言は何ものかであると確信するようになった。「そうでなかったらどうして当たる？」——で、その彼が歳を取ると、数人の友人たちが「君自身のを予言してみたらどうだい？」と提案した。そこで、彼は手相や図表やあらゆるものを読んだ。みんな馬鹿みたいなものだ。そして、彼は彼自身の死をこれこれしかじかの日、早朝六時と決めた。そうして彼はそれを待った。

その日六時が近づくと、彼は五時ごろから時計の前に用意万端ととのえて坐り込んでいた。毎瞬ごとに死が刻々、刻々とせまる。そして、とうとう最後の瞬間が来た。もう一瞬で時計は六時を告げようとしている。なのに、彼はまだ生きている。どうしてそんなことがあり得る？　秒針はそこを通り過ぎようとしている。そして、かっきり時計が六時を打ったとき、彼は窓から飛び降りた（爆笑）。というのは、どうしてそんなことがあり得る？　そしてもちろん、彼はぴったり予言のとおりに死んだ（笑）。

心《マインド》というのは自己成就のメカニズムを持っている。それに目を光らせなさい。あなたが幸せだとする。心は言う。「もちろん君はハッピーだ。それはいい。でも、明日はどうなる？」。さあ、すでに心はこの瞬間をぶち壊しにしてしまった。それは〈明日〉を持ち込んで来た。いまや、明日はこの心から生まれ出るしかない。それまでそこにあった至福に満ちた瞬間からでなく――。

こうだ、ああだ、そうだ、いやそうじゃないなどと望まないこと。一切の望みを落とすのだ。ここにあるその瞬間に、その瞬間の中に、その瞬間とともに、その瞬間のためにとどまりなさい。この瞬間よりほかの瞬間などありはしない。

それに、これから何が起こるにせよ、それは必ずこの瞬間から起こるのだ。それをなぜ思い悩む？　もしこの瞬間がビューティフルだったら、どうして次の瞬間が醜くなれる？　それはどこから来ると思う？　それは成長する。それはもっとビューティフルになるだろう。そうでなくてはならない。それについて考える必要なんかないのだ。

そしていったんあなたがこれ、つまりあなたの本有の完成にとどまることができれば……覚えておきなさい、私は言葉を使わなくてはならない。そうするとあなたは誤解する恐れがある。私があなたの本有の完成にとどまれと言うと、あなたは心配になりかねない。ときとしてあなたは、自分は完全なんかじゃないと感ずるかもしれないからだ。そうしたら、あなたのその不完全さにとどまりなさい――不完全もまた完全だ！　それにはどこもおかしいところはない。それにとどまりなさい。この瞬間から離れて行っては駄目だ。

いまここに全存在がある。成就されなければならないあらゆるものは、いまここで成就されるべきものなのだ。だから、実情がいかにあろうと、たとえもし自分を不完全だと感じようと——ビューティフルだ。不完全でいなさい！　それがあなたのありようだ。それがあなたの〈あるがまま〉だ。

性欲を感じるなら——完璧だ、感じるがいい。それがあなたの姿だ。それが神があなたに定めたものなのだ。悲しいのなら——ビューティフルだ。悲しみなさい。しかし、その瞬間から動かないこと。その瞬間にとどまるのだ。すると、だんだんと、あなたは不完全さが完成の中に溶解してしまっているのを感ずるだろう。性欲は内なるエクスタシーの中に溶け去っている。怒りは慈悲の中に溶け去っている。

この瞬間に、もしあなたのトータルな実存であることができたら、そのときそこには何ひとつ問題なんかない。これが至高の成就だ。それはなんの望みも持たない。持つ必要はないのだ。それは望みの必要など何もないほど完全なのだ。

望みというのはあまりいい状況じゃない。望むということは、必ずあなたにどこかおかしいところがあるという意味だ。あなたが、対立するものを、反対のものを望むのはそのためだ。あなたは悲しい。だから幸せを望む。その望みは、あなたが悲しいということを言い表わしている。あなたは醜さを感じる。だから美しい個性を望む。その望みは、あなたが醜いということを言い表わしている。

私にあなたの望みを見せてごらん。あなたがどんな人だか言い当ててあげる。それは、あなたの望みはたちどころに、あなたがどんな人だか表わしてしまうからだ。ちょうどその反対――。

望みを落としなさい。そして、ただ在るのだ。もしあなたがこれを、ただ在る（Be）ということを試みたなら、こういうことが起こるだろう。

はじめヨーギは
おのが心の滝のごとく転落するを感じ
中ほどにてはガンガーのごと
そはゆるやかにやさしく流れ

ついに、そは大いなる海なり
息子と母の光がひとつに溶け合うところ――

もしあなたがいまここにいるとしたら、最初の〈さとり〉[*4]が起こるだろう。〈悟り(Enlightenment)〉の最初の一瞥だ。そして、そのとき内側の状況はこうなる。

はじめヨーギは
おのが心の滝のごとく転落するを感じ

なぜなら、あなたの心《マインド》が溶けはじめるからだ。いま現在、それは凍てついた氷河みたいなものだ。もしあなたがゆったりと自然に、その瞬間に誠実に、真にいまここにとどまるならば、心は溶けはじめる。あなたはそれに太陽のエネルギーをもたらした。このまさにいまここに在るということ自体が、実に巨大なエネルギーを保存する。未来にも流れず、過去にも流れないということによって、あなたはまさにそのエネルギーそのものが心を溶かしはじめるほどの、実に計り知れないエネルギーを持つことになる。

エネルギーは火だ。エネルギーは太陽のようなものだ。あなたがどこへも動かず、完全にいまここに静止し、なんの動きもなく自分自身に収斂しているとき、一切の漏出は止まる。漏出が起こるのは欲望と望みを通してだからだ。あなたは未来のせいで漏らす。漏出というのは動機があるからだ。「何かしろ。何かになれ。何かを持て。なんでお前は坐って時間の浪費をやってるんだ？　行け！　動け！　やれ！――」

そうやって漏出がはじまる。もしあなたがただただここにいたら、どうして漏らし得る？　エネルギーが収斂する。あなたの上に落着する。それは炎の環《わ》となる。そうして心の氷河が溶けはじめる。

はじめヨーギは
おのが心の滝のごとく転落するを感じ

あらゆるものが転落する。心《マインド》全体がそっくり転落し、転落し、転落し尽くす。あなたはおびえかねない。最初の〈さとり〉の近くで、マスターがとてもとても深く親密に必要となる。でなければ誰があなたに、「怖がるんじゃない。それはビューティフルだ。転落しなさい」と言ってくれる？　ただ「転落」という言葉だけで恐怖がはいり込む。なぜなら、落ちるということは、奈落に落ちる、自分の地盤を失う、未知なるものの中にはいっていくという意味だからだ。それに、落ちるということには死の匂いがある。人は怖くなる。

高い山に行ったことがあるかな？　ん？　高い高い頂きだ。そして、そこから奈落の底をのぞき込む。谷を——。吐き気がする。ふるえが走る。まるでその奈落が死そのものであって、自分がその中に転落しようとでもしているかのように——。恐怖がしのび込む。心が溶けるとき、あらゆるものが転落しはじめる。

あ・ら・ゆ・る・も・の・だよ、私の言ってるのは——。あなたの愛、あなたの自我《エゴ》、あなたの強欲、あなたの怒り、あなたの憎しみ——いま現在までのあなたがすべてが突然ばらばらになって転落しはじめる。まるで家がばらばらに分解していくように——。

あなたはカオスと化す。もうなんの秩序もない。すべての規律が崩れていく。あなたはどうにかこうにか自分自身を保ってきた。どうにかこうにか自分自身にコントロールを、規律を押しつけて、自分をとりまとめていた。それが、ゆったりと自然でいることで、いまあらゆるものが転落していく。あなたが抑圧してきたたくさんのものが、ぶくぶくと湧き上がってくるだろう。表に出てくるだろう。まわり中カオスだ。あなたはまるで狂人みたいになってしまうだろう。

その最初のステップは本当に難関だ。というのも、社会があなたに押しつけた何もかもが転落していくからだ。あなたが学んだ何もかもが転落していくからだ。自分自身に条件づけした何もかもが転落していくからだ。あなたの習慣のすべて、ものさしのすべて、あなたの頼る道筋のすべてがすっかり消え失せてしまう。

あなたのアイデンティティーは蒸発してしまう。自分が誰かもわからなくなってしまうだろう。いま現在までのところ、あなたは自分が何者かよく知っていた。自分の名前、自分の家族、世間での自分の身分、地位、栄誉。あれやこれや、あなたはよくご承知だ。ところが、いまやすべてが溶けていく。アイデンティティーが喪失する。いままであなたはいろいろなことを知っていた。それがいまや、何ひとつわからなくなる。いままではあなたは世間の道理に長《た》けていた。そういうものがころげ落ちてしまい、あなたは完全に無知なのを感ずるだろう。

これがソクラテスの身の上だ。あれは彼の最初の〈さとり〉の瞬間だった。「いま私にはたったひとつしかわからない。それは私が何も知らないということだ」。「私が持っているただひとつの知識は、私が無知だということだ」。これは最初の〈さとり〉だ。

スーフィたちはこういう人、この境地に至った人間に特別な呼び名を持っている。彼らはその人々をマスト（Mast）と呼ぶ。狂人と呼ぶのだ。そういう人はあなたを見ないであなたを見る。彼は自分がどこへ行くかも知らずにうろつきまわる。彼は意味をなさないことをしゃべる。彼は自分の話につじつまのあった関連性を持たせられない。

ひとこと、それから合間。そうして、全然関係のない別なひとこと。ひと区切り、それから全然脈絡のない別なひと区切り。無統一。一貫性など全部なくなってしまった。彼は生きた矛盾になってしまう。頼りになどなったものじゃない。

こういう瞬間のために修養施設が必要になる。みんながあなたの面倒を見てくれるところだ。アシュラムが姿を現わすのはこのことによる。なぜなら、こんな人間は社会に許容され得ないからだ。そうしなかったら、その人は狂っていると思われて、牢獄にでも精神病院にでも押し込められてしまうだろう。そして、よってたかってその人を治療しようとする。みんなして彼を正常な精神状態まで引き戻そうとする。実際には成長しているのに！　彼は社会の鎖を全部打ち砕いてしまったのだ。彼はカオスと化した。

それがゆえに、私はカオス（混沌）的な瞑想法を説く。そうした瞑想法は、あなたがこの最初の〈さとり〉に至るのを助けてくれる。最初の最初から静かに坐るなんていうことはできるものじゃない。自分をだますことはできる。が、本当に静かに坐ることはできない。できる可能性がない。それは第二の〈さとり〉においてはじめて起こり得る。

最初の〈さとり〉では、あなたは混沌としていざるを得ない。動的だ。自分のエネルギーが動くのを許して、あなたをしめつけている拘束衣が全部破れ、鎖が全部ふりほどけるようにしなくてはならない。あなたははじめて〈アウトサイダー〉となる。もう社会の一部じゃない。

あなたの面倒を見てもらえる施設が必要だ。あなたに「怖がるんじゃない」と言ってあげられる、「楽に転落しなさい。それが起こるにまかせなさい。何かにしがみつくんじゃない。しがみつけばその瞬間が遅くなるだけだ。落ちるのだ！」と語りかけられるマスターが必要だ。早く落ちれば落ちるほど、その狂気はそれだけ早く消え失せる。もし延期すれば、その狂気はえんえんと続き得る。

世界中の精神病院には、実際には狂っているんじゃなく、マスターが必要だったのであって、精神療法医などを必要とするのじゃない何百万という人々がいる。彼らは最初の〈さとり〉に到達しているのだ。それを、精神療法などというものはどれもこれも、彼らを強引に正常に戻そうとしている。

そういう人たちというのは、あなた方よりましな状況にいるのだ。彼らは成長を遂げているのだが、ただその成長があまりにも風変わりなので、最初はそうならざるを得ない。彼らは最初の〈さとり〉を通っているのだ。あなた方はその人たちに罪悪感を抱かせてしまったのだ。あなた方は「お前は狂人だ」と言う。だから、彼らもそれを隠そうとし、しがみつこうとする。そして、固執するのが長くなればなるほど、狂気もそれだけ長くまとわりつく。

つい最近になってようやく数人の精神分析医、特にR・D・レイン[*5]その他の人々が、狂人の中の少数に、正常より転落したのではなく、実は正常を乗り越えた人たちがいるという現象に気づいた。西洋ではほんの数人、ごく感度の鋭い人たちだけがそれに気づいている。しかし、東洋はずっとそれを知っていた。そして、東洋は決して狂人を抑圧したことはなかった。

東洋だったらまず第一に狂人は、たくさんの人たちが精進し、そして生きたマスターがいる修道場に連れて行かれるだろう。まず最初は、彼が〈さとり〉に達するのを助けることだ。

狂人は東洋では高く尊重されてきた。西洋では彼らはただただ咎められる。無理やり電気ショック、インシュリンショックに送られる。たとえ脳が破壊されようと、何がなんでも強制的だ。というのも、いまでは外科的な研究が進み、脳を手術してその数か所を取り除くことができるのだ。

もちろん、そうすれば彼らも正常にはなる。しかし、どんよりと曇った正常さだ。重い知的障害者のようだ。彼らの知性はなくなってしまう。もう狂人ではない。誰にも害は与えない。彼らは社会の静かなる一部にはなるだろう。だが、あなた方は彼らがそこから〈人〉が〈超人〉になる地点に近づいていたのも知らないで、彼らを殺してしまったのだ。しかし、言うまでもなくそのカオスは通過されねばならないものだ。

愛に満ちたマスターと、修道場の愛に満ちた人々のグループの中では、アシュラムの中では、それは楽に過ぎる。誰もがそれを気楽に受けとめてくれる。それに手を貸してくれる。人は楽に第二段階に進める。

これは一度は起こらなければならないことだ。なぜなら、すべての秩序というものは、みなあなたに押しつけられたものであって、真の秩序ではないからだ。すべての規律というものは、みなあなたに強制されたものであって、あなたの内なる規律じゃない。あなたが内なるものに到達する以前に、外なるものは払い落とされなくてはならない。新しい秩序が生まれる前に、古きものは終わらなければならない。

そうすると、そこには隙間が出てくるだろう。その隙間が狂気だ。人はまるで転落するかのように感ずる。滝のように奈落の底へころげ落ちて行く。その上、そこには底などないかに思われる。

中流では、つまりもしこの地点が過ぎたなら、もし最初の〈さとり〉がよく生きられたなら、そのとき内側から、あなた自身の実存からくる新たな秩序が姿を現わす。もうそれは社会の押しつけじゃない。他人によってあなたに与えられたものじゃない。それは監禁じゃない。いまや、自由という質を持った新しい秩序が出現する。規律が自然にあなたに訪れる。それはあなた自身のものだ。誰にも疑問の余地はない。誰にも「これをやれ！」などとは言えない。あなたはただただ正しいことをやる。

中ほどにてはガンガーのごと
そはゆるやかにやさしく流れ

転落する、うなりをあげる滝は消え失せた。カオスはもうない。これが第二の〈さとり〉だ。あなたはガンジスのようにゆったりとやさしく流れる。ひとつの物音さえ立たない。あなたは花婿のように歩く。静かに、優雅に——あなたの実存にひとつの全く新しい魅力が起こる。優美、エレガンス——これが第二のステージであり、我々がすべてのブッダたちを像としてとらえるのは、このステージにおいてなのだ。というのも三番目はとらえられないからだ。とらえられるのは一番目か二番目だけだ。

すべてのブッダたち、ジャイナ教のティータンカラー[*6]たち——行って彼らの像を観察してごらん。そのエレガンス、その優美。彼らのからだのその微妙な丸味——女性的だ。彼らは男性的には見えない。女性的に見える。ある丸味——彼らの曲線は女性的だ。それは彼らの内的実存が、とてもゆるやかに、とてもやさしくなっていることをあらわしている。彼らの中には攻撃性など微塵もない。

ボーディダルマや、臨済や、睦州[*7]などの禅のマスターたち。彼らはその第一の境地において描かれてきた。彼らがあんなに凶暴そうなのはそのせいだ。彼らは吠えかかる獅子のように見える。まるであなたを殺しそうに見える。その目を見れば、まるで噴火口だ。炎があなたに跳びかかる。彼らはまるで電撃だ。

彼らはある一定の理由で、彼らの第一の〈さとり〉の境地において描かれてきた。というのは、禅の人々は一番目が問題だというのを知っているからだ。そして、もしあなたがこの状態でのボーディダルマを知っていれば、同じ状態が自分に起こったときに、怖がらなくていいということがわかるだろう。ボーディダルマでさえああなのだ。

ところがもしあなたがいつも、静かでゆるやかに流れる川のような、そして女性的な優雅さを持ったブッダたちやティーターンカラーたちを見慣れていたら、自分に凶暴さが訪れたとき、自分がライオンのようになったとき、ものすごく怖くなってしまうだろう。まさしく、人は吠えだすのだ。あなたはすさまじい滝となる。

禅において、凶暴な状態が盛んに描かれてきたのはそのためだ。もちろん仏壇にはブッダたちがいた。しかし、それは次の境界だ。そして、それは全然問題ない。あなたが静かになったとき、そこに問題などありはしない。インドではその第二ステージがあまりにも強調されすぎてきて、それが障害になってしまった。

人は一番の最初からことの次第を知るべきなのだ。ブッダというのはすでに成就を遂げた存在だ。それはあなたにも起こり得る。が、あなたからブッダまでの間隙《ギャップ》には、何か別なことが起ころうとしているのだ。そして、それが完全なる狂気だ。

一切の狂気をあなたが受け容れたら、それを許したら、どういうことになるだろうか？　それはひとりでに鎮まる。社会が押しつけた古い秩序は去る。それはただ蒸発してしまう。古い知識はもうそこにない。経典についてあなたが知っていたすべてはもうそこにない。一切の経典を燃やしてしまった禅僧の絵もある。彼の絵は最も有名なもののひとつだ。それは第一の境地で訪れる。

人はすべての経典を焼く。人はすべての知識を放り出す。あなたに与えられてきたあらゆるものがゴミのくずに見える。腐って見える。いまやあなた自身の知慧があらわれている。それは誰から借りてくる必要もない。ただし、それには少し時間がかかるだろう。ちょうど種が芽を出すのに時間がかかるように――。

もしあなたがその混沌の境地をうまく切り抜けられたなら、そのとき二番目はごくごく楽に、自動的に、ひとりでに続いて来る。あなたは静かになる。あらゆるものが、ちょうど平野に出てきたガンジスのように穏やかに鎮まる。

山地ではそれは獅子のように吠える。大いなる高みから深淵へと転落する。大変な騒ぎ――。それから次に、それは平野に出て来る。山々を後にする。今度は地勢が変化する。今度はあらゆるものが静かに流れる。それは流れているかどうかさえわからないほどだ。くつろいで、内なる成就に達する。本有に――。なんの望みもなく、どんなゴールにも向かわない。何を急ぎもしない。不急、ただ毎瞬を楽しむ――。

……ガンガーのごと

そはゆるやかにやさしく流れ

この第二のステージは、絶対の静寂という性質を持っている。絶対のなぎ、静けさ、静穏、平静、くつろぎ、休息、リラックス――。そうして……

ついに、そは大いなる海なり
息子と母の光がひとつに溶け合うところ——

するとと突然、静かに流れながらも、それは海にたどり着き、そして、その海とひとつになる。広大なひろがり、果てしがない——。いまやそれはもう一本の川じゃない。いまやそれはもう個別の単体じゃない。いまやそこにはなんの自我《エゴ》もない。

第二ステージの中でさえ、そこにはごくごく微妙な自我《エゴ》がある。ヒンドゥー教徒たちはふたつの呼び名を持っている。ひとつはアムカー（Ahamkar）——自我《エゴ》。あなたがお持ちのやつだ。ふたつめを彼らはアスミータ（Asmita）と呼ぶ。自我《エゴ》ではなく〈存在性（Am-ness）〉だ。「私が在る（I am）」というときの、「私（I）」ではなくただ「在る（am）」のほう。〈在ること（am-ness）〉だ。それを彼らはアスミータと呼ぶ。それはごくごく静かな自我《エゴ》だ。だれひとりそれを感じはすまい。それはとても受け身だ。侵略的じゃない。それはどこになんの痕跡もとどめないだろう。だが、それでもそれはそこにある。人は自分が「いる」のを感ずる。

それが第二の〈さとり〉と呼ばれるのはそのためだ。ガンジスは静かに流れてゆく。もちろんだ。くつろいで、平和に――が、それでも在る。それがアスミータだ。それは〈在ること（am-ness）〉だ。〈私〉ははがれ落ち、〈私〉の持つ一切の狂気は去った。攻撃的な、凶暴な〈私〉はもうそこにない。だが、まだとても微妙な〈在る（am-ness）〉がくっついている。というのも、川には岸があり、川には境があるからだ。それはまだ分離している。それはそれ自身の個体性を持っている。

自我《エゴ》といっしょに〈個性〉は落ちた。が、〈個別性〉は残っている。個性というのは個別性の外面だ。個別性というのは個性の内的なものだ。個性というのは〈他〉に向いている。それはショールーム的なものだ。ディスプレイだ。それは落ちた。それが自我《エゴ》だ。しかし、「私が在る（I am）」。いやむしろ、「在る（am）」というこの内的な感覚はディスプレイじゃない。誰もそれを見ることはできない。それは誰の人生の邪魔もすまい。それは誰の事件に鼻を突っ込みもすまい。それはただ淡々と動く。しかし、それはまだそこにある。

そうして今度は、その〈個別性〉もまたなくなる。それが第三の言葉アートマ（Atma）だ。アムカーは自我《エゴ》。〈私（I）〉だ。〈在る（am）〉はそこではただの影にすぎない。焦点は〈私（I）〉にある。それから第二の状態、アスミータ。〈私（I）〉は落ちた。いまや〈在る（am）〉が影でなく全体となった。そして、それからアートマ。いまやその〈在る（am）〉も落ちた。

これがティロパ呼ぶところの〈無自己〉だ。あなたはいる。が、なんの自己もなしにいる。あなたはいる。が、なんの境界線もなしにいる。川は大洋となった。川は大洋の中にはいった。それは大洋とひとつになった。その個別性はもうそこにない。無境界。ただ実存が非実存として存在する。それはひとつの巨大な無となった。それはちょうど空《そら》のようになった。

自我《エゴ》は空一面の黒雲みたいなものだった。〈在ること（am-ness）〉、アスミータは、空《そら》に浮かぶ白雲のようなものだった。そしてアートマは雲ひとつない空のようなものだ。空《そら》だけが残る。

ついに、そは大いなる海なり
息子と母の光がひとつに溶け合うところ——

あなたが原初の源、母に還るところ。円は完結した。あなたは〈わが家〉に帰り着いた。原初の源と溶け合った。ガンガーはガンゴートゥリ[*8]にたどり着いた。川はその根源にやって来た。完全な円。いま、あなたはいる。が、むしろあなたはいないと言ったほうがいいくらいの、実に完全に違った意味においている。

これは最も逆説的な境地だ。なぜなら、それを言葉や表現にとらえ込むのは最も難しいことだから。それは味わわなければわからない。これこそティロパ呼ぶところのマハムドラー、大いなるオーガズム、究極のオーガズム、無上のオーガズムだ。あなたはもと去ったところに戻って来た。旅は終わった。そして、旅が終わっただけじゃない。旅人ももういない。道程としての旅が終わっただけじゃない、目的地もまた終わった。いまや何ひとつ存在せず、すべてが在る。

この違いを覚えておくといい。テーブルは存在する。家は存在する。しかし神は在る。というのも、テーブルは非存在の中へ消え去り得る。家は非存在の中へ消え去り得る。だが、神は消え去り得ない。だから、「神は存在する」と言うのはうまくない。神はただ在るのだ。それは非存在の中に消えられはしない。それは純粋な〈存在性（is-ness）〉なのだ。これがマハムドラーだ。存在する一切は消え失せ、ただ〈存在性〉だけが残る。

からだは消え失せた――それは以前、存在していた。心《マインド》は消え失せた――それは以前、存在していた。道は消え失せた――それは以前、存在していた。目的地は消え失せた。存在していたすべてが消えた。ただ〈在る〉ことの純粋性だけがそこにある。虚ろな鏡。虚ろな空《そら》。虚ろな実存。これがティロパの呼ぶマハムドラーだ。これこそ無上なるもの。最後――その向こうには何もない。それはまさに〈彼岸性〉そのものなのだ。

これら三つのステージを覚えておきなさい。あなたはそれを通り過ぎて行かねばならないだろう。カオス――何から何までめちゃくちゃになる。あなたはもう何にも自己同化できない。すべてがばらばらになって分解してしまった。あなたは完全にクレージーだ。それを見守りなさい。それを許しなさい。それを通過しなさい。怖気づくことはない。

それに、私がここにいるからには、怖気づく必要はない。私はそれが過ぎ去るということを知っている。私はそれが必ず過ぎ去るものだということを知っている。私は請け合える。それに、それが過ぎない限り、仏陀の優雅、エレガンス、静寂は、あなたには起こるまい。それを過ぎ去らせなさい。それは悪夢だろう。もちろんだ。だがそれを過ぎ去らせなさい。

その悪夢によってこそ、あなたの過去の一切が洗い清められるだろう。それはすさまじいカタルシス*9になるだろう。あなたの過去のすべてが火をくぐる。だが、あなたは純金となるだろう。

そうして第二の境界《きょうがい》が来る。一番目は是が非でも通過されねばならない。あなたは怯えて、それから逃げ出しかねないからだ。二番目にもまた違った種類の危険がある。完全に違う種類の危険だ。ある意味では全然危険ではない。一番目は通過されなくてはならない。あなたは、それが過ぎるのだということをはっきりと認識していなくてはならない。それは過ぎる。ただ時間と、そして信頼がいるだけだ。

二番目には違った種類の危険がある。あなたはそれにしがみつきたくなる。なぜなら、それがあまりにもビューティフルだからだ。人はその中にいつまでもいつまでもいたがる。内なる川が穏やかに静かに流れるとき、人は岸にしがみつきたがるものだ。ほかのどこにも行きたがらない。それはそれほどいい。ある意味では、これはより大きな危険だ。

マスターは一番目が過ぎることを保証し、そしてあなたが二番目にしがみつかないよう、後押ししなくてはならない。なぜなら、もしそれにしがみついたりしたら、マハムドラーは決してあなたに起こらないだろうからだ。

世の中にはその二番目にしがみついている人が大勢いる。ひっかかっているのだ。世の中には二番目にひっかかっている人が大勢いる。彼らがそれほどひどくそれに執着してしまったからだ。それはそれほど素晴らしい。人はそれと恋に落ちたくなる。自動的に落ちてしまうと言ってもいい。醒めなさい。醒めていなさい。それもまた通過されねばならないものだ。自分がしがみつきはじめないように見守りなさい。

もしあなたが、一番目に対する自分の恐怖と、二番目に対する自分の強欲を見守れたなら……覚えておきなさい、恐怖と強欲は同じコインの裏表だ。恐怖の中では、あなたは何かから逃げ出したい。強欲の中では、あなたはそれにしがみつきたい。しかし、それはふたつとも同じものだ。恐怖を見守りなさい。強欲を見守りなさい。そして、動きが持続するのを許すのだ。

それを止めようとしては駄目だ。あなたは淀むこともできる。そうしたらガンガーは流れじゃなく、淀んだ水たまりになってしまう。どんなにきれいでも、それはやがて死んでしまうだろう。汚なくなってしまうだろう。すぐに干上がって、いままでに得られたものも失われてしまうだろう。

動き続けなさい。その動きは永遠でなければならない。それを心にとめておきなさい。それは終わりなき旅なのだ。より以上はつねに可能だ。それが起こるのを許しなさい。それを望んじゃいけない。それを求めてはいけない。自分より先走っては駄目だ。ただそれが起こるのを許しなさい。なぜなら、まだそれから、ガンジスが大洋に流れ込むときに第三の危険が訪れるからだ。そして、それが最後だ。あなたは自分自身を失っていくのだから——。

それは究極の死だ。それは究極の死のように見える。ガンジスでさえ、転落する前には身震いする、おののく。ガンジスでさえふり返って、過ぎ去った日々や思い出を、平野での素晴らしい時を、山地や、そして氷河でのすさまじいエネルギー現象を想う。大洋に流れ落ちる最後の瞬間には、ガンジスでさえいましばらくぐずつく。ふり返って、思い出やビューティフルな体験のことを考えたがる。それもまた見守られねばならない。ぐずぐずしては駄目だ。

海が来たら、まかせなさい。没入し、溶け去り、消えるのだ。

その最後の地点ではじめて、あなたはマスターにさよならを言うことができる。それ以前には絶対無理だ。マスターにさよならを言って大洋になるがいい。しかし、その瞬間までは、あなたは誰か知っている人の手を必要とする。

心《マインド》の中には、マスターとの親密な関係を避けようとする傾向があるものだ。サニヤシンになるときに障害になるのはそれだ。あなたはかかわり合いにならないままでいたい。あなたは学びはしたい。が、のっぴきならないかかわり合いにはならないままでいたい。しかし、それでは学べない。そういうやり方はない。外側から学ぶことはできないのだ。あなたはマスターの実存の内なる社《やしろ》にはいらなくてはならない。かかわり合いにならなければならないのだ。それなしに成長することはできない。

それなしには、あなたはあちこちちょっぴりかじって、一定の知識を貯め込むことができるだけだ。それはなんの役にも立つまいし、むしろ足手まといになりかねない。深いかかわり合いが必要だ。トータルなかかわりだ、実際には――。というのも、たくさんのことが起ころうとしているのだから、もしあなたがただ外側の周辺部分にいて、ただ不意の訪問者として学んでいるだけだとしたら、まず多くは望めない。

最初の〈さとり〉が来たとき、あなたに何が起こると思う？　狂人になるとき、あなたに何が起こると思う？　それに、マスターとかかわり合ったところで、あなたは何を失うわけじゃない。あなたは失うようなものなど何も持ってやしないのだから――。

かかわり合うことで、あなたはただ得をするだけなのだ。あなたは何も失いやしない。

失うものなんか何もないんだから――。怖がるべきことなど何もない。だが、それでも、それでも人はとても賢く立ち回りたい。そして、かかわり合いなしで学びたい。そんなことはうまく行ったためしがない。それは可能なことじゃないのだから――。

だから、もしあなたが本当に、真剣に、心から道を求めるならば、誰かその人となら自分が深いかかわり合いに踏み込める、その人となら〈知られざるもの〉への飛び込みを敢行できる、そういう人を見つけることだ。それなしに、あなたはあまたの生にわたってさまよってきた。そして、これからもさまよい続けるだろう。それなしには、至高の成就などあり得ることじゃない。勇気を出しなさい。そして、跳ぶのだ。

Enough for today ?
(今日はこのぐらいでいいかな?)

＊1　初期キリスト教を集大成した聖人。

＊2　アートマン（我）に対して、それを包み、それを超えた宇宙、神、あるいは存在そのもの。ヒンドゥー思想の根幹をなしている。

＊3　ＯＳＨＯには世界に六百冊以上の著作が出版されているが、すべて書き下したものでなく、講話を収録したものである。

＊4　ＯＳＨＯは真理を垣間見ることとしての〝Satori〟と、真理になりきってしまうこと――〝Samadhi (enlightenment)〟とを区別して用いる。本書では、それを〈さとり〉と〈悟り〉とに分けて訳出した。

＊5　イギリスきってのラディカルな精神医学者。反精神医学を唱えて、精神病を根底からとらえ直そうとした。『ひき裂かれた自己』『経験の政治学』などの邦訳がある。

＊6　Teerthankara。ジャイナ教の歴代の大聖をこう呼ぶ。

＊7　睦州道明。中国唐代の禅匠。

＊8　ガンジス河の河口の地名。

＊9　心理的な堆積物の発散・排泄。ヒステリーなどもこの一種と考えてよい。

めるくまーる初版の訳者付記より抜粋

最後に、本書を訳すにあたってOSHOにある質問をしたときの録音テープから彼の言葉を引いて、彼とのダルシャン（面接）の雰囲気を伝えるとともに、しめくくりにしたいと思います。

訳者：この講話の中であなたはティロパとボーディダルマが同時代人だと言っていますが、史実によればティロパは十世紀の人、ボーディダルマは五〜六世紀の人でだいぶ離れています。それに、ティロパはナロパを見つけるためにチベットに行かなければならなかったともおっしゃいましたが、ぼくが知る限りではあの流れの人（カギュー派の系図は、ティロパ―ナロパ―マルパ―ミラレパと続く）で初めてヒマラヤを越えたのは、ナロパのもとで学ぶためにインドに行ったマルパです。この部分は直して訳しましょうか、それとも省きましょうか、あるいはそのままにしておきましょうか？

OSHO：私が言ったことは何もかも、お前はただそれを訳しなさい。歴史や経典になど構うことはない。私は歴史など信じないからだ。そして、私は歴史家には許されないあらゆる自由を行使する。それに、私は歴史を〈神話〉として扱う。だから、私は決して割り込まない。ただ〈神話〉が自分の中にはいり込んで来て、そこからなんであれ出て来る応答が出て来るのを許す。そこに私は割り込まない。だから、私が何を言うにしろ、たとえときとしてそれが史実とそぐわないと感じても、歴史など忘れなさい。なぜなら、歴史というものは決して完璧じゃないからだ。それは毎日のように変わる。新しい発見、新しい研究。事実が変わり、日付が変わる。だからそんなものに構うことはない。誰も知りやしない――結局は私が正しいかもしれないよ（笑）。だから、そんなことは忘れてしまいなさい。

いま私の言ったことは記録しておきなさい。もし歴史家がそれに同意すれば、それはよし。もし同意しなかったら、構うことはない。そして、私について、私の書物についてはいつもそういう態度でいることだ――ん？

訳者： はい、邪魔しないようにします。

OSHO： よろしい。それでいい。なぜなら、私は学者じゃない。私はただ……私はそれを再び生きる。だから、それはあたかもティロパが生き返ったようなものだ。そして、お前がもしどこかでティロパに会ってたずねたら、彼は同意するだろう。彼は生き返った。私は彼に新しい色彩を、新しい姿を、新しい実存を与えた、本当に。私はふたたび彼を同時代人にした。だから、私は詩人には許されて歴史家には許されない一切の自由を取る。

これを聞いたらびっくりするかもしれないが……、インドには、ヴァルミキという偉大なサンスクリット詩人が、ラーマーヤナ（インド最大の叙情詩、ラーマはその主人公）をラーマが生まれる前に書いたという伝説がある。そうしたら、ラーマはそれに従わなくちゃならなかった！（笑）どうする？ヴァルミキのような人が書いたら――従わざるを得まい！そこでラーマは、彼が生まれる以前にヴァルミキが書いた通りに自分の人生を合わせなくてはならなかった（笑）。

こうでなくちゃいけない！これが正解だ。なぜなら、人生の事実は内なる詩に従うべきものだからだ。その逆じゃない。ん？ Very Good!

OSHO

OSHOの語った何千もの講話は、個人レベルの問題から今日の社会に直面する最も緊急の社会・政治問題まで様々なジャンルに渡っていて、もはや分類の域を超えています。

毎日語られていたOSHOの即興の講話はオーディオおよびビデオに録られ、何カ国もの言語に訳され、世界中の人びとに届けられています。

OSHOは言います。「次のことを覚えておくように。私はあなたについて話しているだけでなく、次の世代のために話しているのだということを。」

OSHOは、ロンドンのサンデー・タイムズ誌において「二〇世紀の千人」のうちの一人として取り上げられています。また、アメリカの著者トム・ロビンズによって「イエス・キリスト以降の最も危険な人物」とも言われています。

インドのサンデー・ミッドデイ誌は、ガンジー、ネルーおよびブッダと共にインドの運命を変えた十人のうちの一人としてOSHOを選びました。

OSHOは自分のワークに関して、新人類の誕生のための条件を作成していると話しています。

彼はしばしばこの新しい人間を「ゾルバザブッダ」と呼んでいます。ギリシャ人の「その男ゾルバ」のように生を楽しみ、ゴータマ・ブッダのように平穏な静寂を携えた新しい人間です。

OSHOの講話や生み出された瞑想のベースに糸のように張り巡らされているのは、時と年代を超えた永遠の知恵が包含された高い可能性を秘めた、今日のまたはこの先の科学技術です。OSHOの生み出した革新的な瞑想の数々は、加速されたペースで生きる現代人に対する内なる変容の科学として広く知られています。

彼のユニークなアクティブ瞑想は、最初に身体と心に蓄積されたストレスをリリースすることから始まります。それは、気軽に日常生活の中で静寂と究極のリラックスを体験できるようにさせてくれます。

OSHO に関する詳しい情報は下記をご覧ください。

www.osho.com

Websites:
http://OSHO.com/AllAboutOSHO
http://OSHO.com/magazine
http://OSHO.com/shop
http://www.youtube.com/OSHO
http://www.Twitter.com/OSHO
http://www.facebook.com/pages/OSHO.International
http://www.flickr.com/photos/oshointernational

To contact OSHO International Foundation:
www.osho.com/oshointernational,
oshointernational@oshointernational.com

● OSHO メディテーション・リゾート

ＯＳＨＯメディテーション・リゾートは、インドのムンバイから南東に約 100 マイルほど離れたプネーにあり、40 エーカー以上の壮観な庭に樹々が並び立つ住宅地に拡がっています。毎年世界 100 カ国以上から訪れる数千人の人びとに、深い気づきとリラックス、祝祭と創造などをとおして新しい生き方を体験するバラエティに富んだプログラムを提供しています。なににもとらわれず、究極のリラックスを味わっていただくために。

www.osho.com/resort

謝辞

本書は 1977 年、めるくまーるより『存在の詩』として刊行されました。
初版から 1987 年に第 15 版まで増刷され、当時の書店に「精神世界」という
ジャンルが確立される一因にもなった一冊でした。
今回、OEJ Books 版を刊行するにあたり〈めるくまーる〉を始め、多大なご
協力を賜りました皆様に心より御礼を申し上げます。

2020 年 7 月 3 日　初版 第 1 刷発行
2023 年 3 月 1 日　初版 第 2 刷発行

講　話　OSHO
翻　訳　星川　淳

装　幀　ジュン
発行者　江谷信壽
発行所　OEJ Books 株式会社
248-0014 神奈川県鎌倉市由比ガ浜 3-3-21
TEL : 0467-33-5975　FAX : 0467-33-5985
URL : www.oejbooks.com
E-mail : info@oejbooks.com

発売所　株式会社 めるくまーる
101-0051 東京都千代田区神田神保町 1-11 信ビルディング 4F
TEL : 03-3518-2003　FAX : 03-3518-2004

印刷・製本　株式会社 平河工業社

ISBN978-4-8397-0178-9　C0010